SOMMAIRE

II. **LE STYLE** 3

  A. LA STRUCTURE DE LA MISE EN FORME 4

  B. LA RÉVÉLATION DE LA MISE EN FORME 5

  C. LE GROUPE STYLE 7

  D. LE VOLET STYLES 8

  E. LA MODIFICATION DU STYLE 10

  F. L'ORGANISATION DES STYLES 12

  G. LA CRÉATION D'UN NOUVEAU STYLE 13

  H. LES RÈGLES D'UTILISATION DES STYLES 14

III. **L'ENRICHISSEMENT** 17

  A. LA SECTION 17

    1. CRÉATION DE LA SECTION 17

    2. LE FORMAT DE LA SECTION 19

    3. LA POSITION DE LA SECTION 20

    4. L'ACCÈS À UNE SECTION 20

  B. LES ENTÊTES / LES PIEDS DE PAGE 21

    1. AFFICHAGE DES ENTÊTES ET PIEDS DE PAGE 21

    2. SAISIE DES EN-TÊTES ET PIEDs DE PAGE 21

    3. ENTÊTES/PIEDS DE PAGES DIFFÉRENCIÉS 24

    4. NUMÉROTATION DES PAGES 26

    5. INSERTION DE CHAMPS 28

  C. LES NOTES DE BAS DE PAGE 30

  D. LES RENVOIS 32

    1. L'INSERTION DU SIGNET 32

    2. L'INSERTION DU RENVOI 33

  E. LA BIBLIOGRAPHIE 35

    1. L'INSERTION D'UNE SOURCE 35

    2. L'INSERTION DE LA RÉFÉRENCE 36

    3. LA GESTION DES SOURCES 37

    4. L'INSERTION D'UN ESPACE RÉSERVÉ 38

    5. LA BIBLIOGRAPHIE 39

  F. LA TABLES DES ILLUSTRATIONS 40

    1. L'INSERTION D'UNE LÉGENDE 40

    2. LA TABLE DES ILLUSTRATIONS 41

  G. L'INDEX 42

    1. L'INSERTION D'UNE ENTRÉE D'INDEX 42

    2. L'INSERTION DE L'INDEX 43

  H. LE MULTICOLONNAGE 44

    1. LE PARAMÉTRAGE DES COLONNES 44

    2. LE SAUT DE COLONNE 46

  I. LE PLAN ET LA TABLE DES MATIÈRES 47

    1. LA CRÉATION DU PLAN 47

    2. LA MODIFICATION DU PLAN 51

    3. LE VOLET DE NAVIGATION 52

J. LA TABLE DES MATIÈRES   53

K. LE COMMENTAIRE   54

    1. PARTAGER LE DOCUMENT   54

    2. INSÉRER UN COMMENTAIRE   56

    3. AFFICHER LES COMMENTAIRES   57

    4. RÉPONDRE À UN COMMENTAIRE   58

    5. MARQUER COMME TERMINÉ   58

    6. SUPPRIMER UN COMMENTAIRE   59

L. LA RÉVISION DU DOCUMENT   60

    1. ACTIVER LE SUIVI DES MODIFICATIONS   60

    2. AFFICHER LES VÉRIFICATIONS   60

    3. AFFICHER LE VOLET VÉRIFICATIONS   62

    4. ENTÉRINER/REFUSER LES MODIFICATIONS   63

    5. PERSONNALISER L'AFFICHAGE   64

IV. LES OBJETS   **67**

A. LES COMPOSANTS QUICK PARTS   67

    1. L'ENREGISTREMENT DU COMPOSANT QUICK PART   67

    2. L'INSERTION DES COMPOSANTS QUICK PARTS   69

    3. LA MODIFICATION DU COMPOSANT QUICK PART   70

    4. LA SUPPRESSION DU COMPOSANT QUICK PART   71

B. LA ZONE DE TEXTE   72

    1. INSERTION DE LA ZONE DE TEXTE   72

    2. DISPOSITION DE LA ZONE DE TEXTE   73

    3. FORMAT DE LA ZONE DE TEXTE   74

    4. EXERCICE   78

C. L'IMAGE   79

    1. INSERTION DE L'IMAGE   79

    2. MODIFICATION DE L'IMAGE   80

    3. DISPOSITION DE L'IMAGE   84

    4. ORGANISATION DES IMAGES   88

    5. EXERCICE   89

D. L'IMAGE CLIPART   89

    1. INSERTION DE L'IMAGE CLIPART   89

    2. DISPOSITION DE L'IMAGE CLIPART   90

    3. EXERCICE   93

E. LA CAPTURE D'ECRAN   94

F. LES FORMES   94

    1. INSERTION DE LA FORME   94

    2. FORMAT DE LA FORME   95

    3. EXERCICE   96

G. OBJET WORDART   97

    1. INSERTION DE L'OBJET WORDART   97

    2. FORMAT DE L'OBJET WORDART   97

    3. DISPOSITION DE L'OBJET WORDART   100

    4. EXERCICE   102

H. LE TABLEAU   102

    1. CREATION DU TABLEAU   102

    2. DÉPLACEMENT DANS LE TABLEAU   104

Comment créer un long document ? Quelles sont les règles à suivre pour saisir les données ?...

Comment utiliser les styles ? Modifier un style prédéfini, créer un nouveau style, l'appliquer ?...

Comment structurer le document ? Créer des sections avec des entêtes, des pieds de page, des colonnes ?...

Comment enrichir le document ? Écrire des notes de bas de page, faire des renvois, insérer une bibliographie, une table des illustrations, un index, une table des matières ?...

Comment réviser le document ? Insérer un commentaire, partager en temps réel les commentaires, suivre les modifications effectuées par les différents relecteurs en ligne ?...

Comment insérer des objets dans Word ? Un composant QuickPart, une zone de texte, une image, un ClipArt, une capture d'écran, une forme, un objet Word Art, un objet Smart Art, un lien hypertexte, une équation, un tableau, un graphique ? ...

Comment disposer les objets dans Word ? Les rendre indépendants du texte, les mettre sur différents plans ?...

Comment intégrer un tableau Excel dans Word ? En le figeant, en le gardant à jour ?...

Qu'est-ce qu'un document maître ? Quand l'utiliser, comment le créer, comment créer des sous-documents ?...

Comment et où publier son travail ? Sur Issuu, sur Amazon, sur kobo/Fnac, sur Google Books ?...

Ce livre répond à toutes ces questions et bien d'autres encore, de manière simple, illustrée et commentée au point qu'il vous deviendra vite indispensable, posé à coté de votre ordinateur

Cet ouvrage a été entièrement réalisé avec Microsoft ™ Word ®2019,

3.	SELECTION DANS LE TABLEAU	104
4.	SAISIE DU TABLEAU	105
5.	STYLE DU TABLEAU	106
6.	BORDURES ET TRAME DU TABLEAU	107
7.	STRUCTURE DU TABLEAU	109
8.	DISPOSITION DU TABLEAU	115
9.	EXERCICE	116
I.	**LE GRAPHIQUE**	**117**
1.	LA CRÉATION DU GRAPHIQUE	117
2.	LE TYPE DE GRAPHIQUE	117
3.	LA SAISIE DES DONNÉES	119
4.	LA PRÉSENTATION DU GRAPHIQUE	121
5.	LA DISPOSITION DU GRAPHIQUE	127
6.	EXERCICE	129
J.	**L'OBJET SMARTART**	**130**
1.	INSERTION DE L'OBJET	130
2.	ORGANIGRAMME	132
3.	PRÉSENTATION DU SMART ART	134
4.	DISPOSITION DU SMARTART	137
5.	EXERCICE	139
K.	**LE LIEN HYPERTEXTE**	**140**
L.	**L'EDITEUR D'EQUATIONS**	**141**
M.	**LES AUTRES OBJETS**	**143**
N.	**LES LIAISONS ET INCORPORATIONS D'OBJETS**	**144**
1.	LE DOCUMENT DE CALCUL EXCEL	144
2.	LE GRAPHIQUE EXCEL	146
3.	INCORPORATION D'UNE FEUILLE EXCEL VIERGE	147
4.	MISE A JOUR D'UNE LIAISON	148
5.	AFFICHER LES LIAISONS	149
6.	MISE A JOUR MANUELLE D'UNE LIAISON (source & cible)	150
7.	MISE A JOUR D'UNE LIAISON (à l'ouverture)	150
8.	MISE A JOUR D'UNE LIAISON (maj des champs)	150
O.	**LA MISE EN FORME (rappels)**	**151**
V.	**LE DOCUMENT MAÎTRE**	**153**
A.	**CRÉATION DU DOCUMENT MAÎTRE**	**153**
B.	**CRÉATION D'UN SOUS-DOCUMENT**	**154**
C.	**AFFICHAGE DU SOUS-DOCUMENT**	**156**
D.	**MODIFICATION DU DOCUMENT**	**158**
E.	**IMPORTATION DE DOCUMENTS EXTERNES**	**158**
F.	**DIVISION DE SOUS-DOCUMENTS**	**159**
G.	**FUSION DE SOUS-DOCUMENTS**	**160**
H.	**SUPPRESSION D'UN SOUS-DOCUMENT**	**160**
I.	**VERROUILLAGE D'UN SOUS-DOCUMENT**	**161**
VI.	**DIFFUSER**	**163**
A.	**ISSUU**	**163**
1.	ACCÉDER À ISSUU	164

2. CRÉER UN COMPTE — 164
3. SE CONNECTER — 165
4. ENREGISTRER EN PDF — 166
5. MENU ISSUU — 166
6. UPLOADER LA PUBLICATION — 167
7. AFFICHER LA PUBLICATION — 168
8. AJOUTER UN LIEN INTERNE — 169
9. DIFFUSER LE LIEN DE LA PUBLICATION — 169
10. INTÉGRER LA PUBLICATION — 170

B. AMAZON KINDLE DIRECT PUBLISHING — 170
1. ACCEDER À AMAZON KINDLE — 171
2. CRÉER UN COMPTE — 171
3. COMPLÉTER OU MODIFIER — 171
4. SE CONNECTER — 172
5. PUBLIER LE "EBOOK" — 172
6. PUBLIER LE LIVRE IMPRIMÉ — 176
7. VOIR LES VENTES DE LIVRE — 177

C. KOBO / FNAC — 178
1. ACCÉDER À KOBO/FNAC — 178
2. CRÉER UN COMPTE — 178
3. COMPLÉTER OU MODIFIER — 179
4. SE CONNECTER — 179
5. ENREGISTRER AU FORMAT E'PUB — 180
6. CRÉER LA FICHE DU LIVRE — 180
7. VOIR LES VENTES DU LIVRE — 183

D. GOOGLE BOOKS — 183
1. ACCEDER À GOOGLE BOOKS — 183
2. SE CONNECTER — 184
3. COMPLÉTER OU MODIFIER — 184
4. CRÉER LA FICHE DU LIVRE — 184
5. VOIR LES VENTES DU LIVRE — 189

E. CALIBRE — 189
1. INSTALLER CALIBRE — 189
2. LANCER CALIBRE — 190
3. AJOUTER UN LIVRE — 191
4. CONVERTIR UN LIVRE — 191
5. METTRE À JOUR LES MÉTADONNÈES — 193
6. VISUALISER LE LIVRE — 194
7. MODIFIER UN FICHIER E'PUB — 194
8. DÉCOMPRESSER UN FICHIER MOBI — 195

VII. EXERCICES — 197

A. EXERCICE LONG DOCUMENT — 197

B. DOCUMENT OK — 202

C. LONG DOCUMENT BRUT exercice de synthèse — 204

D. LONG DOCUMENT OK corrigé — 207

E. DOCUMENT MAITRE BRUT — 212

F. LIAISON — 213

G. INCORPORATION — 214

Cet ouvrage présente différentes rubriques repérées par une icône

DES PROCÉDURES DÉCRIVENT LA MARCHE À SUIVRE POUR EFFECTUER UNE ACTION :
3 COMMANDES À SE RAPPELER :
<CLIC G> POUR APPUYER SUR LE BOUTON GAUCHE DE LA SOURIS AVEC L'INDEX
<CLIC D> POUR APPUYER SUR LE BOUTON DROIT DE LA SOURIS AVEC LE MAJEUR
<DOUBLE CLIC> POUR APPUYER DEUX FOIS DE SUITE TRÈS RAPIDEMENT SUR LE BOUTON GAUCHE DE LA SOURIS AVEC L'INDEX

des informations viennent compléter ces procédures

des exemples viennent illustrer ces procédures

des conseils vous aident à mettre en pratique vos connaissances

des mises en garde vous permettent d'éviter les pièges ou d'en sortir

des exercices permettent de tester les procédures et d'appliquer vos connaissances. Ils sont téléchargeables à l'adresse suivante :
http://www.ios.fr/public/exosWord19n2ld.exe

des procédures avancées décrivent des actions plus complexes

des emplacements vous permettent de prendre des notes directement sur le support en bas de chaque page

Une action peut être effectuée selon plusieurs méthodes :

1ÈRE MÉTHODE	2ÈME MÉTHODE

Une méthode n'est pas meilleure qu'une autre mais l'une ou l'autre peut être mieux adaptée à votre manière de travailler.

Ces actions peuvent être effectuées avec plusieurs moyens :

- Avec le bouton gauche de la souris

- Avec le bouton droit de la souris

- Avec le clavier

Windows demande l'utilisation du bouton gauche et du bouton droit de la souris ainsi que du clavier. L'écran tactile, lui, est manipulé avec les doigts.

Elles peuvent concerner différents endroits de l'écran :

- L'angle bas/gauche avec le MENU DÉMARRER
- L'angle bas/droite pour afficher le BUREAU
- Des emplacements spécifiques (notifications, barre des tâches, volet de navigation…)
- N'importe quelle zone de l'écran (menu contextuel, barre d'outils contextuelle, outils d'analyse rapide…).

I. LE STYLE

Le style est l'enregistrement, sous un nom, des caractéristiques de mise en forme du paragraphe et/ou des caractères de ce paragraphe. Il est beaucoup plus rapide d'attacher un style à un texte que de mettre en forme séparément les différents éléments le constituant.

Je donne le nom de "CORPS DE TEXTE" à la mise en forme qui correspond à : police Arial noir de taille 12 et paragraphe aligné à gauche interligne de 14 points (je ne modifie pas les autres caractéristiques qui restent celles du modèle).

Pour affecter cette mise en forme à un autre paragraphe, j'affecte le style " CORPS DE TEXTE " au lieu de modifier les caractéristiques une à une (police Arial noir de taille 12 et paragraphe aligné à gauche interligne de 14 points).

Si je modifie " CORPS DE TEXTE " en rajoutant la caractéristique "italique", tous les paragraphes ayant reçu ce style sont modifiés automatiquement.

L'intérêt du style, notamment dans un document de grande taille, est que la modification du style entraîne la modification automatique de toutes les occurrences auxquelles ce style est attaché.

J'ai un document de 100 pages avec une douzaine de titres de niveau1 auxquels sont attachés le style "titre1", si je modifie la police et la couleur du style titre1, tous les titres du document sont modifiés

BOUTON GAUCHE

<CLIC G> DANS LE PARAGRAPHE OU **EFFECTUER** LA SÉLECTION
AFFECTER UN STYLE PRÉDÉFINI
MODIFIER SA MISE EN FORME DE CARACTÈRES / PARAGRAPHES
ENREGISTRER LA NOUVELLE MISE EN FORME DU STYLE
tous les paragraphes auxquels ce style est affecté prennent la nouvelle mise en forme

A. LA STRUCTURE DE LA MISE EN FORME

La mise en forme s'effectue à différents niveaux :

* **LES STYLES DE PARAGRAPHE** COMPORTENT LES CARACTÉRISTIQUES DE MISE EN FORME DU PARAGRAPHE. Ils sont affichés dans la zone de style (MODE NORMAL) - ils sont symbolisés par ¶ dans le volet STYLE
* **LES STYLES DE CARACTÈRES** COMPORTENT LES CARACTÉRISTIQUES DE MISE EN FORME DE CARACTÈRES. Ils sont affichés dans la zone style de la barre de mise en forme - ils sont symbolisés par ᵃ dans le volet "STYLE"
* **LES STYLES LIÉS** COMPORTENT LES CARACTÉRISTIQUES DE MISE EN FORME DU PARAGRAPHE ET DES CARACTÈRES DU PARAGRAPHE. Ils sont affichés dans la zone de style (MODE NORMAL) - ils sont symbolisés par ¶ᵃ dans le volet "STYLE"
* **LES STYLES DE LISTE** correspondent à la présentation des listes à puces
* **LES STYLES DE TABLEAUX** proposent une présentation complète du tableau
* **LA MISE EN FORME DIRECTE DE PARAGRAPHE OU DE CARACTÈRES** (OUTILS DE MISE EN FORME, COMMANDE POLICE, PARAGRAPHE.). Leurs caractéristiques sont affichées par les différents outils de la barre de mise en forme (cette mise en forme se superpose à celle des styles si appliquée postérieurement)

Il existe deux grandes familles de styles :

* **LES STYLES DE L'UTILISATEUR** correspondent à l'enregistrement sous un nom donné d'une mise en forme spécifique. Ils ne sont pas associés à des blocs de texte par défaut et sont donc moins souples et moins puissants que les styles prédéfinis de Word.
* **LES STYLES PRÉDÉFINIS** sont livrés avec Word et correspondent à la mise en forme de blocs de texte spécifiques (adresse, entête, titre…). Ils possèdent une mise en forme par défaut qui peut être modifiée mais ne peuvent être ni supprimés, ni renommés. **Ils sont liés au modèle de document** utilisé et sont automatiquement rattachés à tout nouveau document basé sur ce modèle.

styles prédéfinis		styles de l'utilisateur	
TM 1	¶	iosico	¶a
TM 2	¶	iosimag	¶
TM 3	¶	iosinfo	¶
TM 4	¶	ioslist	¶
TM 5	¶	ioslist0	¶
TM 6	¶	ioslist1	¶a
TM 7	¶	ioslist2	¶a

Si possible, toujours utiliser les styles prédéfinis de Word ; il existe des styles pour chaque type de bloc de texte de tous les types de documents. Modifier dans un second temps la mise en forme pour la faire correspondre à vos désirs

B. LA RÉVÉLATION DE LA MISE EN FORME

Elle va permettre d'afficher la mise en forme affectée à une sélection.

Accueil   Insertion   **ONGLET "ACCUEIL"**

GROUPE "STYLE" (4ème bloc)

<CLIC G> SUR LE LANCEUR DE BOITES DE DIALOGUE DU GROUPE STYLES

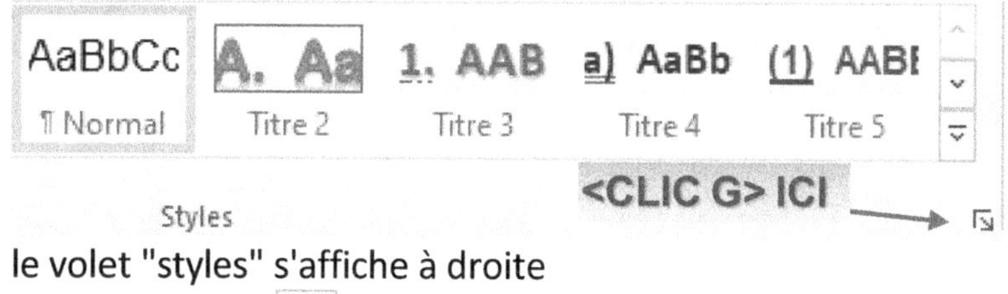

le volet "styles" s'affiche à droite

<CLIC G> SUR [Aq] "INSPECTEUR DE STYLE" (en bas au milieu)

<CLIC G> SUR [A] "GÉRER LES STYLES"

✔ Afficher l'aperçu   AFFICHE LA MISE EN FORME DIRECTEMENT DANS LE VOLET STYLES

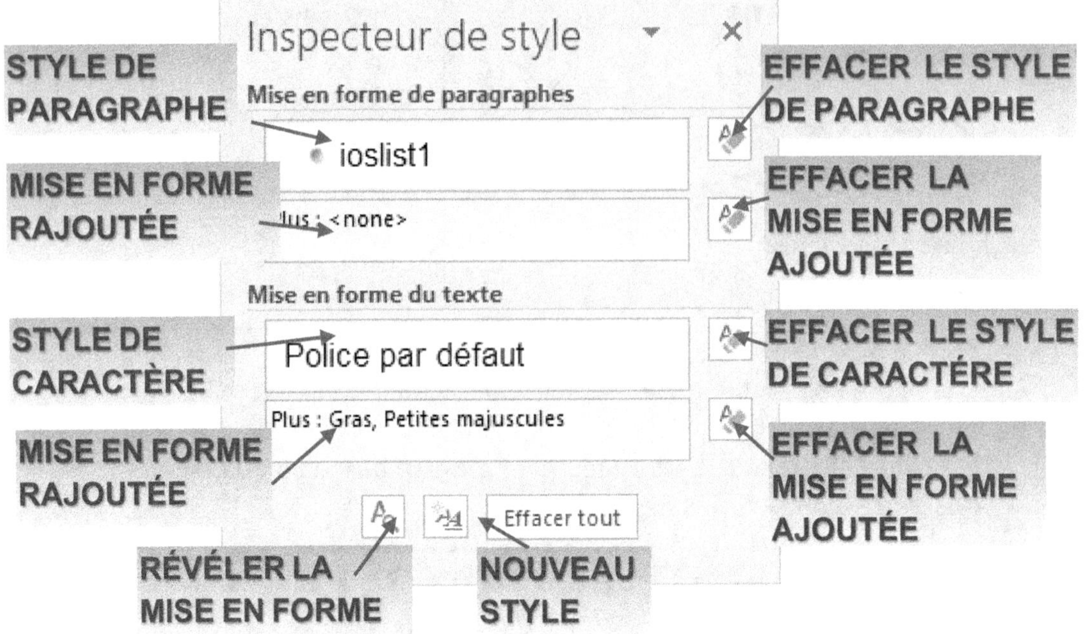

STYLE DE PARAGRAPHE

MISE EN FORME RAJOUTÉE

STYLE DE CARACTÈRE

MISE EN FORME RAJOUTÉE

RÉVÉLER LA MISE EN FORME

NOUVEAU STYLE

EFFACER LE STYLE DE PARAGRAPHE

EFFACER LA MISE EN FORME AJOUTÉE

EFFACER LE STYLE DE CARACTÉRE

EFFACER LA MISE EN FORME AJOUTÉE

révèle la mise en forme du texte sélectionné ou dans lequel se trouve le pointeur en affichant son détail

notes

Ouvrir le document "exercice long document ok"
Dérouler la zone style de la barre d'outils – repérer les styles de paragraphe et les styles de caractères s'il y en a
Afficher la fenêtre "RÉVÉLER LA MISE EN FORME"
La disposer à droite sous forme de volet
Sélectionner un mot au choix dans le texte par un "DOUBLE CLIC"
Dans le volet, observer les caractéristiques de mise en forme
Fermer le document

C.   LE GROUPE STYLE

Les styles s'affichent dans une galerie dans le groupe "STYLE" de "ACCUEIL". Ils correspondent à une sélection de styles souvent utilisés.

Accueil   Insertion   **ONGLET "ACCUEIL"**

GROUPE "STYLE" (4ème bloc)

<CLIC G> DANS LE PARAGRAPHE À PRÉSENTER (style de paragraphe)
OU
EFFECTUER LA **SÉLECTION** (style de caractère)
DÉPLACER LA SOURIS SUR LES STYLES POUR JUGER DE L'EFFET SUR LA SÉLECTION
la sélection affiche temporairement la mise en forme du style
<CLIC G> SUR LE STYLE CHOISI

AABBCc	AaBbCc	AABBCcD	AaBbCc	A. Aa	1. AAB	a) AaBb	(1) AABI
¶ iospar	¶ iostitbloc	iostxt	¶ Normal	Titre 2	Titre 3	Titre 4	Titre 5
AABBCcD	AABBCcD	AABBCcD	AABBCc	AaBbCcDc	I.	A	AaBbCc	AaBbCc
ioscomm...	iosexp	iosparenth	iostitrub	Sans inter...	Titre 1	Élevé	¶ Paragra...

Utiliser l'ascenseur pour afficher les styles non visibles ou <CLIC G> sur ⩡ pour afficher tous les styles

Bien laisser la souris immobile sur le style pour voir son application temporaire sur la sélection

<CLIC D> sur un style permet de le gérer (modifier, le supprimer…)

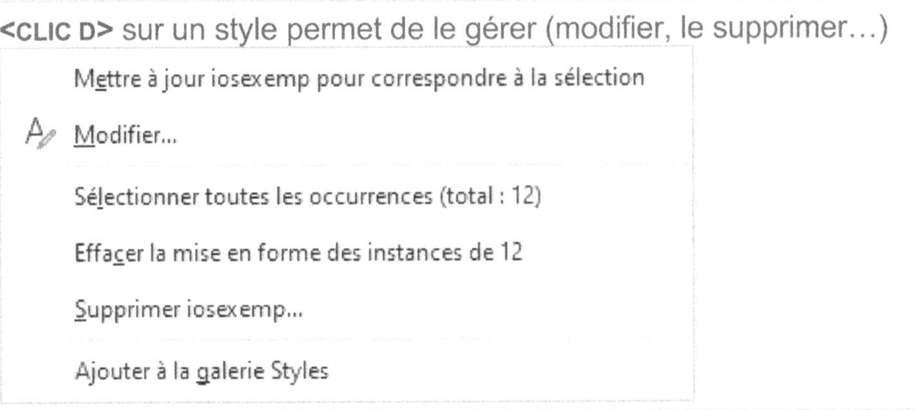

Dans le document "exercice long document"
Affecter le style "TITRE 1" aux titres de paragraphe :
LA STRUCTURE DE L'ENTREPRISE
STRUCTURE ET ORGANIGRAMME
COMMENT DEFINIR UNE STRUCTURE

D. LE VOLET STYLES

Le volet "STYLE" permet de modifier et d'organiser les styles.

Accueil   Insertion   **ONGLET "ACCUEIL"**

GROUPE "STYLE" (4ᵉᵐᵉ BLOC)

<CLIC G> SUR LE LANCEUR DE BOÎTE DE DIALOGUE DU GROUPE STYLE

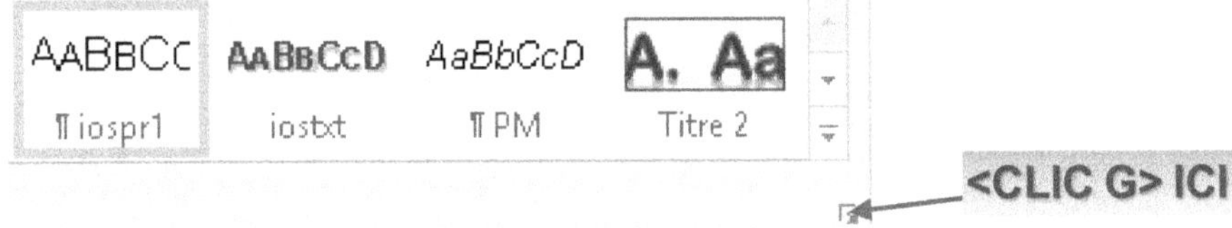

le volet "styles" s'affiche à droite de l'écran
DANS LE TEXTE
<CLIC G> DANS LE PARAGRAPHE À PRÉSENTER (style de paragraphe)
OU
EFFECTUER LA SÉLECTION (style de caractère)
DANS LE VOLET, **<CLIC G>** SUR LE STYLE CHOISI

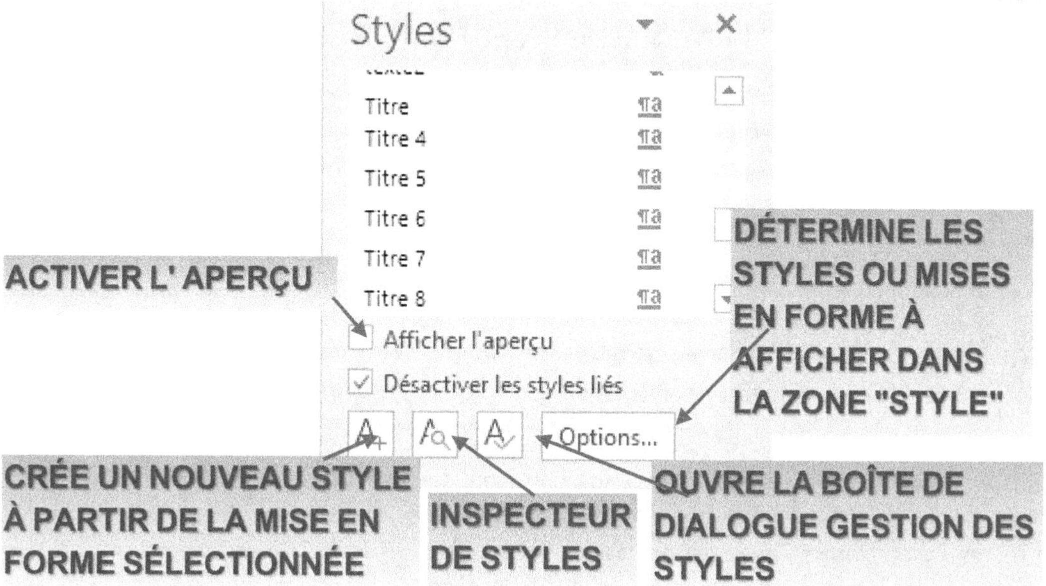

ACTIVER L'APERÇU

DÉTERMINE LES STYLES OU MISES EN FORME À AFFICHER DANS LA ZONE "STYLE"

CRÉE UN NOUVEAU STYLE À PARTIR DE LA MISE EN FORME SÉLECTIONNÉE

INSPECTEUR DE STYLES

OUVRE LA BOÎTE DE DIALOGUE GESTION DES STYLES

Il est pratique d'ajouter les styles les plus utilisés à la galerie de styles.

VOLET "STYLES"

POINTER SUR UN STYLE

<CLIC G> SUR ▾

<CLIC G> SUR Ajouter à la galerie Styles

si le style figure déjà dans la galerie, Supprimer de la galerie Styles *s'affiche*

Options... *du volet office (à droite de l'écran) définit les styles à afficher dans le volet*

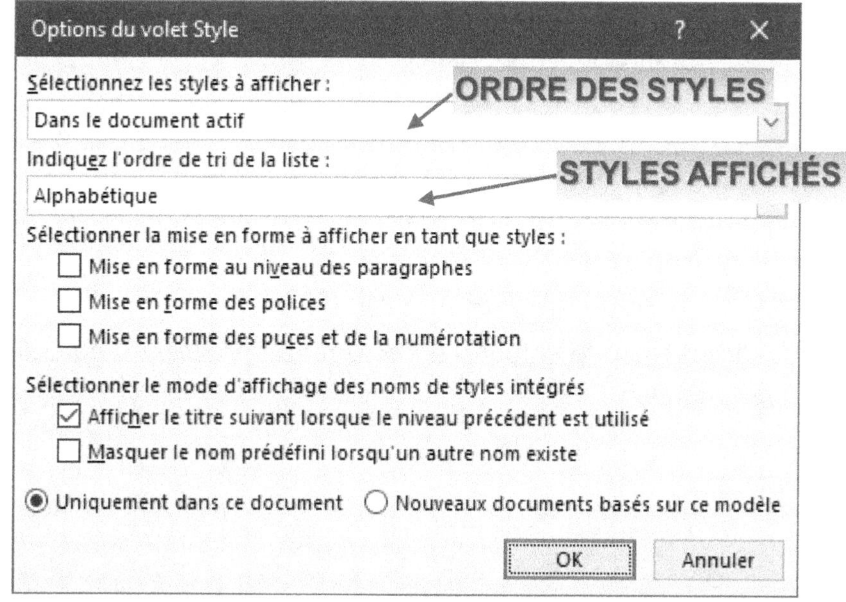

IL PEUT ÊTRE PRATIQUE DE SÉLECTIONNER LE TEXTE AYANT LA MÊME MISE EN FORME AVEC ⏷ OU UN **<CLIC D>**

Sélectionner toutes les occurrences

Effacer la mise en forme des instances de RÉAFFECTE LE STYLE "NORMAL" EN LIEU ET PLACE DU STYLE ACTUEL (ÉQUIVALENT DE <MAJ> <CTRL> N DU CLAVIER)

Pour éviter que Word affiche comme style toutes les variantes de mise en forme, il est conseillé de veiller à ce que les options suivantes de Options... du volet "styles" soient désactivées

Sélectionner la mise en forme à afficher en tant que styles :

☐ Mise en forme au niveau des paragraphes
☐ Mise en forme des polices
☐ Mise en forme des puces et de la numérotation

Dans le même document "exercice long document"
Afficher le volet "STYLES"
Sélectionner toutes les occurrences du style "TITRE1"
Annuler la sélection

E. LA MODIFICATION DU STYLE

Les styles prédéfinis peuvent être personnalisés pour correspondre aux besoins.

Accueil Insertion **ACCUEIL**	Styles ⏷ ✕ **VOLET "STYLES"**
GROUPE "STYLE" (4ᵉᵐᵉ bloc)	

AFFECTER D'ABORD LE STYLE PUIS **MODIFIER** LA MISE EN FORME DU TEXTE AYANT REÇU LE STYLE
(police de caractères, attributs, caractéristiques du paragraphe…)

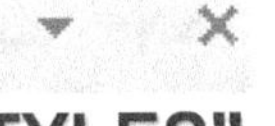

⏷ OU **<CLIC D>** SUR LE NOM DU STYLE

Mettre à jour pour correspondre à la sélection

le style est modifié et toutes ses occurrences prennent la nouvelle présentation

Vérifier que ☑ Demander la mise à jour du style est coché dans les options d'éditions de Word

(FICHIER – OPTIONS – OPTIONS AVANCÉES – OPTIONS D'ÉDITION)

Il sera alors possible de simplement réaffecter le style une nouvelle fois et d'accepter ⦿ Mettre à jour le style afin de refléter les modifications récentes ?

A̸ Modifier… appelle la boîte de dialogue "modifier" complète mais plus lourde à utiliser.

A priori, ne pas cocher ☐ Mettre à jour automatiquement : toute modification de texte ayant reçu un style entrainerait automatiquement la modification de ce style et de tous les paragraphes l'ayant reçu

Il est possible de faire appel à la boite de dialogue très complète.

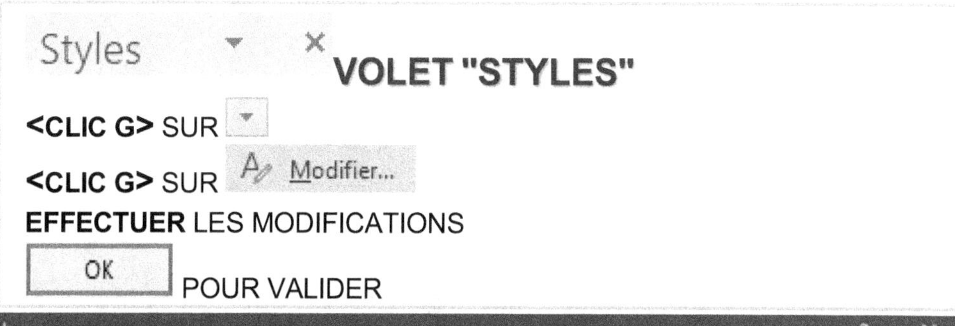

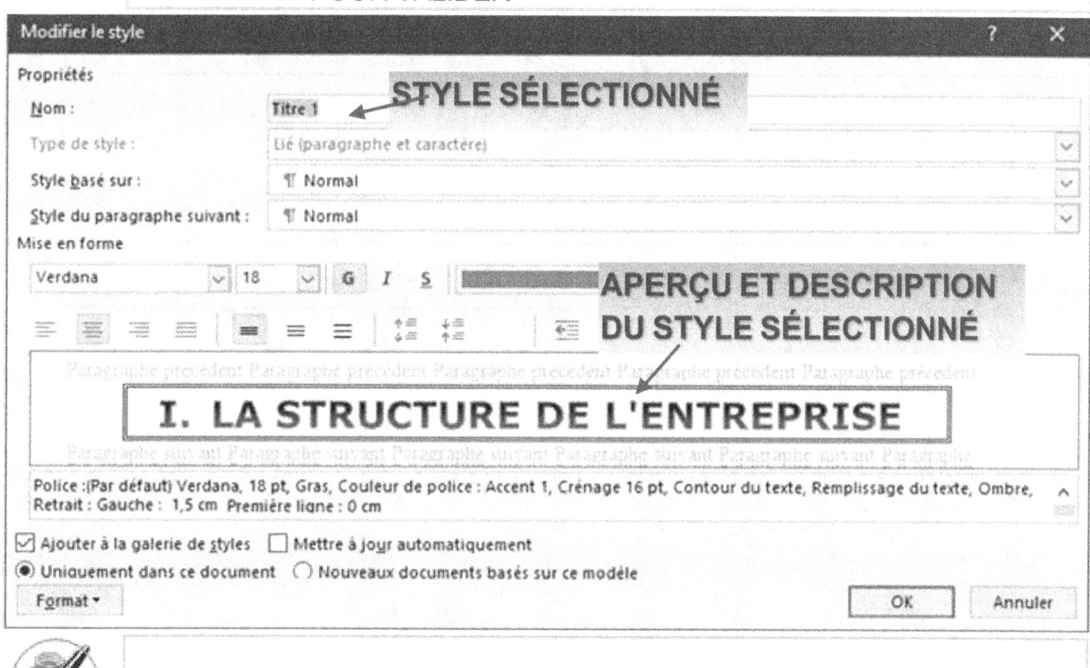

notes

12

Dans le même document "exercice long document"
Modifier le style "TITRE1" selon les caractéristiques suivantes :
<u>caractères</u>

Mise en forme

| Verdana | 16 | **G** *I* <u>S</u> | |

Retrait :
Gauche : 1,5 cm
Première ligne : 0 cm
<u>Paragraphe</u>   Droite : 1,5 cm, Centré, Espace
Droite : 1,5 cm, Centré, Espace
Avant : 12 pt
Après : 6 pt, Paragraphes solidaires, Niveau 1, Bordure :
Encadrement : (Traits pleins doubles, Texte 2, 0,5 pt Épaisseur du trait)

F. L'ORGANISATION DES STYLES

La boite de dialogue de gestion des styles permet une gestion organisée de ces derniers.

Gérer les styles

Modifier   Recommander   Restreindre   Valeurs par défaut

Ordre de tri : Comme recommandé   ☑ Afficher uniquement les styles recommandés

Sélectionnez un style à modifier

¶a Titre
¶a Titre 2
¶a Titre 3
¶a Titre 4

BOITE DE DIALOGUE DE MODIFICATION DES STYLES

Aperçu de Titre 1 :

I. Verdana   16 pt

Modifier...   Supprimer

Police :(Par défaut) Verdana, 16 pt, Gras, Couleur de police : Accent 1, Crénage 16 pt,
Contour du texte, Remplissage du texte, Ombre, Retrait :
Gauche : 1,25 cm
Première ligne : 0 cm

Nouveau style...   **IMPORTER DES STYLES**

◉ Uniquement dans ce document   ○ Nouveaux documents basés sur ce modèle

Importer/Exporter...   OK   Annuler

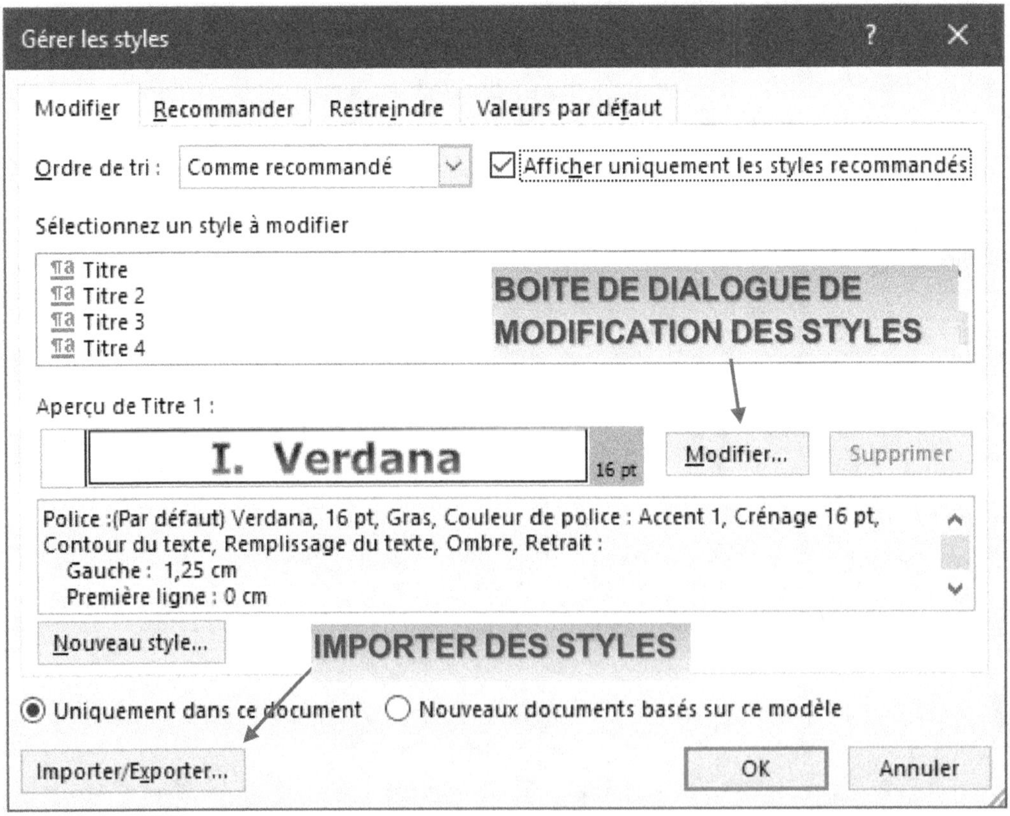

Le bouton [Importer/Exporter...] permet d'importer dans le document en cours les styles d'un modèle ou d'un autre document, ce qui peut s'avérer très pratique

Vous créer une nouvelle procédure, un nouveau rapport, un nouveau livre, plutôt que recréer de toutes pièces les styles ou de créer le document à partir d'un "enregistrer sous" d'un document ancien, vous pouvez importer les styles de cet ancien document

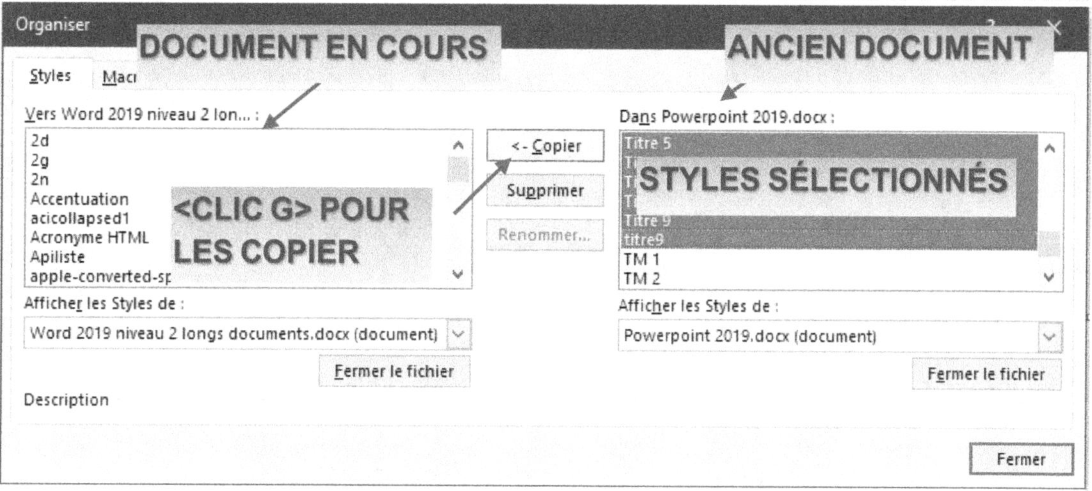

G.   LA CRÉATION D'UN NOUVEAU STYLE

Il est aussi possible de créer un nouveau style de toutes pièces. La boîte de dialogue est la même que pour la modification du style.

SÉLECTIONNER DU TEXTE AVEC LA MISE EN FORME REQUISE

<CLIC G> SUR [A+]
la boîte de dialogue s'affiche
RENSEIGNER LA BOÎTE DE DIALOGUE

[OK] POUR VALIDER

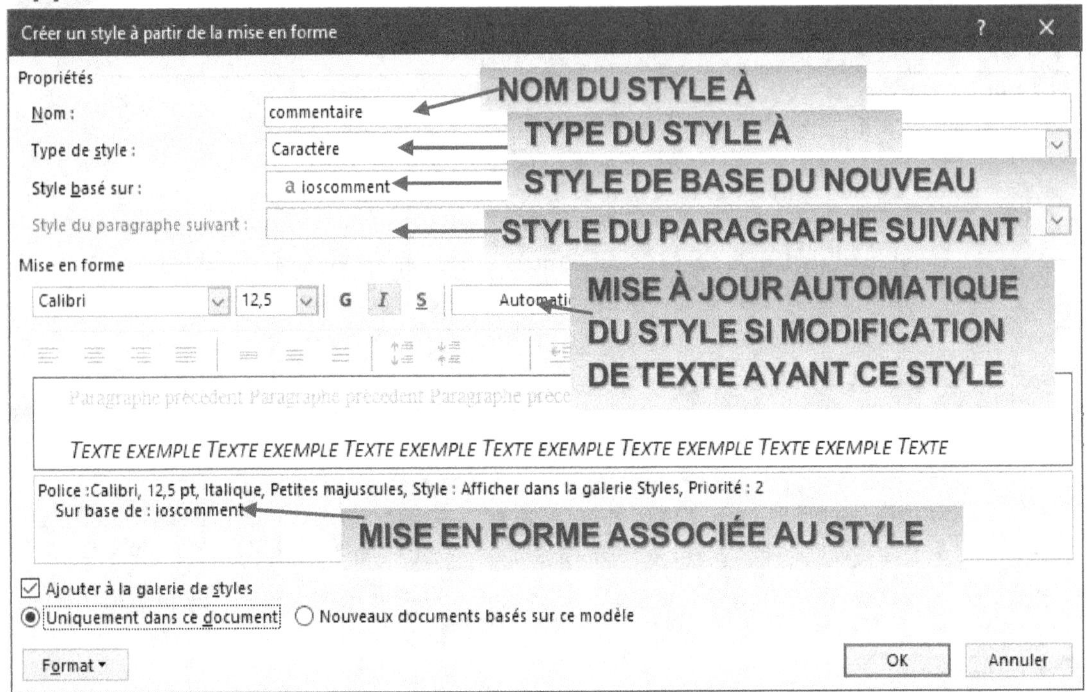

le style "NORMAL" ne peut pas être modifié en direct mais doit l'être par cette boîte de dialogue

Toute modification du style de base Style basé sur : entraine la modification du style créé

Dans le même document "exercice long document"
Créer un style de caractère nommé "SOMMAIRE" ayant les caractéristiques ci-avant

H. LES RÈGLES D'UTILISATION DES STYLES

L'affectation d'un style peut rentrer en conflit avec une mise en forme directe préalable. De même, un texte auquel est affecté un style peut recevoir une mise en forme complémentaire. Les conflits possibles sont gérés par certaines règles de base.

RÈGLES

- le style de paragraphe assigne les caractéristiques de mise en forme (de paragraphe) enregistrées **à la place** de ceux existants (idem pour style de caractères)

- **<CTRL> <Q>** rend au paragraphe la mise en forme par défaut et supprime les modifications apportées concernant la mise en forme du paragraphe

- **<CTRL> <BARRE ESPACE>** rend à la sélection la mise en forme par défaut et supprime les modifications apportées concernant la mise en forme des caractères

- la modification d'un style ne modifie que le style lié au document en cours

- la modification du modèle peut s'effectuer à partir d'un document lié par la case d'option ⊙ Nouveaux documents basés sur ce modèle (bouton de commande modifier)

- seuls les nouveaux documents basés sur le même modèle prendront en compte les nouvelles caractéristiques du style modifié (après ajout au modèle)

- la modification du style normal du modèle normal ne modifie pas le style normal des autres modèles

- la modification du style de base entraine la modification du ou des styles liés

la modification du style "NORMAL" entraîne la modification des styles basés sur ce style "NORMAL"

Dans le document "exercice long document"
Corriger éventuellement les fautes d'orthographe avec le clic droit

Modifier le style normal du texte en arial 11
, Retrait : Première ligne : 0,5 cm, Gauche, Interligne : simple,

Sélectionner le texte "sommaire" et affecter verdana 14 bleu souligné aligné à gauche
Faire <CTRL> Q et <CTRL> <BARRE ESPACE> pour rendre à sommaire son style

II. L'ENRICHISSEMENT

Divers enrichissements et structuration complètent le texte de base.

A. LA SECTION

La section est un sous ensemble du document présentant des caractéristiques homogènes de mise en page. Celles-ci concernent :

- la taille du support
- son orientation
- les marges
- nombre et espacement de colonnes
- la numérotation des pages
- la numérotation des lignes
- l'alignement vertical du texte
- les entêtes et pieds de page.

1. CRÉATION DE LA SECTION

Dans un long document, il est souvent nécessaire de créer des sections différentes pour différentes parties du texte : l'introduction, la conclusion, le développement, la table des matières, l'index, etc… ayant des marges, des entêtes/pieds de page, un colonage ou une orientation particulière.

Mise en page   Références   **ONGLET "MISE EN PAGE"**

GROUPE "MISE EN PAGE" (1er bloc)

POSITIONNER LE POINT D'INSERTION

<CLIC G> SUR ▾ DE ⊟ Sauts de page ⌄

<CLIC G> SUR LE SAUT DE SECTION SOUHAITÉ

le numéro de section de la page est affichée

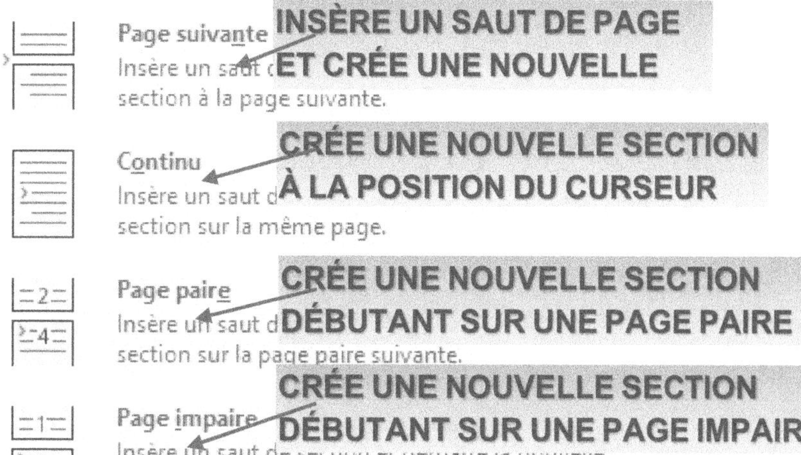

SYMBOLE DU SAUT DE SECTION

La suppression de la section s'effectue en sélectionnant la double ligne pointillée représentant le saut de section (¶ POUR L'AFFICHER) et en la supprimant comme n'importe quel texte. C'est cette marque de section qui comprend les caractéristiques de la section ; sa suppression entraîne donc la perte des caractéristiques particulières de la section actuelle

Dans "exercice long document"
Créer une section pour chacune des parties avec le début de la section sur la page suivante

JE CLIQUE DEVANT LE TITRE **"STRUCTURE ET ORGANIGRAMME"** STRUCTURE ET ORGANIGRAMME

JE VÉRIFIE QUE L'ONGLET __Mise en page__ EST ACTIVÉ SINON JE CLIQUE DESSUS

JE CLIQUE SUR ⊟ Sauts de pages ▾ DANS LE BLOC "MISE EN PAGE" (LE 1ER)

JE CLIQUE SUR
Page suivante
Insère un saut de section et démarre la nouvelle section à la page suivante.

le document s'affiche sur deux pages

JE CLIQUE DEVANT LE TITRE **"COMMENT DÉFINIR UN STRUCTURE"** COMMENT DEFINIR UNE STRUCTURE

JE CLIQUE SUR ⊟ Sauts de pages ▾ DANS LE BLOC "MISE EN PAGE" (LE 1ER)

JE CLIQUE SUR
Page suivante
Insère un saut de section et démarre la nouvelle section à la page suivante.

le document s'affiche sur trois pages

JE CLIQUE DEVANT LE TITRE **"LES DIFFÉRENTES FONCTIONS"**
LES DIFFERENTES FONCTIONS

JE CLIQUE SUR ⊟ Sauts de pages ▾ DANS LE BLOC "MISE EN PAGE" (LE 1ER)

JE CLIQUE SUR
Page suivante
Insère un saut de section et démarre la nouvelle section à la page suivante.

le document s'affiche sur quatre pages

2. LE FORMAT DE LA SECTION

La plupart des caractéristiques de la section sont définies dans le groupe "MISE EN PAGE" du ruban ou dans la boîte de dialogue.

Mise en page   Références   **ONGLET "MISE EN PAGE"**

GROUPE "MISE EN PAGE" (1er bloc)

POSITIONNER LE POINT D'INSERTION DANS LA SECTION DÉSIRÉE

UTILISER LES OUTILS

OU

<CLIC G> SUR LE LANCEUR DE BOÎTES DE DIALOGUE ⌐ DE

Mise en page   ⌐

ONGLET Mise en page

MODIFIER LES CARACTÉRISTIQUES

OK POUR VALIDER

Section

Début de la section : Page impaire   **DES PAGES VIERGES SERONT INSÉRÉES SI NÉCESSAIRE**

☐ Supprimer les notes de fin

En-têtes et pieds de page   **DIFFÉRENCIE PAGES PAIRES ET IMPAIRES**

☑ Paires et impaires différentes

☐ Première page différente

À partir du bord :   En-tête : 0,8 cm   **DISTANCE ENTRE BORD DE PAGE ET EN-TÊTE**

Pied de page : 0 cm

Page

Alignement vertical : Haut

Aperçu

LES CHOIX S'APPLIQUENT À LA SECTION, À TOUT LE DOCUMENT...

Appliquer à : Aux sections sélectionnées   Numérotation des lignes...   Bordures...

3. LA POSITION DE LA SECTION

Elle peut être modifiée dans cette même boîte de dialogue.

DÉBUT DE SECTION détermine la position de la nouvelle section (IDEM SAUT DE SECTION) :

Début de la section : | Continu |

La section commence à la suite de la section précédente ; si le nombre des colonnes n'est pas identique, celles-ci sont équilibrées.

Début de la section : | Nouvelle colonne |

La section commence dans la 1ére colonne suivant tout saut de colonne

Début de la section : | Nouvelle page |

La section commence à la page suivante (SAUT DE PAGE)

Début de la section : | Page paire |

La section commence sur la première page paire suivante

Début de la section : | Page impaire |

La section commence sur la première page impaire suivante

4. L'ACCÈS À UNE SECTION

Il s'effectue directement avec le clavier.

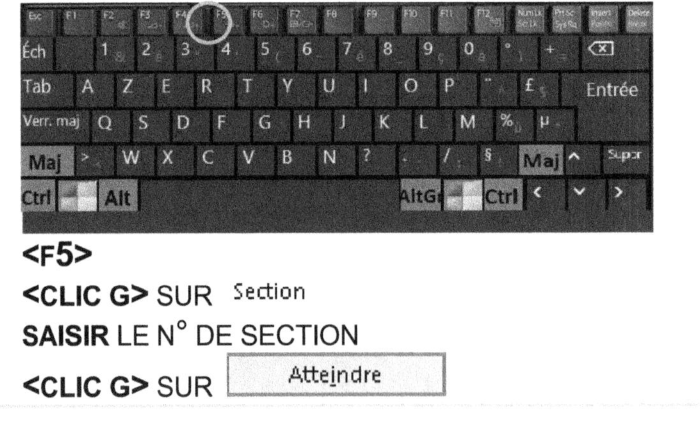

<F5>

<CLIC G> SUR Section

SAISIR LE N° DE SECTION

<CLIC G> SUR Atteindre

Dans "exercice long document"
Parcourir le document de section en section

B. LES ENTÊTES / LES PIEDS DE PAGE

Les entêtes et les pieds de page sont des données qui sont positionnées respectivement en haut de chaque page à l'intérieur de la marge haut, et en bas de chaque page à l'intérieur de la marge bas. Ils peuvent être continus d'une section à l'autre.

1. AFFICHAGE DES ENTÊTES ET PIEDS DE PAGE

Normalement, le corps du texte est visible et les entêtes et pieds de page sont en filigrane. Afficher les entêtes et pieds de page inverse la visibilité des éléments.

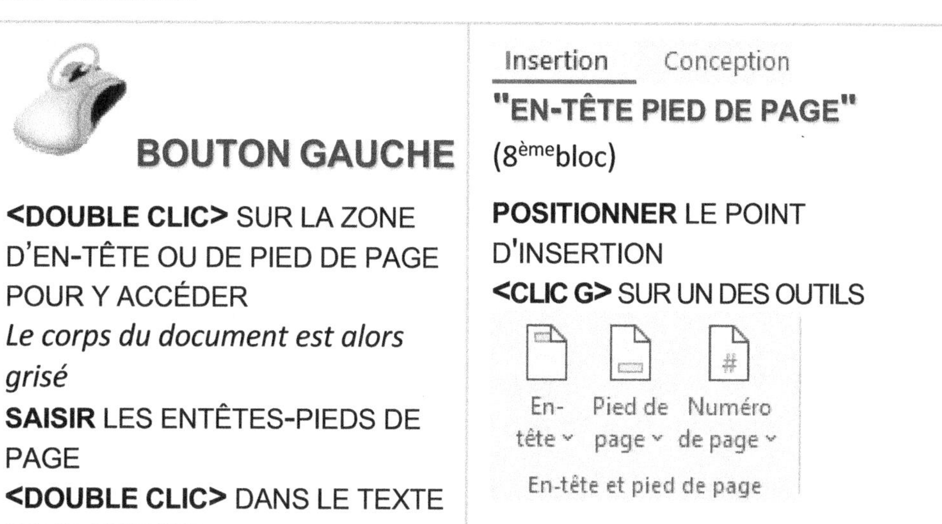

BOUTON GAUCHE

<DOUBLE CLIC> SUR LA ZONE D'EN-TÊTE OU DE PIED DE PAGE POUR Y ACCÉDER
Le corps du document est alors grisé
SAISIR LES ENTÊTES-PIEDS DE PAGE
<DOUBLE CLIC> DANS LE TEXTE POUR FERMER

Insertion   Conception
"EN-TÊTE PIED DE PAGE"
(8^{ème}bloc) — $8^{\text{ème}}$bloc

POSITIONNER LE POINT D'INSERTION
<CLIC G> SUR UN DES OUTILS

En-tête   Pied de page   Numéro de page

En-tête et pied de page

Le ruban "création des en-têtes et pieds de page" s'affiche.

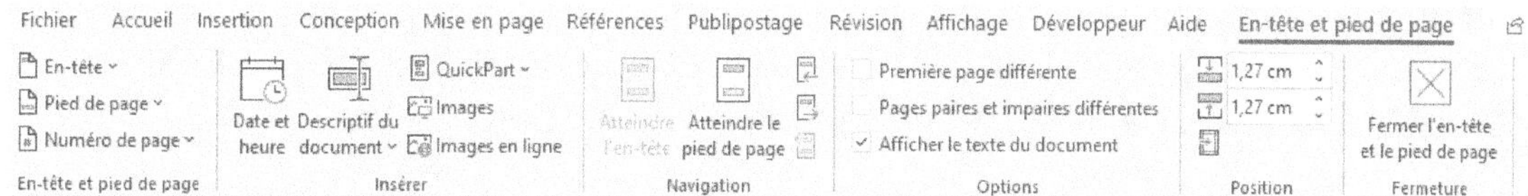

2. SAISIE DES EN-TÊTES ET PIEDS DE PAGE

Le texte est saisi normalement. Des dispositions prédéfinies sont proposées mais les entêtes/pieds de page peuvent être saisis, mis en forme et alignés comme n'importe quel texte ; des outils permettent d'insérer des éléments classiques comme la date, le numéro de page, ou de manipuler les en-têtes et pieds de page entre sections.

[Tapez ici]   [Tapez ici]   [Tapez ici]

En-tête   LA STRUCTURE DE L'ENTREPRISE

: INSERTION D'UN EN-TÊTE PRÉDÉFINI

: INSERTION D'UN PIED DE PAGE PRÉDÉFINI

: INSERTION D'UN NUMÉRO DE PAGE

: INSERTION DE LA DATE OU DE L'HEURE

☐ Première page différente

☐ Pages paires et impaires différentes   : DIFFÉRENCIE EN-TÊTES/PIEDS DE PAGE

Lier au précédent : SYNCHRONISE AUTOMATIQUEMENT AVEC L'EN-TÊTE/PIED DE PAGE DE LA SECTION PRÉCÉDENTE S'IL Y A PLUSIEURS SECTIONS

En-tête à partir du haut : 1,27 cm

Pied de page à partir du bas : 1,27 cm   : DISTANCE ENTRE MARGE HAUT ET MARGE D'EN-TÊTE

(espace dans lequel va s'inscrire l'entête), MARGE BAS ET MARGE DE PIED DE PAGE (espace dans lequel va s'inscrire le pied de page)

Lier au précédent est activé par défaut ; il est indispensable de le désactiver pour mettre des entêtes pieds de page différents sur des sections différentes

Des tabulations prédéfinies permettent de positionner le texte à gauche, à droite ou de le centrer en utilisant simplement les touches <tab>

Dans "exercice long document"
Créer les entêtes et pieds de page ci-après sur la première
page :

08/01/2021   10:26

En-tête   LA STRUCTURE DE L'ENTREPRISE

...

Pied de page

Reproduction réservée

Pour mettre les en-têtes/pieds de page proposés
Je fais un <double clic> en haut de la première page

Je clique sur  Date et heure

Je coche ☑ Mettre à jour automatiquement pour que la date se mettre à
jour toute seule

Je clique sur OK pour valider le choix
la date est insérée à gauche
J'appuie 2 fois sur la touche <tab>

Je clique sur  Date et heure

Je sélectionne un type d'heure en bas de la liste : 11:03:38

Je clique sur OK pour valider le choix
l'heure est insérée à droite

Je clique sur  Pied de page ⌄
Je choisis "vide"
le pied de page est inséré
Je saisis "reproduction réservée"

Je clique sur 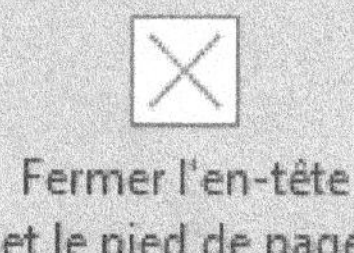 Fermer l'en-tête et le pied de page

3. ENTÊTES/PIEDS DE PAGES DIFFÉRENCIÉS

Les entêtes et pieds de page peuvent être définis différemment pour la première page, les pages paires et les pages impaires, et ceci pour chacune des sections. Ils sont accessibles directement en mode page.

En-tête et pied de page **"EN-TÊTE ET PIED DE PAGE"**

GROUPE "NAVIGATION" (3ème bloc)

DANS UN DOCUMENT DE PLUSIEURS SECTIONS
EN-TÊTES ET PIEDS DE PAGES **AFFICHÉS**
EN-TÊTES ET PIEDS DE PAGES **DIFFÉRENCIÉS**

☑ Première page différente

☑ Pages paires et impaires différentes

CLIQUER DANS L'ENTÊTE (Identique au précédent *est affiché*)

<CLIC G> SUR Lier au précédent POUR LE DÉSACTIVER
maintenant, les deux entêtes sont indépendants
SAISIR LE NOUVEL EN-TÊTE
<CLIC G> SUR Suivant
l'entête de la section suivante s'affiche
<CLIC G> SUR Lier au précédent POUR LE DÉSACTIVER
maintenant, les deux entêtes sont indépendants
... POUR CHAQUE SECTION AINSI QUE POUR LES PIEDS DE PAGE

Premier en-tête -Section 2 -   Identique au précédent

Dans "exercice long document"
Conserver le pied de page précédent
Modifier l'en-tête et mettre le titre de chaque chapitre en en-tête comme ci-dessous
STRUCTURE ET ORGANIGRAMME

Pour mettre les en-têtes/pieds de page proposés
Je fais un <DOUBLE CLIC> dans l'en-tête pour l'afficher s'il ne l'est pas
Je positionne le point d'insertion dans l'entête devant la date
J'appuie sur la touche <TAB> pour reculer la date d'une tabulation
Je clique derrière la date
j'appuie sur la touche <SUPPR> pour supprimer une tabulation
je fais glisser le taquet de tabulation centrée du milieu à 10,5

9   10   11   12

Je saisis le titre " LA STRUCTURE DE L'ENTREPRISE "
Je ramène le retrait de 1ère ligne à 0

Je clique sur Suivant

l'entête est identique à celui que l'on vient de saisir

Je clique sur Lier au précédent pour désactiver l'association des en-têtes de la 1ère et de la 2ème section

Je supprime "LA STRUCTURE DE L'ENTREPRISE"

Je saisis à la place "STRUCTURE ET ORGANIGRAMME"

STRUCTURE ET ORGANIGRAMME   08/01/2021   10:22:39

En-tête de page impaire -Section 3 -

Je clique sur Suivant

l'entête est identique à celui que l'on vient de saisir

Je clique sur Lier au précédent pour désactiver l'association des en-têtes de la 2ème et de la 3ème section

Je supprime " STRUCTURE ET ORGANIGRAMME "

Je saisis à la place "COMMENT DEFINIR UNE STRUCTURE"

Je clique sur Suivant

l'entête est identique à celui que l'on vient de saisir

Je clique sur Lier au précédent pour désactiver l'association des en-têtes de la 3ème et de la 4ème section

Je supprime "COMMENT DEFINIR UNE STRUCTURE"

Je saisis à la place "LES DIFFERENTES FONCTIONS"

Je clique sur Fermer l'en-tête et le pied de page

4. NUMÉROTATION DES PAGES

Sur la plupart des documents de grande taille, la numérotation des pages est indispensable.

En-tête et pied de page	Insertion Conception
GROUPE "ENTÊTE ET PIED DE PAGE" (1er bloc)	**GROUPE "ENTÊTE ET PIED DE PAGE"** 8ème bloc
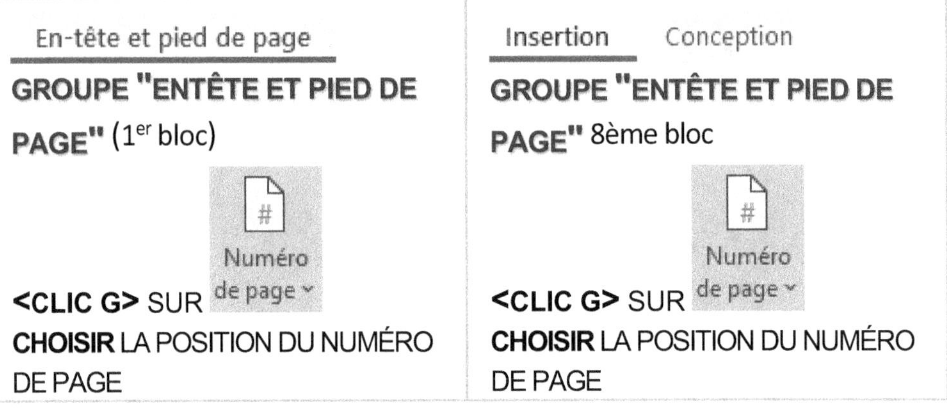	
<CLIC G> SUR Numéro de page ˅	**<CLIC G>** SUR Numéro de page ˅
CHOISIR LA POSITION DU NUMÉRO DE PAGE	**CHOISIR** LA POSITION DU NUMÉRO DE PAGE

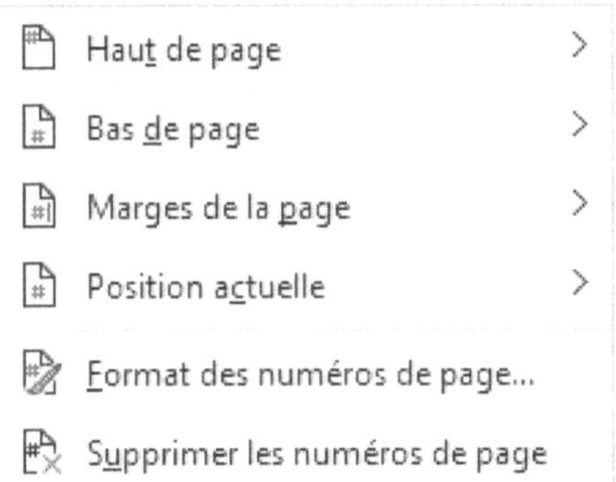

Le numéro de page peut aussi être inséré directement en tant que champ :
Positionner le point d'insertion

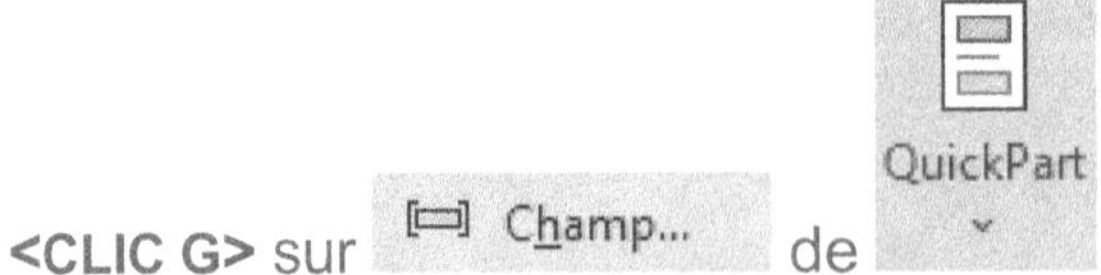

<CLIC G> sur Champ... de QuickPart
Sélectionner le champ Page, renseigner le format puis valider

Le format du numéro de page peut être modifié à postériori.

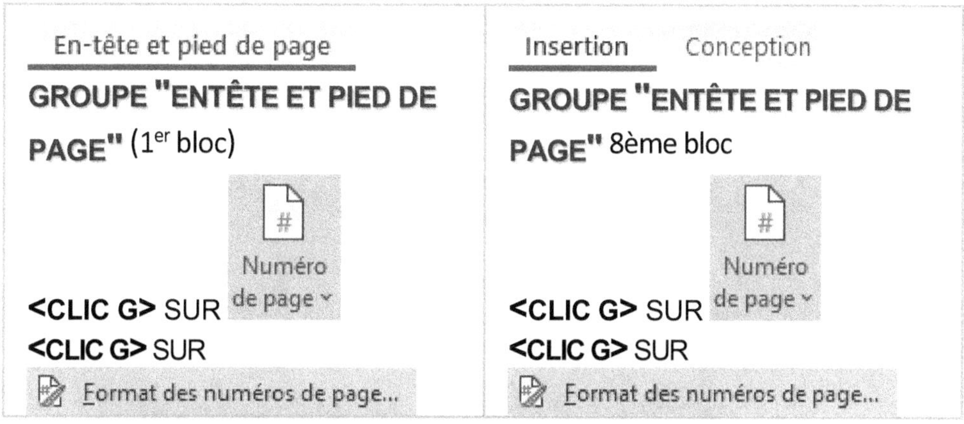

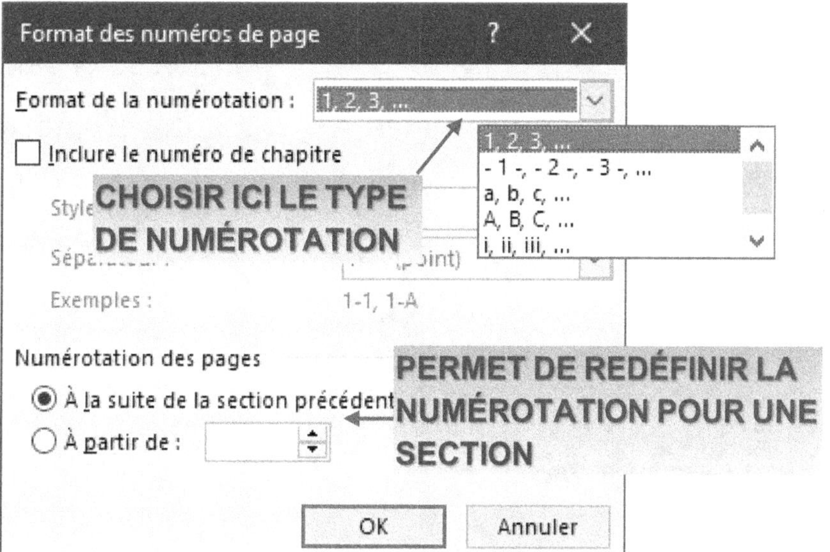

Dans "exercice long document", dans le pied de page
Insérer le N° de page en bas de page "triangle 2" et l'adapter
Mettre le texte Reproduction réservée à gauche

5. INSERTION DE CHAMPS

Il est possible d'insérer des champs particuliers dans les en-têtes/pieds de page.

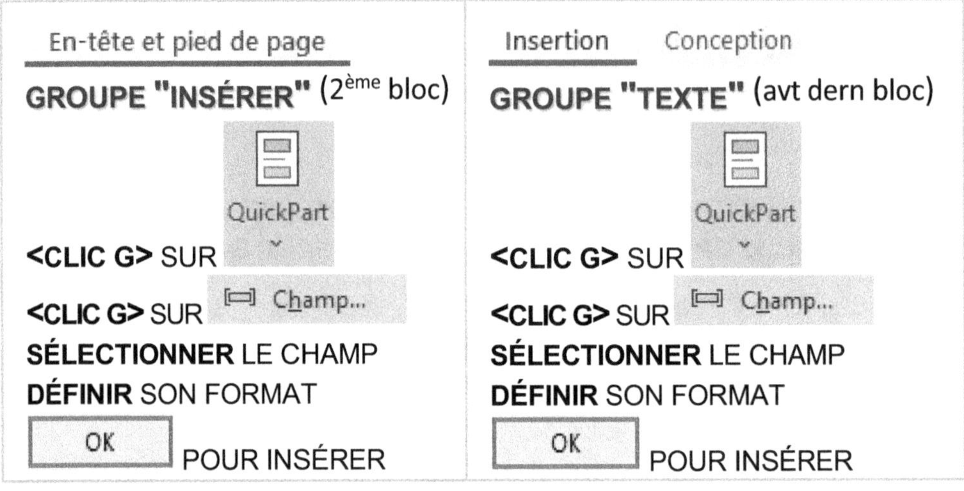

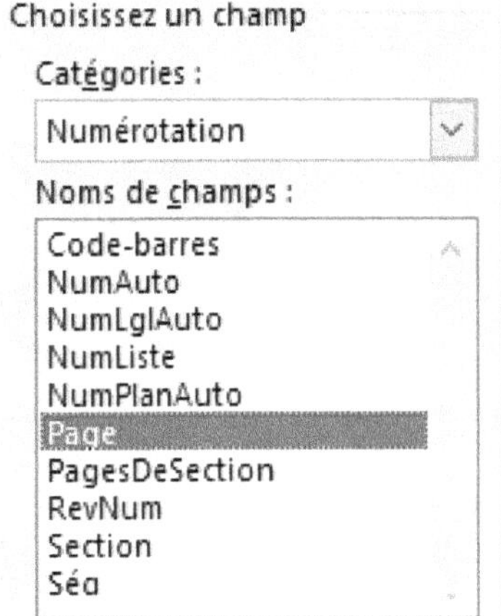

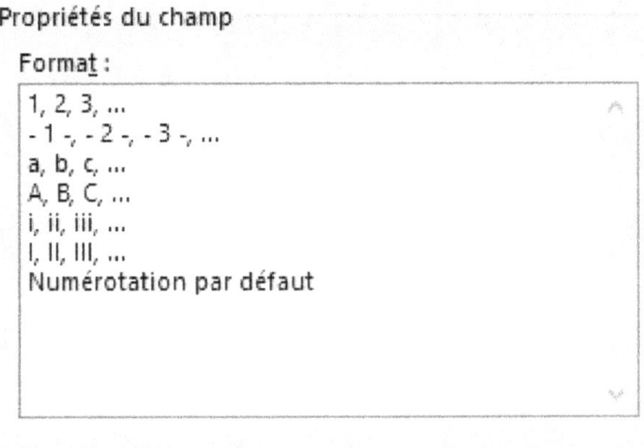

S'assurer que les champs sont à jour avant impression ou publication :

- L'option ☑ Mettre à jour les champs avant l'impression des options d'affichage de Word met à jour les numéros de page de renvoi avant l'impression

- <F9> sur le champ sélectionné le recalcule

À partir de QUICKPART, insérer le champ PrintDate dans le pied de page comme ci-après

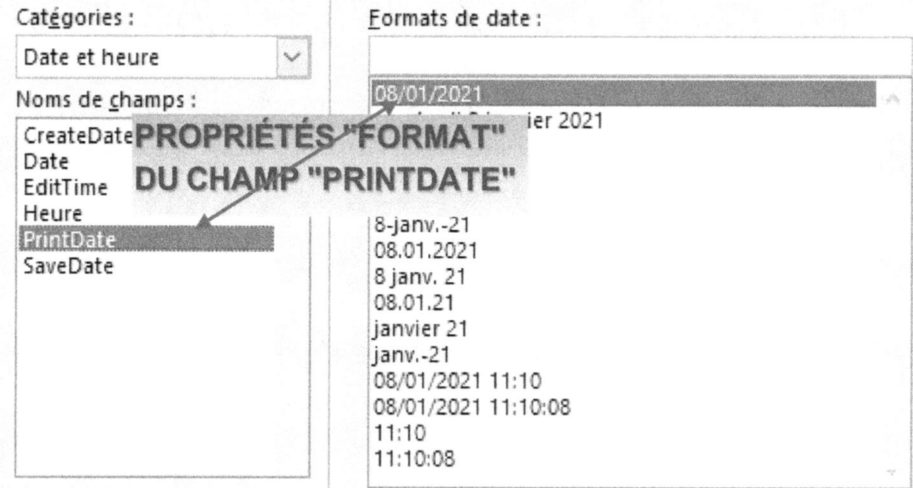

Si l'on connaît leur syntaxe, ces champs peuvent aussi être crées
directement
Positionner le pointeur
<CTRL> <F9>
{} s'affiche
Saisir le code entre les crochets
<MAJ> <F9> sur un champ affiche alternativement le nom du
champ ou sa valeur

AUTHOR : nom de l'auteur   SEQ : numéro de chapitre

TITLE : titre du document   NUMPAGES : nombre de pages

FILENAME : nom du document   PAGE : numéro de page

DATE : date

le code saisi s'inscrit entre les deux crochets ; il sera remplacé par
sa valeur en mode page, aperçu avant impression et à l'impression

Dans "exercice long document"
Modifier l'entête de la 1ère section comme suit :
tester **<MAJ> <F9>** sur les champs d'entête et de pied de page

LA STRUCTURE DE L'ENTREPRISE   exercice long document ok.docx   08/01/2021

LA STRUCTURE DE L'ENTREPRISE { FILENAME * MERGEFORMAT } { TIME \@ "dd/MM/yyyy" }

C. LES NOTES DE BAS DE PAGE

Il est utile de préciser des termes ou des références par une note. Le terme à expliquer est alors complété d'un numéro ou APPEL DE NOTE.

Références   Publipostage   **ONGLET "RÉFÉRENCES"**

GROUPE "NOTES DE BAS DE PAGE" (2ème bloc)

POINT D'INSERTION À LA POSITION DE L'APPEL, EN FIN DE MOT

ab[1]
Insérer une note
de bas de page

<CLIC G> SUR

SAISIR LA NOTE
la note est affichée en bas de la page

Insérer une note de fin ou **<CTRL> <ALT> <F>** crée une note en fin de document

Convertir en note de fin du menu contextuel convertit la note de bas de page en note de fin

Le fait de pointer sur l'appel de notes affiche la note dans une bulle d'aide

Direction
La direction prend le
Financière
Le service financier[3] effectue toutes les o

Il inclut le plus souvent un service de gestion de valeurs boursières

BULLE D'AIDE AFFICHANT LA NOTE POINTÉE

[3] Il inclut le plus souvent un service de gestion de v

Pour supprimer la note, il suffit d'effacer l'appel de note

Word permet le choix des caractères d'appel de note (10 car max).

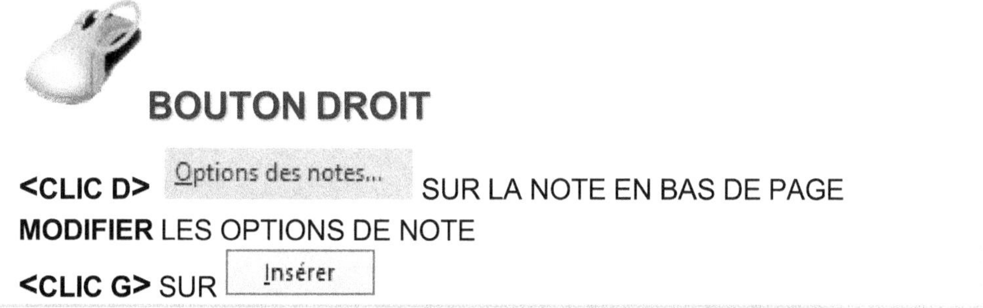

<CLIC D> Options des notes... SUR LA NOTE EN BAS DE PAGE
MODIFIER LES OPTIONS DE NOTE
<CLIC G> SUR Insérer

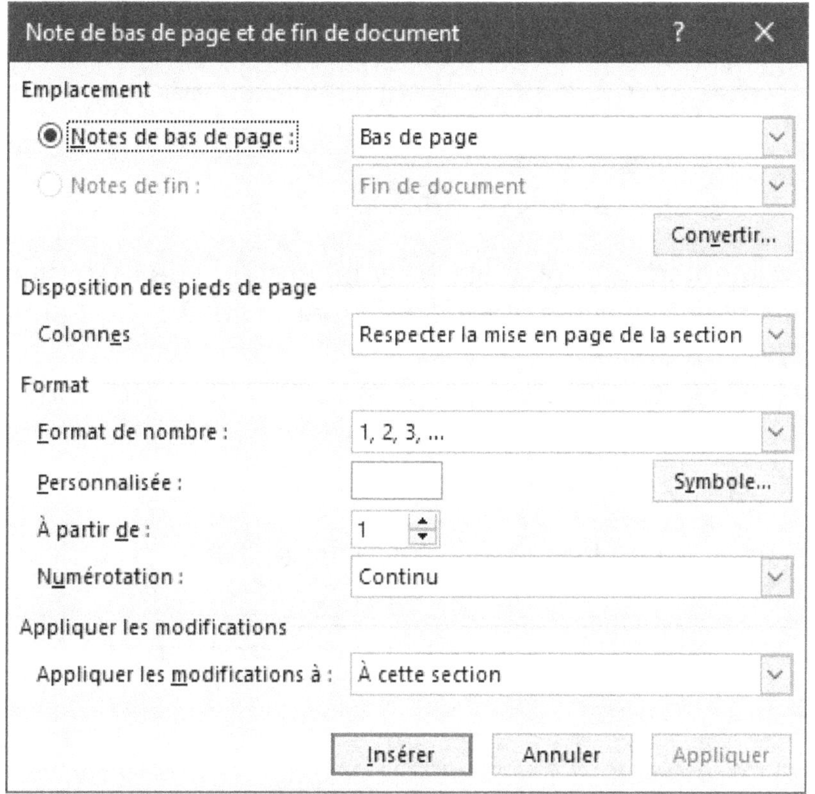

L'accès peut s'effectuer par le clavier.

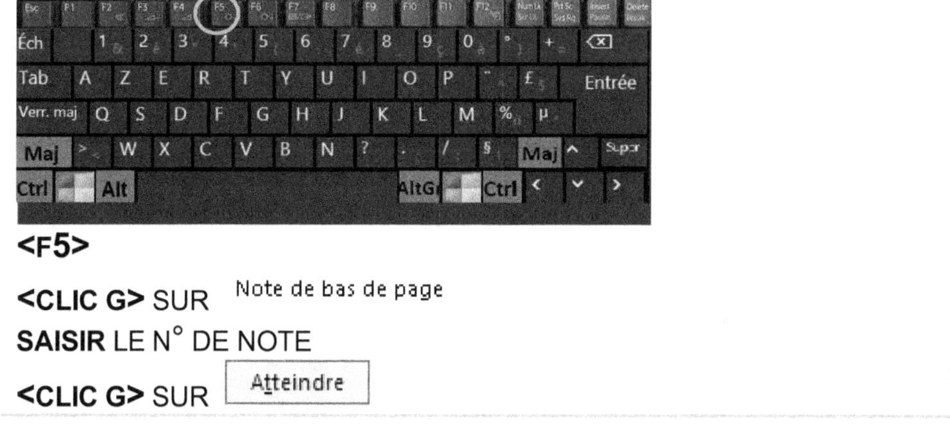

<F5>

<CLIC G> SUR Note de bas de page
SAISIR LE N° DE NOTE
<CLIC G> SUR Atteindre

Dans "exercice long document"
Définir les appels de note et notes suivantes en bas de page:
1 -"entreprise" dans "une entreprise n'est pas un rassemblement d'hommes...."
mettre la note : "au sens économique du terme"
2 -"structure" dans "la structure d'une entreprise..."
mettre la note : "c'est ici le squelette de l'entreprise "
3 - ""service financier" dans "liste des différentes fonctions"
mettre la note : "il inclut le plus souvent un service de gestion de valeurs boursières"
Parcourir les notes
Supprimer la 2ème note et observer la numérotation puis annuler
Convertir une des notes en note de fin de document puis annuler
Enregistrer le document

D. LES RENVOIS

Dans un document important, il est souvent pratique de faire mention d'informations plus détaillées relatives au même sujet et figurant dans un autre endroit du document.
Deux étapes : l'insertion du signet puis l'insertion du renvoi relatif à ce signet

1. L'INSERTION DU SIGNET

Le signet désigne un endroit précis du document.

Insertion   Conception   **ONGLET "INSERTION"**

GROUPE "LIENS" (6ème bloc)

SÉLECTIONNER LE TEXTE <u>VERS LEQUEL</u> ON VEUT RENVOYER LE LECTEUR POUR COMPLÉMENT D'INFORMATION

<CLIC G> SUR 🔖 Signet

NOMMER LE SIGNET

<CLIC G> SUR Ajouter

le signet pointe maintenant vers l'emplacement indiqué

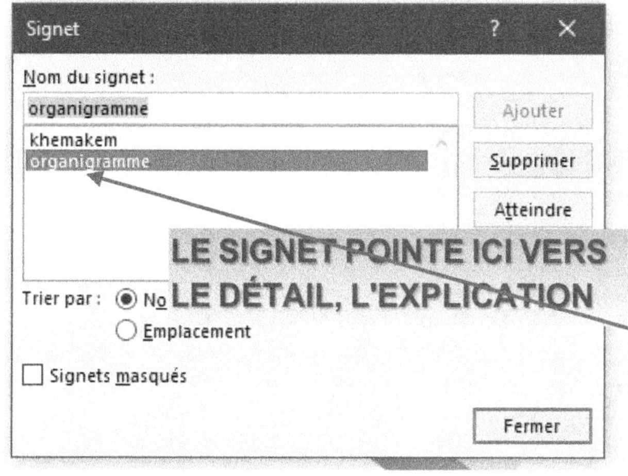

Par exemple les affinités personnelles ou les conditions réelles de la vie de l'entreprise. Par conséquent, l'organigramme est susceptible d'être modifié, ce qui ne signifie pas qu'il ne doit pas être respecté.

L'organigramme est un élément de la structure : il permet de déterminer la responsabilité de chacun des membres de l'entreprise. La liberté d'agir dans cette responsabilité (champs d'action) de chacun de ses membres est le deuxième élément. C'est ce que chacun a le pouvoir de faire. On ne peut pas parler de responsabilité s'il n'existe pas de pouvoir associé. Un équilibre entre la responsabilité et la liberté d'agir est la base d'une structure efficace.

2. L'INSERTION DU RENVOI

Le renvoi va afficher une caractéristique du signet, ici le numéro de page.

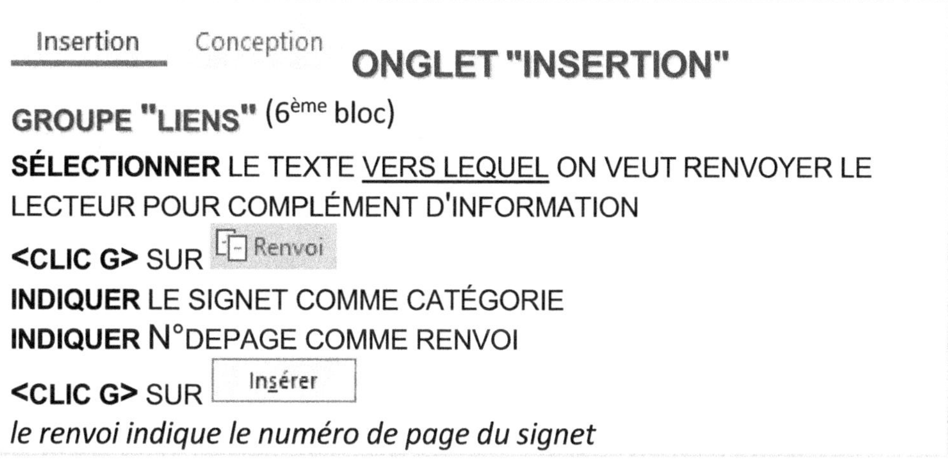

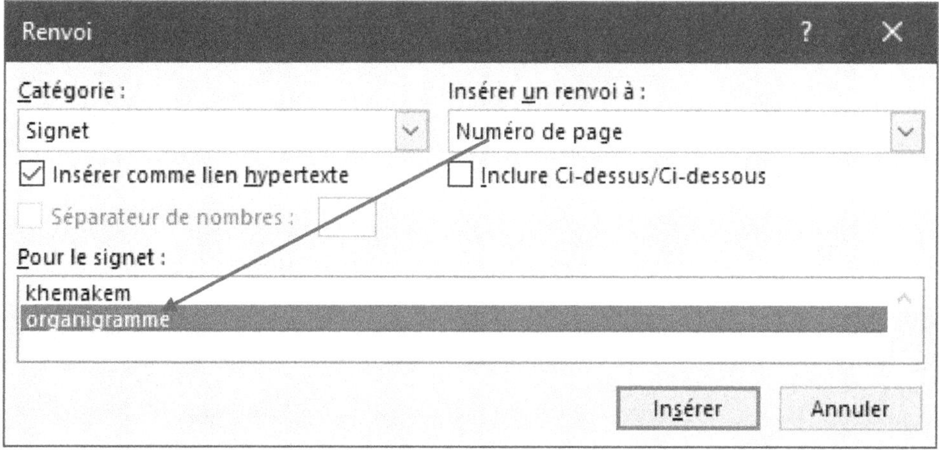

La définition d'une struc organigramme pes. D'abord, il faut déléguer les
responsabilités pour abouti Ctrl+clic pour suivre le lien res de responsabilité grâce à
l'organigramme (voir page 3 pour une définition plus complète de l'organigramme). Déléguer

Pour augmenter la lisibilité, penser à insérer un texte du type "voir page
N°... pour plus d'informations" avec le renvoi à l'emplacement du
numéro de page

Le renvoi insère un champ "PAGEREF" suivi du nom du signet,
également accessible par l'outil Quick Part.
(voir page { PAGEREF organigramme \h })

S'assurer que les champs sont à jour :

L'option ☑ Mettre à jour les champs avant l'impression des options d'affichage
de Word met à jour les numéros de page de renvoi avant l'impression :
<F9> sur le champ le recalcule

Dans "exercice long document"
Mettre un signet désignant le paragraphe suivant :
L'organigramme est un élément de la structure : il permet de déterminer la responsabilité
de chacun des membres de l'entreprise. La liberté d'agir dans cette responsabilité (champs
d'action) de chacun de ses membres est le deuxième élément. C'est ce que chacun a le
pouvoir de faire. On ne peut pas parler de responsabilité s'il n'existe pas de pouvoir associé.
Un équilibre entre la responsabilité et la liberté d'agir est la base d'une structure efficace.
Insérer un renvoi de page désignant le signet ainsi défini à coté
de "organigramme" dans
La définition d'une structure comprend deux étapes. D'abord, il faut déléguer les
responsabilités pour aboutir à la définition des centres de responsabilité grâce à
l'organigramme
du type (voir page xxx pour une définition plus complète de
l'organigramme

E. LA BIBLIOGRAPHIE

Si le document fait appel à des références bibliographiques, il est conseillé de renseigner ces références dans la base de Word. Les sources, c'est-à-dire les ouvrages, articles et autres auxquels il est fait référence, sont créées, stockées et peuvent être réutilisées.

1. L'INSERTION D'UNE SOURCE

Si la source (le livre, l'article…) n'est pas déjà référencée, il faut créer la source de référence.

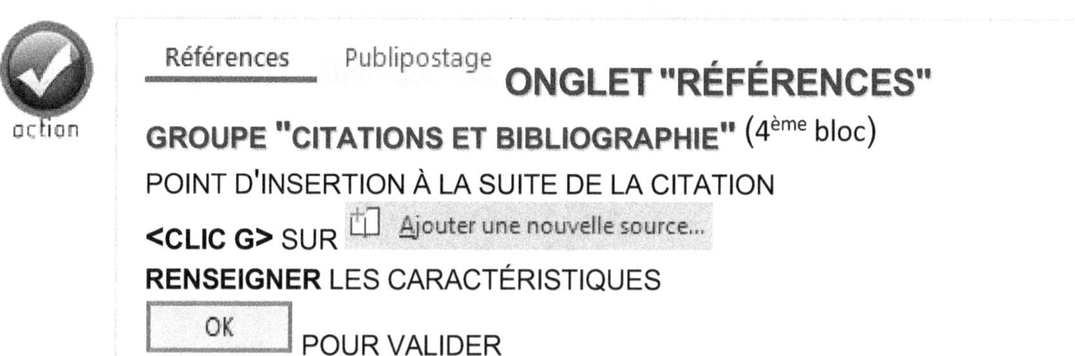

Créer une source

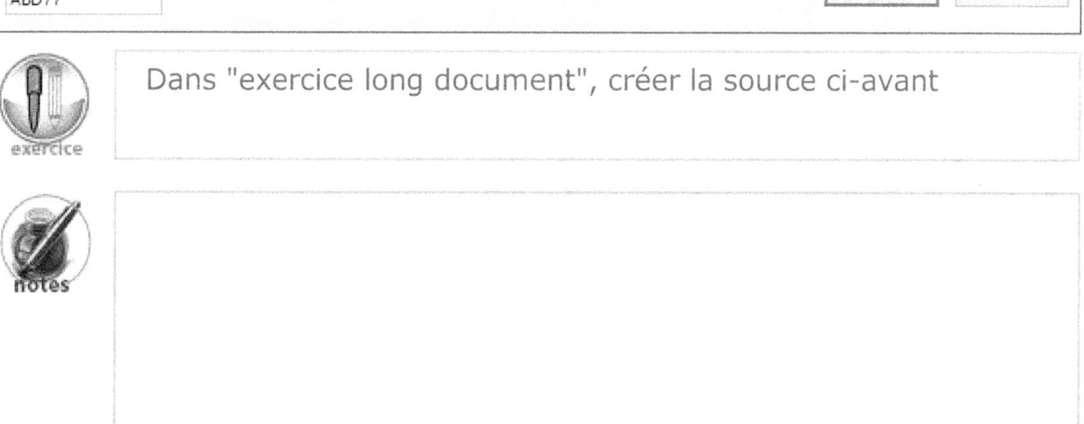

Dans "exercice long document", créer la source ci-avant

2. <u>L'INSERTION DE LA RÉFÉRENCE</u>

La source créée, il faut la désigner et l'insérer à la position du pointeur.

ONGLET "RÉFÉRENCES"

Références   Publipostage

GROUPE "CITATIONS ET BIBLIOGRAPHIE" (4ème bloc)

POINT D'INSERTION À LA SUITE DE LA CITATION

<CLIC G> SUR

<CLIC G> SUR LA SOURCE

OK POUR VALIDER

la référence et insérée au point d'insertion

KHEMAKHEM, ABDELLATIF
LA DYNAMIQUE DU CONTROLE DE
GESTION, (1977)

Ajouter une nouvelle source...

Ajouter un nouvel espace réservé...

(KHEMAKHEM, 1977)

Dans "exercice long document", dans la 2ème partie, 3ème ligne après "L'organigramme"
Insérer une citation relative à la source créée :
KHEMAKHEM, A. (1977). *LA DYNAMIQUE DU CONTROLE DE GE:*

La citation peut être sélectionnée, déplacée, modifiée.

II. STRUCTURE ET ORGANIGRAMME

La structure d'une entreprise performante n'est pas son organigramme. L'organigramme est un schéma sur le papier de ce que devrait être l'organisatic des hommes dans l'entreprise. L'organigramme (KHEMAKHEM, 1977 pas forcément l'organisation idéale dans l'absolu pour l'entreprise, son objectif et son environnement. Deuxièmement, **<CLIC D> DANS** pas toujours **LA CITATION** que pour un ensemble de raisons :

Modifier la citation

Modifier la source

Mettre à jour les champs

Modification

Basculer les **MODIFIER LA SOURCE DE LA CITATION**

MENU CONTEXTUEL

Modifier la citation   permet de préciser la ou les pages concernées

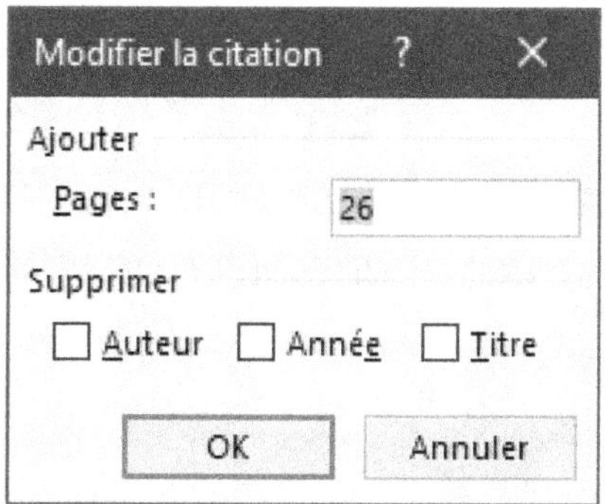

Modifier la référence en précisant la page 26 de la source créée
:

L'organigramme ⁞ (KHEMAKHEM, 1977, p. 26) ▾

3. LA GESTION DES SOURCES

Elle permet d'organiser, trier, copier, modifier, supprimer les sources.

Références   Publipostage   **ONGLET "RÉFÉRENCES"**

GROUPE "CITATIONS ET BIBLIOGRAPHIE" (4ème bloc)

POINT D'INSERTION À LA SUITE DE LA CITATION

<CLIC G> SUR Gérer les sources

 Style : APA ⌄   met en forme la citation selon les normes

Gestionnaire de source   ?   ×

Rechercher :   Trier par auteur ⌄

Sources disponibles dans :   Parcourir...
Liste principale   Liste active

                                    ←-Copier   ✓ KHEMAKHEM, ABDELLATIF; LA DYNAMIQUE DU CONTROLE DE GESTIO
                                    Supprimer
                                    Modifier...
                                    Nouveau...

Aperçu (APA) :   ✓ source citée
                                        ? source d'espace réservé

Citation : (KHEMAKHEM, 1977)

Entrée de bibliographie :
KHEMAKHEM, A. (1977). *LA DYNAMIQUE DU CONTROLE DE GESTION*. DUNOD.

                                                                          Fermer

4.   L'INSERTION D'UN ESPACE RÉSERVÉ

Il est aussi possible de n'insérer que la balise et de renseigner la source associée à posteriori dans la table des références

Références   Publipostage   **ONGLET "RÉFÉRENCES"**

GROUPE "CITATIONS ET BIBLIOGRAPHIE" (4ème bloc)

POINT D'INSERTION À LA SUITE DE LA CITATION

<CLIC G> SUR Insérer une citation ˅

<CLIC G> SUR Ajouter un nouvel espace réservé...

SAISIR LE NOM DE LA BALISE

OK POUR VALIDER

l'espace réservé peut être personnalisé en cliquant sur ˅

La définition d'une structure comprend deux étapes (Espace_réservé1). ˅ abord, il faut déléguer les responsabilités pour aboutir à la définition des centres de responsabilité grâce à l'organigramme (voir page 3 pour une définition plus complète de l'organigramme). Déléguer

Insérer un espace réservé page 4 première ligne comme ci-dessus

il peut être complété dans le gestionnaire de source.

Références   Publipostage   **ONGLET "RÉFÉRENCES"**

GROUPE "CITATIONS ET BIBLIOGRAPHIE" (4ème bloc)

POINT D'INSERTION À LA SUITE DE LA CITATION

<CLIC G> SUR Gérer les sources

<CLIC G> SUR L'ESPACE RÉSERVÉ

<CLIC G> SUR Modifier...

RENSEIGNER LES CARACTÉRISTIQUES

OK POUR VALIDER

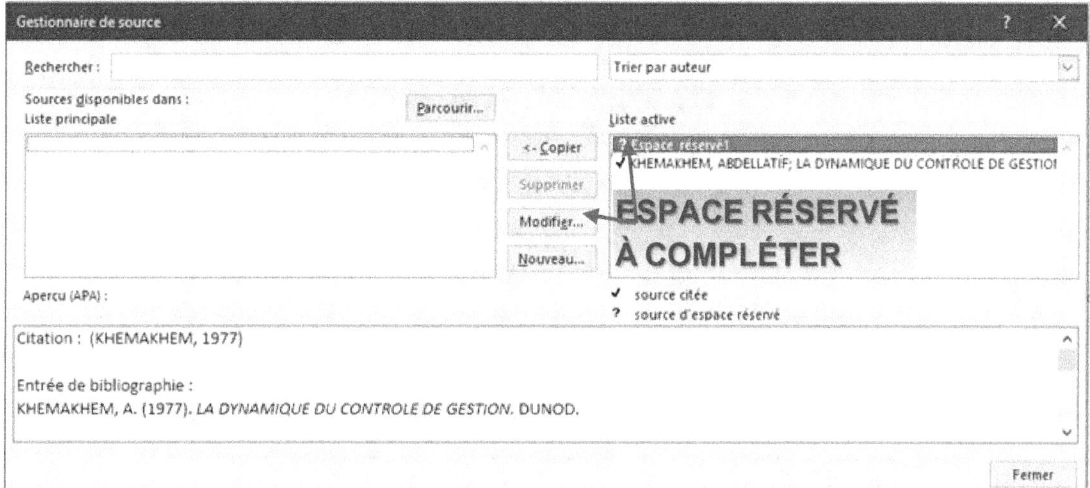

Compléter l'espace réservé avec les informations suivantes :
Green, J. (2021). *J'apprends à me servir de Word 2019*. Saint Aubin sur mer: IOS.

5. LA BIBLIOGRAPHIE

Généralement en fin de document, elle liste tous les ouvrages cités.

V. BIBLIOGRAPHIE

Green, J. (2008). *J'apprends à me servir de Word 2007*. Saint Aubin sur mer: IOS.
KHEMAKHEM, A. (1977). *LA DYNAMIQUE DU CONTROLE DE GESTION*. DUNOD.

Dans "exercice long document"
Créer une nouvelle section en fin de document
Indiquer comme entête de cette section "bibliographie"
Insérer la bibliographie

F. LA TABLES DES ILLUSTRATIONS

Un document d'importance est souvent complété de tableaux et
d'illustrations en tous genres. Word peut gérer les légendes des
illustrations et insérer une table des illustrations.

1. L'INSERTION D'UNE LÉGENDE

La légende donne un nom à une illustration.

Références   Publipostage **ONGLET "RÉFÉRENCES"**

GROUPE "LÉGENDES" (5ème bloc)

SÉLECTIONNER L'ILLUSTRATION (image, tableau…)

<CLIC G> SUR Insérer une légende

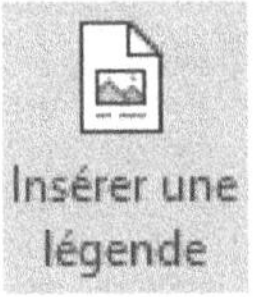

OK **POUR VALIDER**
la légende s'inscrit face à l'illustration

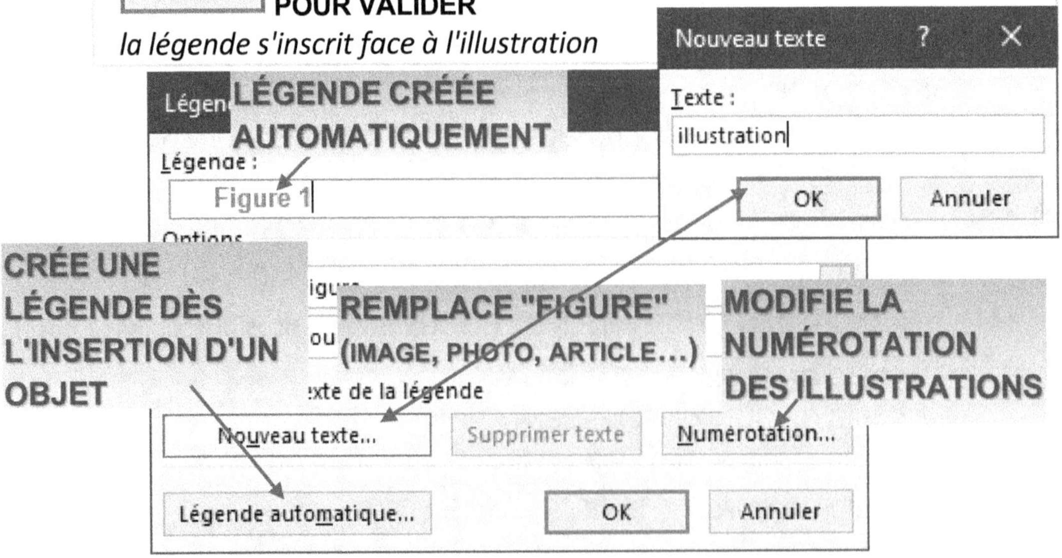

LÉGENDE CRÉÉE AUTOMATIQUEMENT

Légende :
  Figure 1

Options

CRÉE UNE LÉGENDE DÈS L'INSERTION D'UN OBJET

REMPLACE "FIGURE" (IMAGE, PHOTO, ARTICLE…)

MODIFIE LA NUMÉROTATION DES ILLUSTRATIONS

Nouveau texte   ?   ✕

Texte :
illustration

OK   Annuler

Nouveau texte…   Supprimer texte   Numérotation…

Légende automatique…   OK   Annuler

La légende s'affiche en dessous de l'illustration. Sa numérotation est automatique.

	Couleur	Forme
Direction	1	
Financière	2	
Personnel	3	
Exploitation	4	
Commercial	5	

Figure 4

2. LA TABLE DES ILLUSTRATIONS

Généralement en fin de document, elle indique le numéro de page pour chaque illustration.

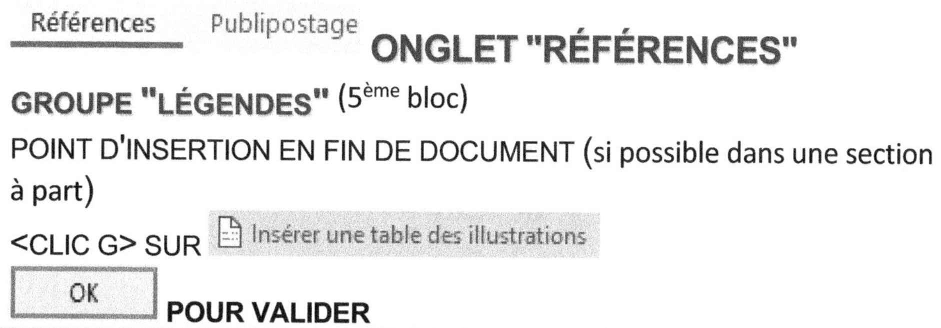

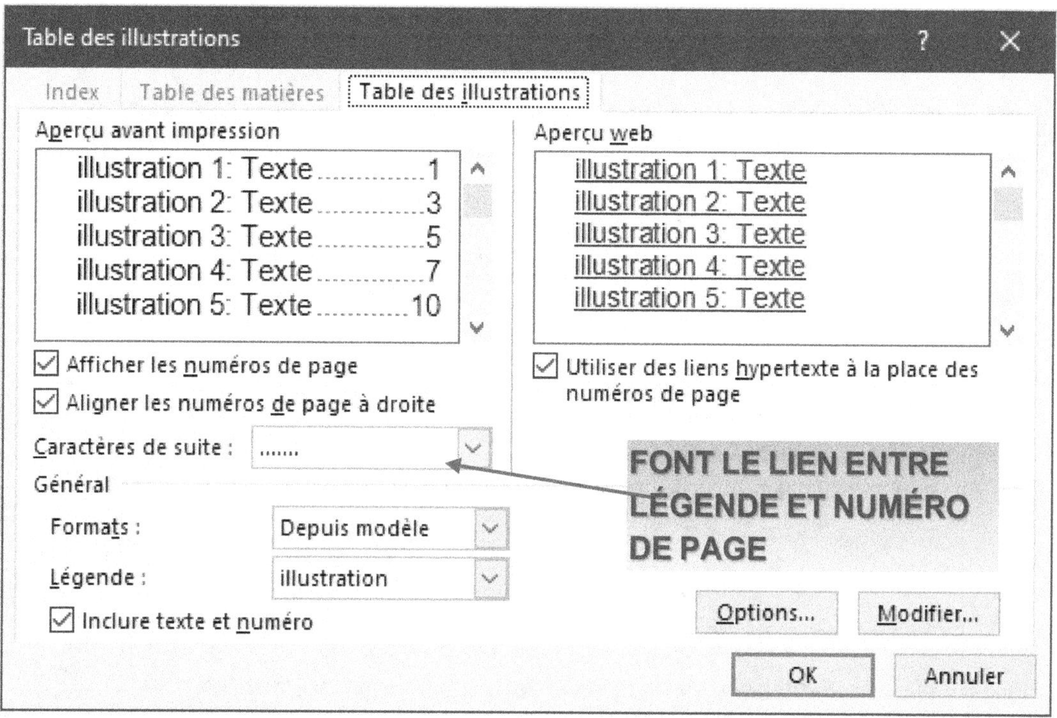

Dans "exercice long document",
Créer des légendes pour tous les tableaux, illustrations et autres
Insérer en fin de document, dans sa propre section avec comme entête "illustrations", une table des illustrations

VI. ILLUSTRATIONS

Figure 1 3
Figure 2 4
Figure 3 4
Figure 4 5
Figure 5 5
Figure 6 5

G.   L'INDEX

Word propose l'élaboration d'un index permettant de retrouver un sujet précis dans le document. L'index fonctionne à partir d'entrées d'index définies par l'utilisateur.

1.   L'INSERTION D'UNE ENTRÉE D'INDEX

L'entrée d'index est un mot clé à l'intérieur du document, identifié par l'utilisateur et désigné comme "entrée d'index".

Références   Publipostage   **ONGLET "RÉFÉRENCES"**

GROUPE " INDEX " (dernier bloc)

À PARTIR DU DÉBUT DU DOCUMENT
SÉLECTIONNER LA 1ÈRE ENTRÉE D'INDEX

<CLIC G> SUR Marquer entrée PUIS **<CLIC G>** SUR Marquer
la boîte de dialogue reste ouverte
SÉLECTIONNER L'ENTRÉE D'INDEX SUIVANTE

<CLIC G> SUR Marquer entrée PUIS **<CLIC G>** SUR Marquer

cliquer éventuellement dans la fenêtre d'index pour activer Marquer

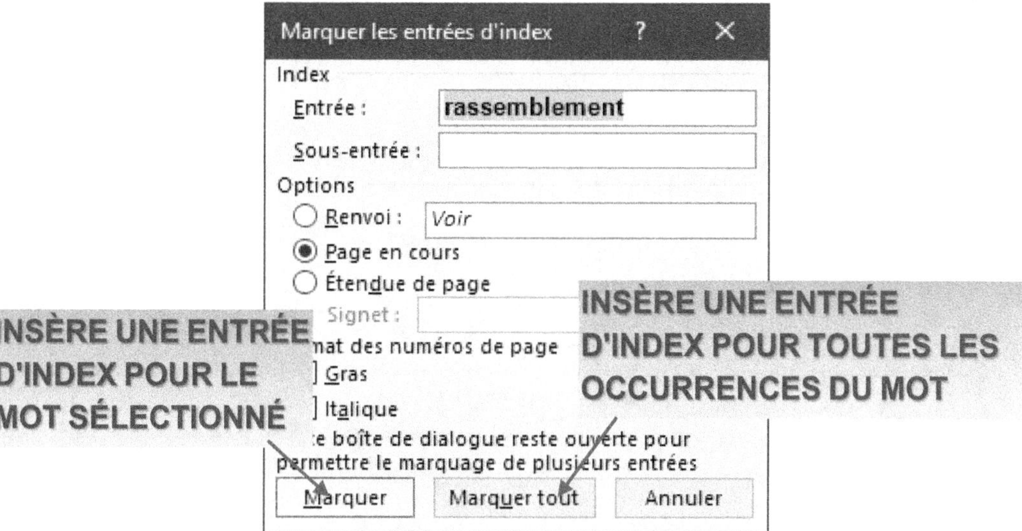

Pour chaque entrée d'index, Word insère un champ XE (ENTRÉE D'INDEX) sous forme de texte masqué {xe:"système"}, visibles avec l'outil ¶

2. L'INSERTION DE L'INDEX

Les entrées saisies, il reste à insérer l'index. Il est affiché dans sa propre section (continue) car il est sur plusieurs colonnes.

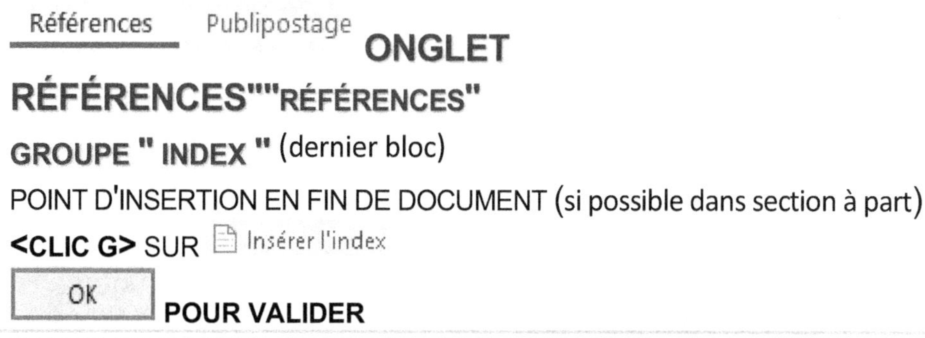

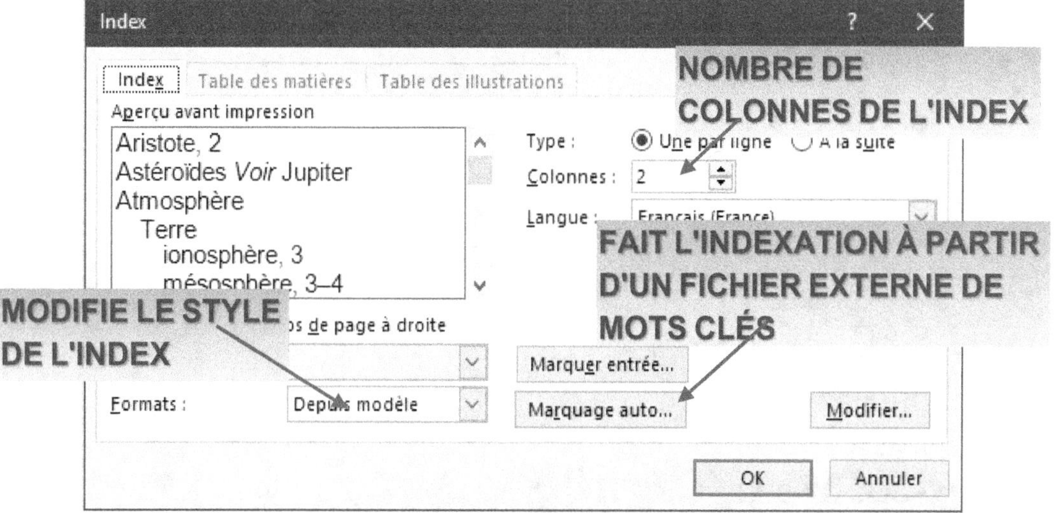

L'index est un champ du type `{ INDEX \c "2" \z "1036" }`

Dans le document "exercice long document", Marquer les entrées d'index de votre choix puis Insérer un index en fin de document , dans sa propre section avec comme entête "index", comme ci-après

VII.INDEX

centres, 5
chefs d'agence, 6
clients, 6
Commercial, 6
commerciales, 6
conditions, 5
définition, 5

Financière, 6
fonction, 2
individu, 5
liberté, 4
machine, 5
organigramme, 3
Personnel, 6

H. LE MULTICOLONNAGE

Un document, ou une section de document, peut être présenté sur plusieurs colonnes, le texte remplissant une première colonne puis se poursuivant dans les suivantes jusqu'à remplir la page, comme dans un journal.

1. LE PARAMÉTRAGE DES COLONNES

L'entité de texte minimum à laquelle s'applique la notion de colonne est la section. Par défaut, une section est constituée d'une seule colonne ; le multicolonnage est juste une modification de ce paramétrage de base d'une colonne.

Mise en page   Références   **ONGLET "MISE EN PAGE"**

GROUPE "MISE EN PAGE" (1er bloc)

POINT D'INSERTION DANS LA SECTION À PRÉSENTER SUR PLUSIEURS COLONNES

Colonnes

<CLIC G> SUR

CHOISIR UN NOMBRE DE COLONNES

OU

<CLIC G> SUR   Autres colonnes...

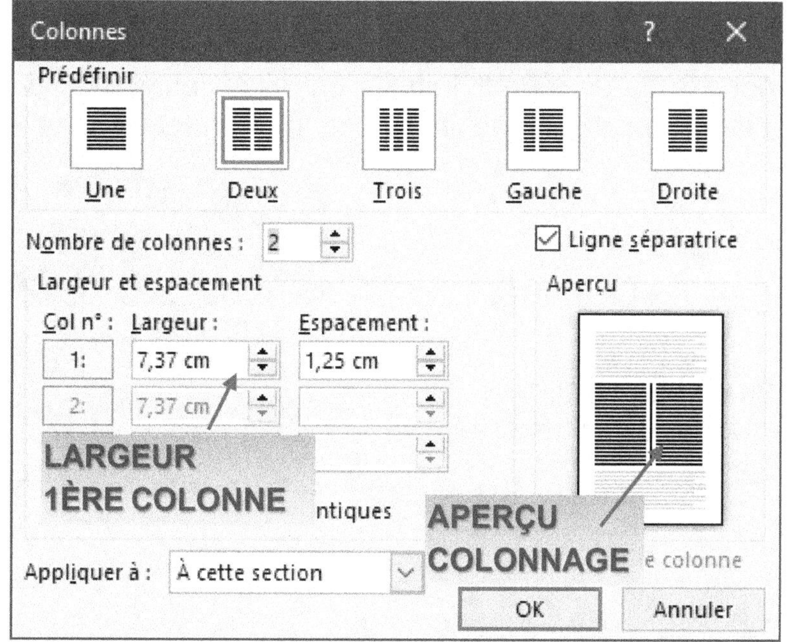

Si la section à présenter sur plusieurs colonnes possède un titre que l'on veut centrer par rapport aux colonnes, il faut isoler ce titre dans une section de type "continue"

La souris permet de modifier le paramétrage des colonnes.

BOUTON GAUCHE

RÈGLE AFFICHÉE

<FAIRE GLISSER> LES MARQUES À LA POSITION DÉSIRÉE

RETRAITS 1ÈRE COLONNE   LIMITES 2ÈME COLONNE

2. LE SAUT DE COLONNE

Il peut être nécessaire de répartir le texte entre les colonnes. On utilise alors le saut de colonne qui renvoie le texte sur la colonne suivante.

Mise en page   Références

MISE EN PAGE

GROUPE "MISE EN PAGE" (1er bloc)
POSITIONNER LE POINT D'INSERTION À LA POSITION DE SCISSION
<CLIC G> SUR Sauts de page

Colonne
Indique que le texte qui suit le sau commencera dans la colonne suiv

POSITIONNER LE POINT D'INSERTION AU DÉBUT DU TEXTE À RENVOYER SUR LA COLONNE SUIVANTE
<CTRL> <MAJ> <ENTRÉE>

Dans "exercice long document"
Mettre la 2éme partie "structure et organigramme" sur deux colonnes de tailles égales tout en conservant un titre centré par rapport à la page (*comme ci-dessus*)

II. STRUCTURE ET ORGANIGRAMME

La structure d'une entreprise performante n'est pas son organigramme. L'organigramme est un schéma sur le papier de ce que devrait être l'organisation des hommes dans l'entreprise. L'organigramme donnée. Deux remarques s'imposent donc. Premièrement l'organigramme n'est pas forcément l'organisation idéale dans l'absolu pour l'entreprise son objectif et son e **SAUT DE COLONNE** Deuxièmement, l'organigramme n'est pas toujours respecté dans la pratique pour un ensemble de raisons :

Par exemple les affinités personnelles ou les conditions réelles de la vie de l'entreprise. Par conséquent, l'organigramme est susceptible d'être modifié, ce qui ne signifie pas qu'il ne doit pas être respecté.
l'entreprise. La liberté d'agir dans cette responsabilité (champs d'action) de chacun de ses membres est la deuxième élément. C'es **SAUT DE SECTION** oi de faire. On r **NOUVELLE PAGE** responsabilité s'il n'existe pas de pouvoir associé. Un équilibre entre la responsabilité et la liberté d'agir est la base d'une structure efficace.

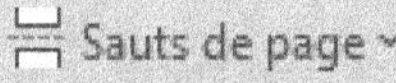

I. LE PLAN ET LA TABLE DES MATIÈRES

Le plan représente l'ossature du document sur laquelle vont se greffer texte, tableaux, images, etc. Cette ossature est déjà affichée dans le volet de navigation mais les manipulations sont plus puissantes avec le mode plan. Affichée ou non, elle doit être présente dans tout document important sous peine que ce dernier soit bancal. De cette structure, découle naturellement la création automatique de la table des matières.

1. LA CRÉATION DU PLAN

Le mode "plan" est le mode idéal pour la conception de documents longs et structurés.

- Il associe un style de titre à chaque paragraphe de titre
- Il présente les niveaux de titres avec un retrait et affiche ou non le texte lié
- Il offre une présentation structurée du document
- Il permet des manipulations globales sur la structure
- Il a l'avantage d'inciter et d'aider l'utilisateur à mieux conceptualiser ses idées.

a) L'AFFICHAGE DU MODE PLAN

Le mode plan est accessible par le ruban.

Affichage   Aide   **ONGLET "AFFICHAGE"**

GROUPE "VUES" (1er bloc)

<CLIC G> SUR Plan

- **la structure** du document est affichée
- **le texte** lié aux différents niveaux de titre peut être ou non développé
- **les niveaux de titre** peuvent être modifiés
- **le texte** lié à un titre et le titre lui-même peuvent être déplacés dans le document
- **les niveaux de titre** peuvent être automatiquement numérotés selon le format désiré
- **des styles** sont attachés à chaque niveau de titre
- **une table des matières** peut être créée à partir de la structure du plan

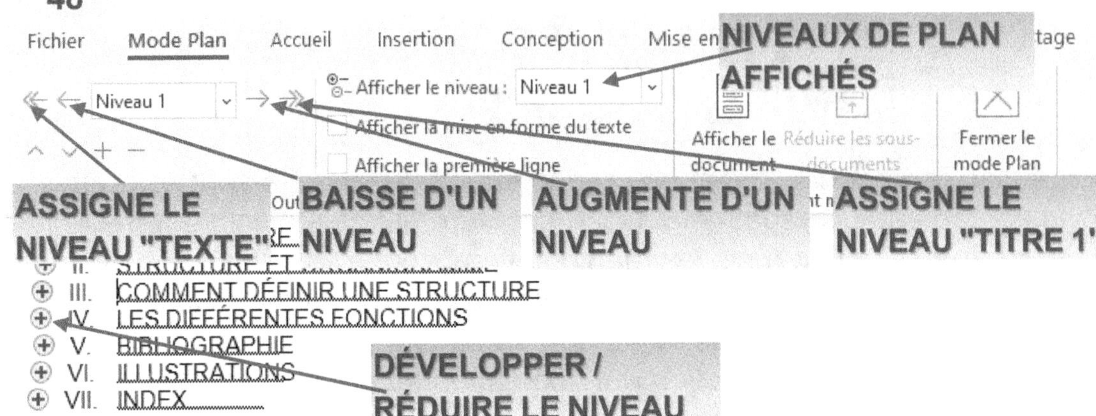

b) LA CRÉATION DU PLAN

Selon la méthode de travail de l'utilisateur (structurée ou selon l'inspiration), le plan peut être constitué au fur et à mesure de la saisie du document, ou postérieurement à celle-ci en affectant aux paragraphes concernés un style de titre.

La procédure de création de plan la plus efficace consiste à **créer préalablement la structure du document**, sans mise en forme et sans saisir le texte associé puis à affecter le niveau de titre de chaque paragraphe.

AVANT LA SAISIE DU TEXTE DU DOCUMENT

MODE DE SAISIE PAGE OU PLAN

SAISIR LES DIFFÉRENTS TITRES (et uniquement eux) PAR NIVEAU ET SANS MISE EN FORME EN CRÉANT UN PARAGRAPHE POUR CHAQUE TITRE (appuyer sur la touche <entrée> à la fin de chaque ligne) D'ABORD LES TITRES DE NIVEAU 1, PUIS POUR CHAQUE TITRE DE NIVEAU 1 LES TITRES DE NIVEAU 2 ETC JUSQU'AU DÉTAIL DE STRUCTURE LE PLUS FIN

ASSIGNER AUX PARAGRAPHES LE STYLE ADÉQUAT (titre1, titre2, titre3…)

MODIFIER LE CAS ÉCHÉANT LES CARACTÉRISTIQUES PRÉDÉFINIES DE CES STYLES

UTILISER LES OUTILS DU MODE PLAN AFIN D'EFFECTUER DES MODIFICATIONS DE STRUCTURE

SORTIR DU MODE PLAN ET SAISIR LE TEXTE

La création du plan à posteriori n'est pas plus compliquée.

APRÈS LA SAISIE DU TEXTE DU DOCUMENT

MODE DE SAISIE PAGE
AJOUTER DES TITRES DANS LE TEXTE SI NÉCESSAIRE
ASSIGNER AUX PARAGRAPHES DE TITRES LE STYLE ADÉQUAT (titre1,
titre2, titre3...)
MODIFIER LE CAS ÉCHÉANT LES CARACTÉRISTIQUES PRÉDÉFINIES
DE CES STYLES
AFFICHER ET **VISUALISER** LE DOCUMENT EN MODE PLAN
UTILISER LES OUTILS DU MODE PLAN AFIN D'EFFECTUER DES
MODIFICATIONS DE STRUCTURE

c) LE DÉVELOPPEMENT DU PLAN

En mode plan, il faut d'abord indiquer le niveau de structure que vous
souhaitez visualiser ; ensuite, il est possible de développer les
niveaux inférieurs de titre ainsi que le texte lié.

Mode Plan   Accueil   **ONGLET "MODE PLAN"**

GROUPE "OUTILS MODE PLAN" (1er bloc)

<CLIC G> SUR ˇ DE ⊝ Afficher le niveau : Niveau 1
SÉLECTIONNER LE NIVEAU LE PLUS BAS VISIBLE

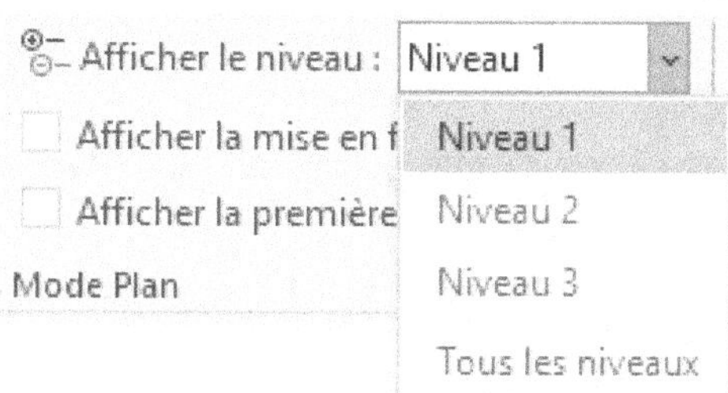

Le niveau de développement peut être défini avec la barre d'outils du
mode plan ou directement dans le plan.

Mode Plan   Accueil   **PLAN**

GROUPE "OUTILS MODE PLAN"
(1er bloc)
<CLIC G> DANS LE TITRE À
DÉVELOPPER OU RÉDUIRE
<CLIC G> SUR LES ICONES + −

BOUTON GAUCHE
<DOUBLE CLIC> SUR LA CROIX
⊕ EN FACE DU TITRE POUR LE
DÉVELOPPER OU LE RÉDUIRE

En mode d'affichage "page", Word permet aussi de développer ou réduire le texte des chapitres en cliquant sur l'icône qui s'affiche devant le titre.

◄I. LA STRUCTURE DE L'ENTREPRISE

Une entreprise[1] n'est pas un rassemblement d'hommes travaillant er CHAPITRE DÉVELOPPÉ organisé, avec une structure et un objectif.

►I. LA STRUCTURE DE L'ENTREPRISE

CHAPITRE RÉDUIT

Dans le document "exercice long document"
Afficher le plan du document et développer et réduire les niveaux
Fermer le mode plan et développer et réduire les niveaux
Revenir en mode plan

d) LA NUMÉROTATION DU PLAN

Le plan (les paragraphes de titre qui le structurent) peut être numéroté, cette numérotation est automatiquement mise à jour des modifications.

Accueil   Insertion   **ONGLET "ACCUEIL"**

GROUPE "PARAGRAPHE" (3ème bloc)

<CLIC G> SUR

SÉLECTIONNER LE TYPE DE NUMÉROTATION

Outre les possibilités offertes dans cette liste, il est possible d'en créer à sa convenance en cliquant sur Définir un nouveau style de liste...

Dans le document "exercice long document"
Numéroter de manière personnalisée le plan du document

2. LA MODIFICATION DU PLAN

Le mode plan offre toute opportunité de modification.

a) LA MODIFICATION DES NIVEAUX DE PLAN

Il est possible de modifier la structure du plan en modifiant les niveaux
de titres.

BOUTON GAUCHE

<CLIC G> SUR LA MARQUE DE
TITRE ⊕

<FAIRE GLISSER> À GAUCHE OU
À DROITE

BOUTON GAUCHE

POINT D'INSERTION SUR LE TITRE
À MODIFIER

<CLIC G> SUR LES ICONES

« ← OU → »

» rabaisse le titre en corps de texte

« hausse un texte en titre 1

Dans le document "exercice long document"
Abaisser les "titres 1" en "titre 2" puis en "titre 3" et "titre 4"
Revenir à l'état initial

b) LA MODIFICATION DE L'ORDRE DU PLAN

Il est possible de modifier l'ordre et la position des différentes parties.
Le déplacement des titres déplace alors simultanément le texte lié.

BOUTON GAUCHE

<CLIC G> SUR LA MARQUE DE
TITRE ⊕

<FAIRE GLISSER> VERS LE HAUT
OU LE BAS

BOUTON GAUCHE

POINT D'INSERTION SUR LE TITRE
À MODIFIER

<CLIC G> SUR LES ICONES

∧ ∨

Dans le document "exercice long document"
Intervertir l'ordre des parties "les différentes fonctions " et
"structure de l'entreprise"
Revenir à l'état initial

3. <u>LE VOLET DE NAVIGATION</u>

Il ne fait pas vraiment partie du mode plan mais il affiche sa structure et permet une navigation fluide dans un document de grande taille.

Dans le document "exercice long document"
Afficher le volet de navigation
Déplacez-vous dans le document

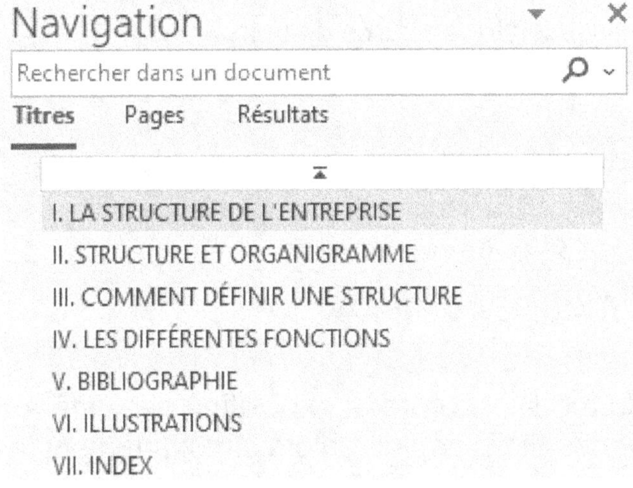

J. LA TABLE DES MATIÈRES

Une table des matières est indispensable dans un document long ; dès lors qu'un plan structure le document, la création de la table des matières est simple.

Références   Publipostage   **ONGLET "RÉFÉRENCES"**

GROUPE "TABLE DES MATIÈRES" (1er bloc)

POINT D'INSERTION À LA FIN DU DOCUMENT OU AU DÉBUT DU DOCUMENT (sommaire)

<CLIC G> SUR Table des matières.
SÉLECTIONNER LE TYPE DE TABLE

Créer une section propre pour la table

La table des matières est un champ que l'on peut afficher en faisant <MAJ> <F9> : { TOC \o "1-3" \h \z \u } qui est constitué de liens hypertexte :

```
{ HYPERLINK \l "_Toc222539333" }
{ HYPERLINK \l "_Toc222539334" }
{ HYPERLINK \l "_Toc222539335" }
{ HYPERLINK \l "_Toc222539336" }
```

Il peut être nécessaire de la mettre à jour à l'impression (options d'impression), avec <F9> ou avec l'outil ☐ Mettre à jour la table qui s'affiche dès que l'on clique dans la table

Chaque ligne de la table des matières est un paragraphe auquel est affecté le style lié à son niveau de structure (tm 1, tm 2, tm 3, tm 4...). En modifiant ces styles, la mise en forme de la table est très rapidement personnalisée

Dans le document "exercice long document"
Faire un sommaire (TABLE DES MATIÈRES) au début du document dans une section à part
Personnaliser la présentation en modifiant les styles "tm" ᵀᴹ¹ ¶

Mettre à jour la table...

Sommaire

I.   LA STRUCTURE DE L'ENTREPRISE   2
II.   STRUCTURE ET ORGANIGRAMME   3
III.   COMMENT DÉFINIR UNE STRUCTURE   4
IV.   LES DIFFÉRENTES FONCTIONS   5
V.   BIBLIOGRAPHIE   6
VI.   ILLUSTRATIONS   7
VII.   INDEX   8

K.   LE COMMENTAIRE

Les commentaires complètent ou corrigent le document. Le document peut être envoyé successivement de personne à personne et chacun ajoute ses commentaires où le document peut être partagé sur OneDrive, auquel cas, les commentaires de chacun apparaissent en temps réel avec la possibilité d'y répondre immédiatement si la version online de Word est utilisée, mise à jour à chaque enregistrement si c'est la version locale de Word qui est utilisée.

1. PARTAGER LE DOCUMENT

Le document doit être situé sur OneDrive pour travailler à plusieurs.

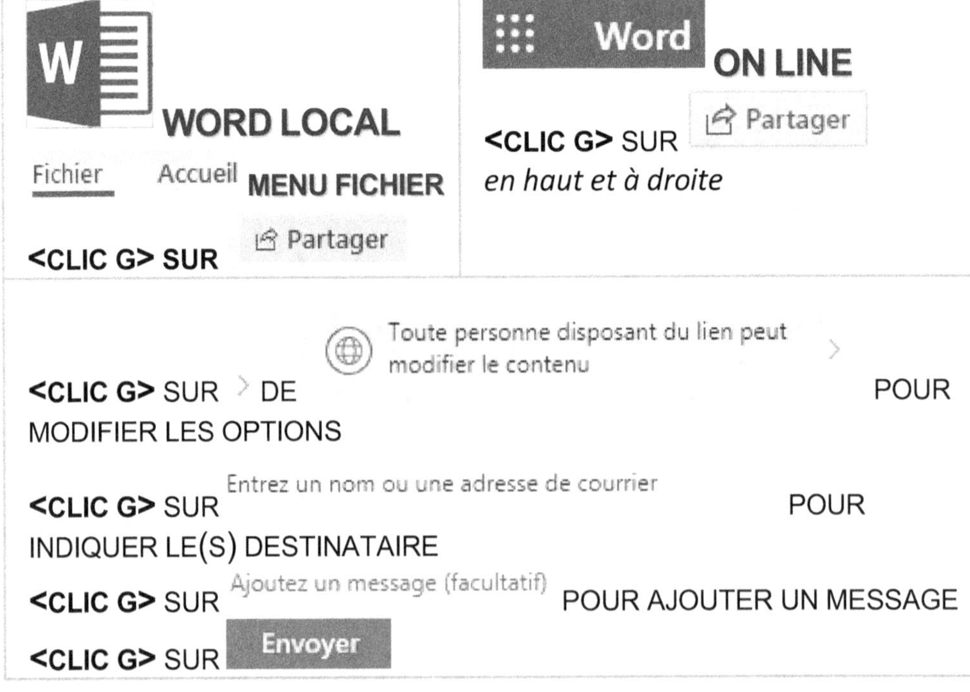

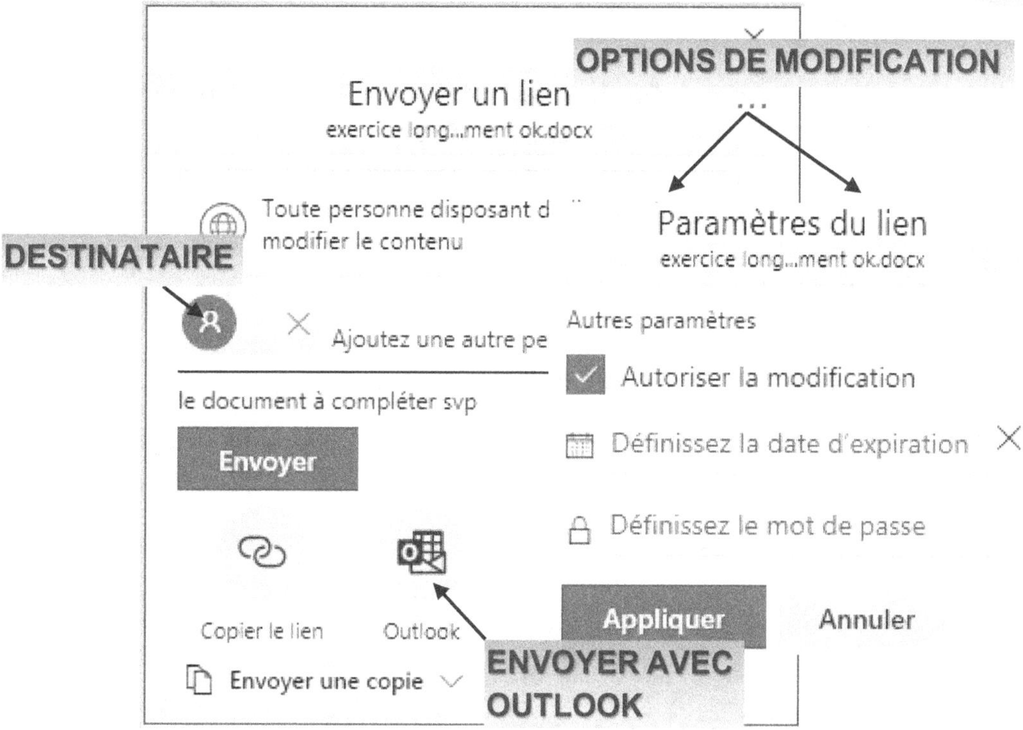

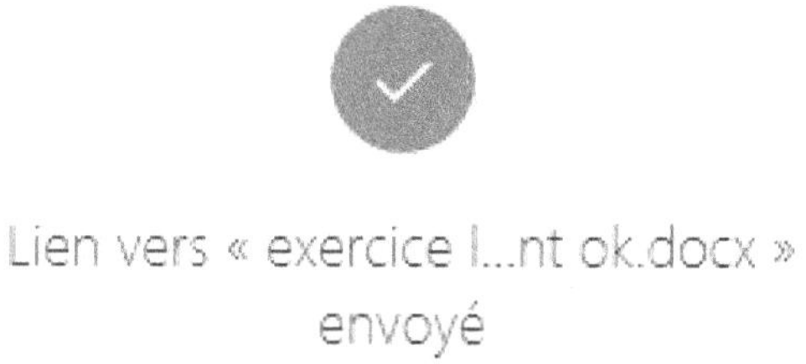

Le destinataire reçoit un mail de ce type et il lui suffit de cliquer sur le lien pour l'afficher dans OneDrive".

exercice long document ok.docx

joel.green
À timothee

Objet : J'ai partagé « exercice d'initiation.docx » avec vous dans OneDrive
https://1drv.ms/w/s!BMZTp7Ikht-oiJpD34YQhPILIXs

Il est aussi possible d'utiliser le menu contextuel ☁ Partager dans l'explorateur Windows ou le bouton ↪ Partager de Onedrive

Partager le document "exercice long document" avec d'autres utilisateurs

2. <u>INSÉRER UN COMMENTAIRE</u>

Ils apparaissent en marge ou dans un volet séparé et peuvent être incorporés ou non au document. Le commentaire s'affiche dans une bulle d'aide reliée au texte concerné par un trait.

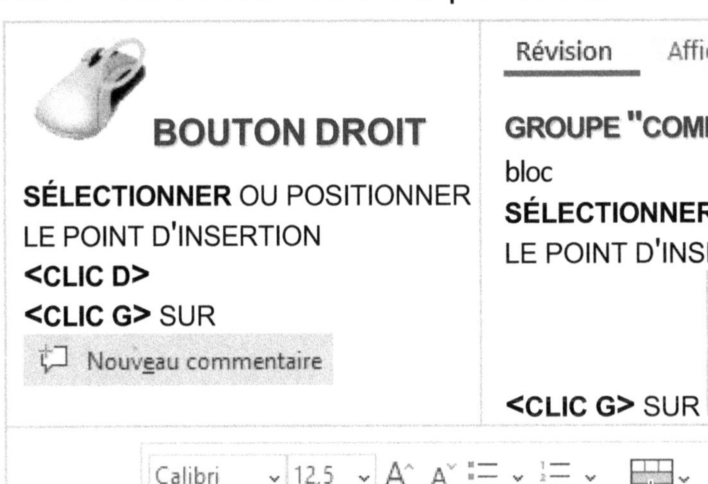

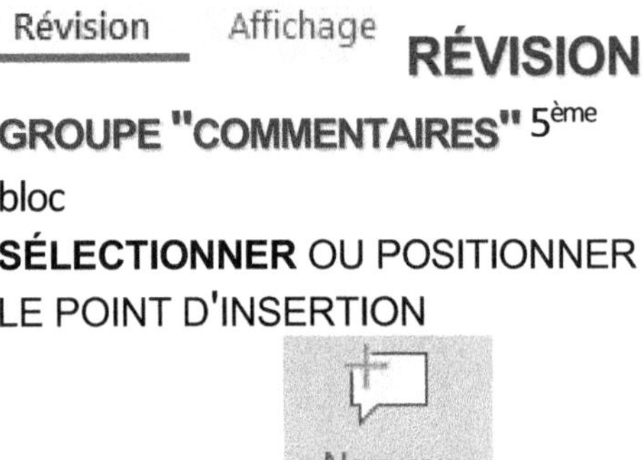

BOUTON DROIT

SÉLECTIONNER OU POSITIONNER LE POINT D'INSERTION
<CLIC D>
<CLIC G> SUR
Nouveau commentaire

GROUPE "COMMENTAIRES" 5ème bloc
SÉLECTIONNER OU POSITIONNER LE POINT D'INSERTION

<CLIC G> SUR Nouveau commentaire

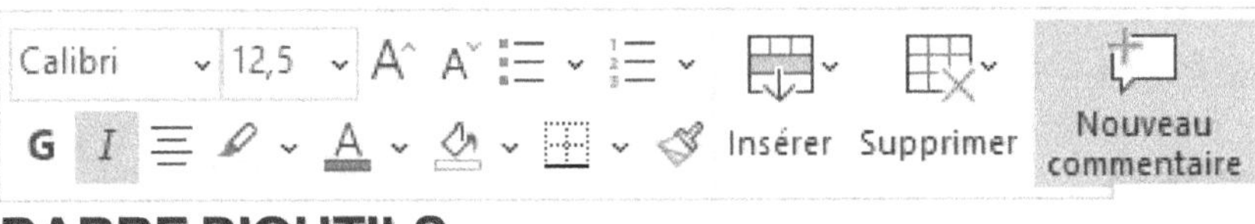

BARRE D'OUTILS

EFFECTUER UNE SÉLECTION

<CLIC G> SUR  Nouveau commentaire

SAISIR LE TEXTE DU COMMENTAIRE

le signe ⬚ s'affiche à droite du texte commenté si les commentaires ne sont pas affichés ou dans la zone de commentaire à droite du texte concerné s'ils sont affichés

Les commentaires des utilisateurs (comme toutes les modifications) sont répercutés dans le document ouvert. Ceux effectués sur la version locale sont mis à jour à chaque enregistrement seulement (
Mises à jour disponibles dans la barre des tâches indique qu'un autre utilisateur a apporté des modifications). Il suffit alors de cliquer sur
Mises à jour disponibles pour mettre à jour sa propre version du document

Dans "exercice long document"
Insérer un commentaire pour "organigramme"
Mettre le commentaire suivant : "la structure ?"

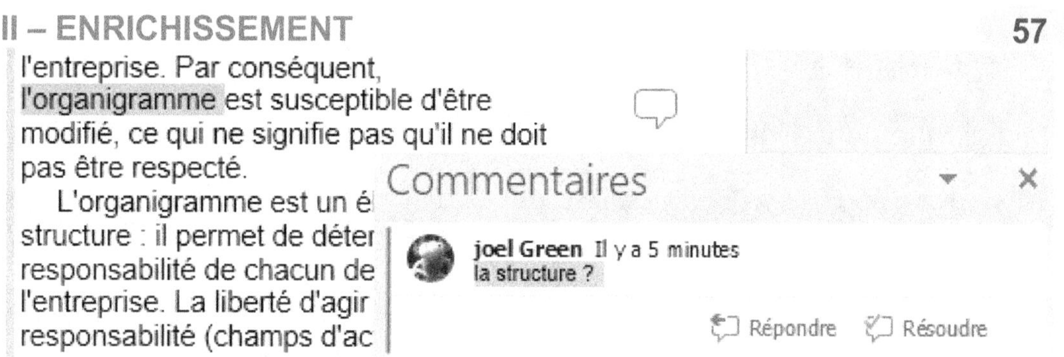

l'entreprise. Par conséquent,
l'organigramme est susceptible d'être
modifié, ce qui ne signifie pas qu'il ne doit
pas être respecté.

L'organigramme est un é...
structure : il permet de déter...
responsabilité de chacun de...
l'entreprise. La liberté d'agir...
responsabilité (champs d'ac...
chacun de ses membres est...
élément. C'est ce que chacu...

3. AFFICHER LES COMMENTAIRES

Les commentaires peuvent être affichés un à un ou en totalité.

BOUTON GAUCHE

<CLIC G> SUR ⬦ POUR
AFFICHER LE COMMENTAIRE
<CLIC G> AUTRE PART POUR NE
PLUS LES AFFICHER

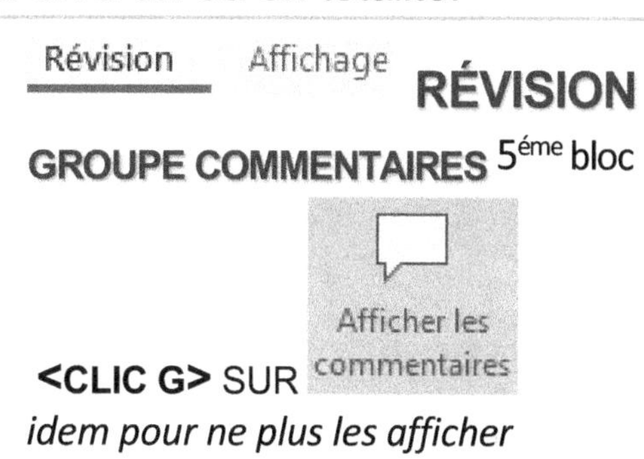

Révision   Affichage   **RÉVISION**

GROUPE COMMENTAIRES 5^{éme} bloc

<CLIC G> SUR Afficher les commentaires

idem pour ne plus les afficher

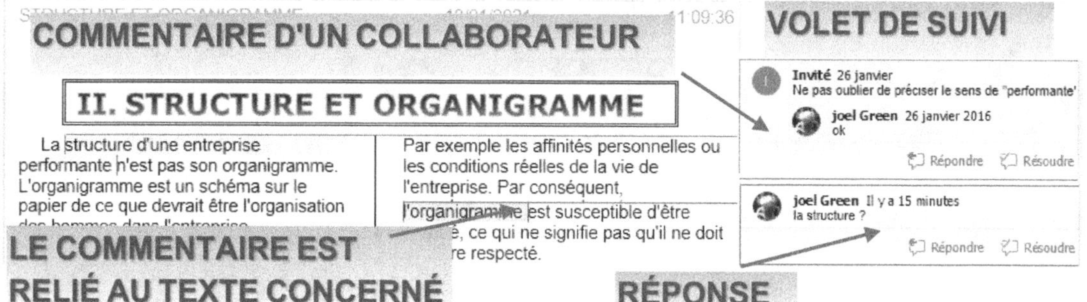

COMMENTAIRE D'UN COLLABORATEUR

VOLET DE SUIVI

II. STRUCTURE ET ORGANIGRAMME

La structure d'une entreprise
performante n'est pas son organigramme.
L'organigramme est un schéma sur le
papier de ce que devrait être l'organisation
des hommes dans l'entreprise.

Par exemple les affinités personnelles ou
les conditions réelles de la vie de
l'entreprise. Par conséquent,
l'organigramme est susceptible d'être
modifié, ce qui ne signifie pas qu'il ne doit
pas être respecté.

Invité 26 janvier
Ne pas oublier de préciser le sens de "performante"

joel Green 26 janvier 2016
ok

Répondre   Résoudre

joel Green Il y a 15 minutes
la structure ?

Répondre   Résoudre

**LE COMMENTAIRE EST
RELIÉ AU TEXTE CONCERNÉ**

RÉPONSE

Dans "exercice long document"
Afficher les commentaires un à un avec le **<CLIC G>**

Afficher les commentaires avec Afficher les commentaires puis ne plus les afficher

4. RÉPONDRE À UN COMMENTAIRE

Un dialogue peut s'instaurer à l'aide des commentaires en temps réel.

COMMENTAIRE AFFICHÉ

<CLIC G> SUR  POUR Y RÉPONDRE

BOUTON DROIT

<CLIC D> SUR LE TEXTE COMMENTÉ

<CLIC G> SUR 

RÉPONDRE EN TEMPS RÉEL

Dans "exercice long document"
Échanger avec les autres personnes connectées sur le commentaire inséré

5. MARQUER COMME TERMINÉ

Lorsque l'on considère que le problème lié au commentaire est résolu et l'échange terminé, il est bon de le préciser.

COMMENTAIRE AFFICHÉ

<CLIC G> SUR 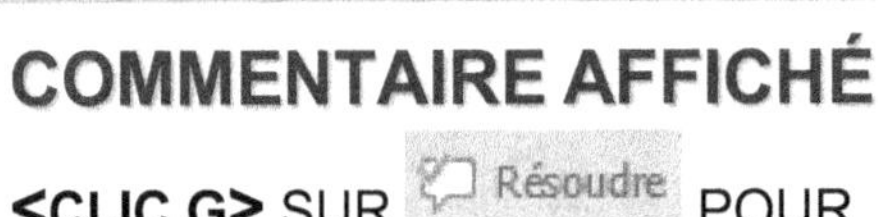 POUR

BOUTON DROIT

<CLIC D> SUR LE TEXTE COMMENTÉ

<CLIC G> SUR 

UN COMMENTAIRE FERMÉ PEUT ÊTRE ROUVERT PAR

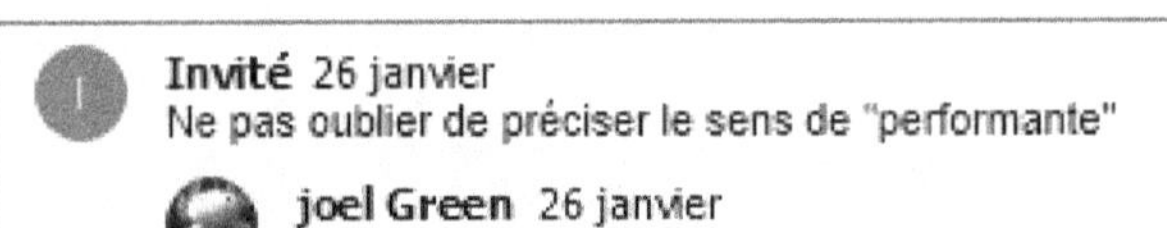

FERMER LE COMMENTAIRE

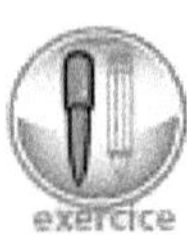

Dans "exercice long document"
Mettre le commentaire précédent comme terminé

6. SUPPRIMER UN COMMENTAIRE

Le commentaire peut être supprimé.

Révision   Affichage   **RÉVISION**

GROUPE "COMMENTAIRES"

<CLIC G> SUR LE COMMENTAIRE
OU LE TEXTE COMMENTÉ

Supprimer

<CLIC G> SUR

BOUTON DROIT

<CLIC G> SUR LE COMMENTAIRE
OU LE TEXTE COMMENTÉ
<CLIC D> SUR

Supprimer le commentaire

<clic g> sur Supprimer puis Supprimer tous les commentaires du document
pour supprimer tous les commentaires

Dans "exercice long document"
Insérer un commentaire pour "déléguer une responsabilité à un
individu"
Mettre le commentaire suivant : "essayer de trouver des
exemples plus parlants"
Le modifier
Ne plus l'afficher puis l'afficher de nouveau
Le résoudre puis le rouvrir
Le supprimer

L.   LA RÉVISION DU DOCUMENT

La révision permet entre autres à d'autres personnes d'annoter le document et de le modifier, tout en conservant l'original. Les différentes modifications pourront alors ou non être entérinées par l'auteur et propriétaire du document.

1.   ACTIVER LE SUIVI DES MODIFICATIONS

Toutes les modifications apportées au document par les différents relecteurs peuvent être enregistrées, puis acceptées ou refusées par le propriétaire du document. C'est un outil indispensable lorsque l'on transmet un document à plusieurs personnes pour relecture.

Révision   Affichage **ONGLET "RÉVISION"**

GROUPE "SUIVI" (6ème bloc)

<CLIC G> SUR Suivi des modifications
l'outil est activé - idem pour le désactiver

2.   AFFICHER LES VÉRIFICATIONS

Le suivi des modifications activé, les actions des utilisateurs sont enregistrées et réversibles.

Révision   Affichage **ONGLET "RÉVISION"**

GROUPE "SUIVI" (6ème bloc)

ACTIVÉ
EN FACE DU TEXTE, **<CLIC G>** SUR LA BARRE VERTICALE INDIQUANT LA MODIFICATION
(de couleur différente suivant les utilisateurs)

Commercial

Le service client centralise au siège les relations commerciales avec les gros clients ainsi

Afficher les marques de révision | relations commerciales internationales.

Commercial

Le service ~~commercial~~ client centralise au siège les relations commerciales avec les gros clients ainsi que l'ensemble des relations commerciales internationales.

> joel Green Il y a 10 minutes
> a mis en forme : Police :(Par défaut) +
> Italique, Soulignement

les modifications de l'utilisateur sont en rouge et barrés dans le texte
les modifications des collaborateurs (autres utilisateurs connectés)
sont d'une autre couleur et affichées dans le volet de vérification (et
de révision)

Dans "exercice long document", Activer le suivi des
modifications
Mettre la fonction "direction" en gras (IV les différentes
fonctions)

Je clique sur

Je remplace **rassemblement** par "regroupement"
"rassemblement", alors barré et remplacé par "regroupement", s'affiche à
coté

~~rassemblement~~ regroupement

I. LA STRUCTURE DE L'ENTREPRISE

Une entreprise[1] n'est pas un rassemblement d'hommes travaillant ensemble. Elle est un ensemble organisé, avec une structure et un objectif. L'objectif fondamental, ~~en principe~~ le plus souvent, doit rarement varier ~~au cours~~ pendant ~~de~~ la vie de l'entreprise. Par contre, l'ensemble des sous-objectifs peut varier en fonction de l'environnement et de la structure[2] : ce sont en effet des moyens d'atteindre l'objectif fondamental.

MODIFICATION PROPRIÉTAIRE

MODIFICATION COLLABORATEUR

timothee
Mis en forme : Police :Gras

timothee
Mis en forme : Police :Gras

timothee
Mis en forme : Police :Gras

timothee
Mis en forme : Police :Gras

timothee
Mis en forme : Police :Gras

3. AFFICHER LE VOLET VÉRIFICATIONS

Une fois le suivi des modifications activé, le volet de vérification affiche toutes les modifications du document y compris celles effectuées par les relecteurs.

Révision   Affichage   **ONGLET "RÉVISION"**

GROUPE "SUIVI" (6ᵐᵉ bloc)

<CLIC G> SUR Volet Vérifications ˅

SÉLECTIONNER LA POSITION DU VOLET EN CLIQUANT SUR ˅

Pour choisir le type de marques ou ne plus afficher le volet de vérification avec toutes les marques, **<clic g>** sur

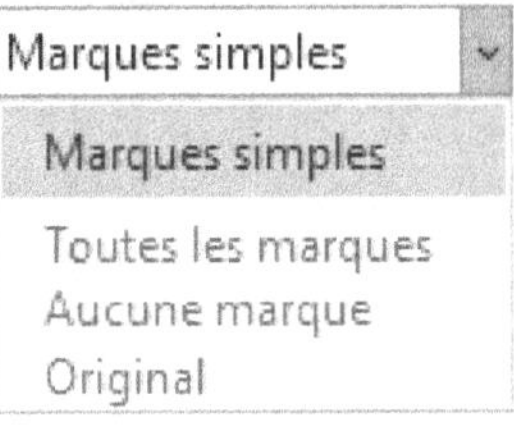

du groupe "SUIVI"

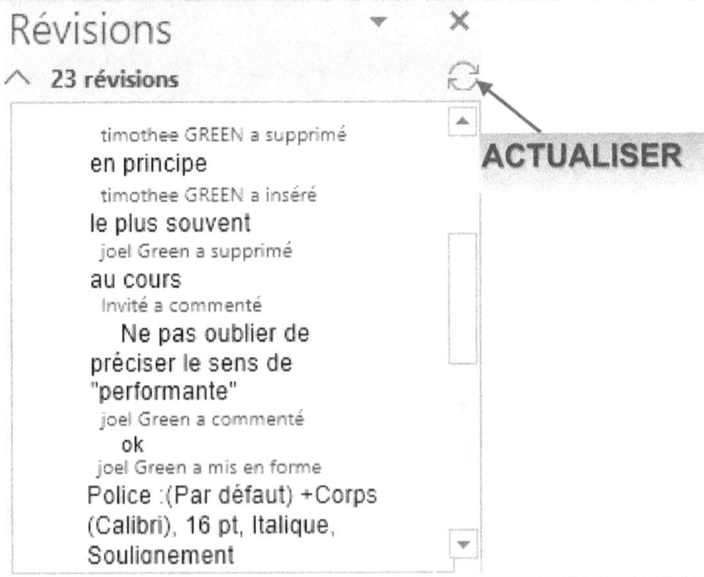

Dans "exercice long document"
Afficher le volet des modifications

4. ENTÉRINER/REFUSER LES MODIFICATIONS

Les modifications doivent être acceptées par le propriétaire du document.

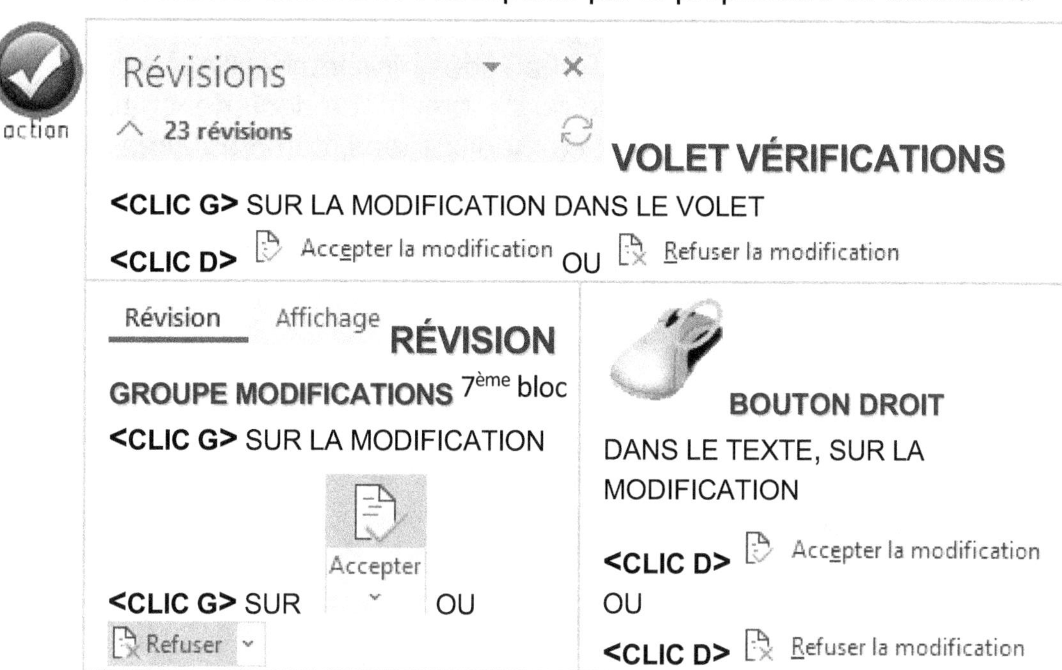

Je clique sur Volet Vérifications
la modification apparaît dans le volet de vérification pour acceptation ou suppression

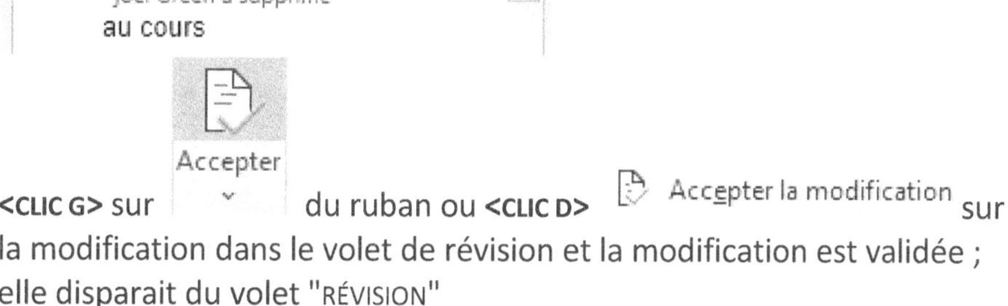

<CLIC G> sur Accepter du ruban ou <CLIC D> Accepter la modification sur la modification dans le volet de révision et la modification est validée ; elle disparait du volet "RÉVISION"

Dans "exercice long document"
Accepter la modification

5. PERSONNALISER L'AFFICHAGE

Les commentaires peuvent être affichés dans le volet de vérification, avec toutes les modifications apportées au document par les différents relecteurs. Ils sont aussi affichés directement dans le document dans un volet à droite du document. Le document peut alors être affiché avec ou sans les modifications, commentaires...

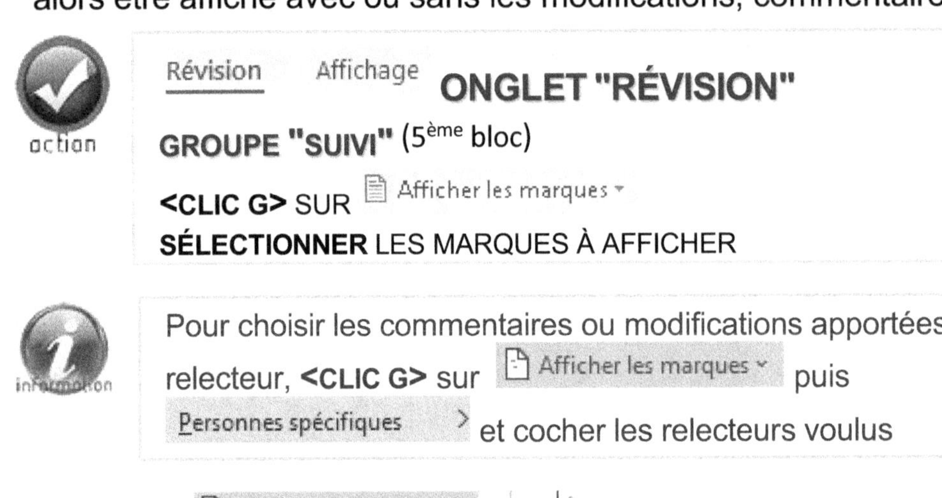

Révision   Affichage   **ONGLET "RÉVISION"**

GROUPE "SUIVI" (5ème bloc)

<CLIC G> SUR Afficher les marques ▾

SÉLECTIONNER LES MARQUES À AFFICHER

Pour choisir les commentaires ou modifications apportées par relecteur, **<CLIC G>** sur Afficher les marques ▾ puis

Personnes spécifiques > et cocher les relecteurs voulus

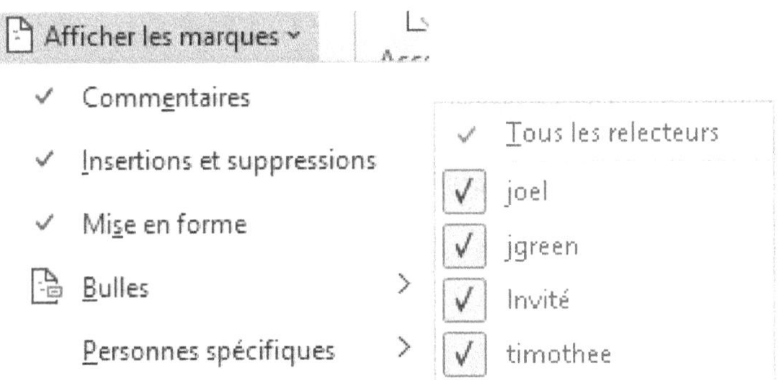

Pour empêcher des relecteurs d'annuler le suivi des modifications

<CLIC G> sur ▾ de Suivi des modifications ▾ puis Verrouiller le suivi

 permet d'afficher le document original ou avec les marques

Le document pourra aussi être imprimé avec les marques en choisissant dans les paramètres d'impression à la fin de la liste déroulante

Pour ne plus afficher le volet de vérification, **<clic g>** sur Volet Vérifications

Pour afficher les noms des collaborateurs

Fichier   Accueil   **MENU FICHIER**

Options

Générales

Options de co-édition

COCHER   ✓ Afficher les noms sur les indicateurs de présence

Dans "exercice long document", Activer le suivi des modifications
Effectuer quelques modifications de texte et de mise en forme
Afficher le volet de vérification pour les accepter ou les refuser
Afficher le document original avec et sans les marques puis le document final

III. LES OBJETS

Le document va pouvoir être enrichi de très nombreux objets, objets déjà existants ou bien créés spécifiquement pour le document (*texte, images, tableaux, graphiques, organigrammes, vidéos...*).

A. LES COMPOSANTS QUICK PARTS

Le Composant Quick Part (ou bloc de construction) concerne un texte, un graphique, une image, un tableau ou une combinaison de ces éléments dont l'utilisation est fréquente. Ils sont enregistrés sous une ABRÉVIATION pour être insérés facilement.

Quand utiliser le Quick Part ?

* pour les formules de politesse
* pour des mots, des noms propres ou des expressions compliqués et fréquemment utilisés (vocabulaire spécifique à une organisation)
* pour des clauses de contrats commerciaux ou juridiques –

Les données sont stockées soit dans un modèle spécifique appelé "building blocks.dotx" soit avec le modèle de document.

1. L'ENREGISTREMENT DU COMPOSANT QUICK PART

Il est nécessaire de stocker les données devant faire l'objet d'insertions.

Insertion Conception **INSERTION**

GROUPE "TEXTE" (avt-dern bloc)

SÉLECTIONNER LES DONNÉES

QuickPart Enregistrer la sélection dans la galerie

<CLIC G> SUR

ACCEPTER L'ABRÉVIATION OU LA MODIFIER

INDIQUER LA GALERIE ET LE MODÈLE

OK POUR VALIDER

le composant Quick Part est enregistré et réutilisable

SÉLECTIONNER LES DONNÉES
<ALT> F3
ACCEPTER L'ABRÉVIATION OU LA MODIFIER
INDIQUER LA GALERIE ET LE MODÈLE

OK POUR VALIDER

le composant Quick Part est enregistré et réutilisable

Créer un nouveau bloc de	**ABRÉVIATION DU COMPOSANT**
Nom :	st
Galerie :	Insertion automatique — **GALERIE OU IL EST STOCKÉ**
Catégorie :	Général — **CATÉGORIE ÉVENTUELLE**
Description :	
Enregistrer dans :	Building Blocks.dotx — **MODÈLE OU EST STOCKÉ LE COMPOSANT**
Options :	Insérer le contenu dans son paragraphe

OK   Annuler

Utiliser une abréviation très courte de préférence, notamment si vous utilisez les raccourcis clavier pour l'insérer

Une fois les données stockées, **elles peuvent être réutilisées autant de fois que nécessaire** dans tous les types de document si le modèle "BUILDING BLOCKS" a été sélectionné, dans les documents liés au modèle si le modèle du document a été indiqué

Dans le document "exercice long document", Sélectionner le 1er titre "structure de l'entreprise" et l'enregistrer comme Quick Part sous le nom "st" avec son paragraphe

2. L'INSERTION DES COMPOSANTS QUICK PARTS

Les composants Quick Parts permettent de gagner beaucoup de temps avec les documents comportant des éléments répétitifs. L'insertion se fait lors de la saisie.

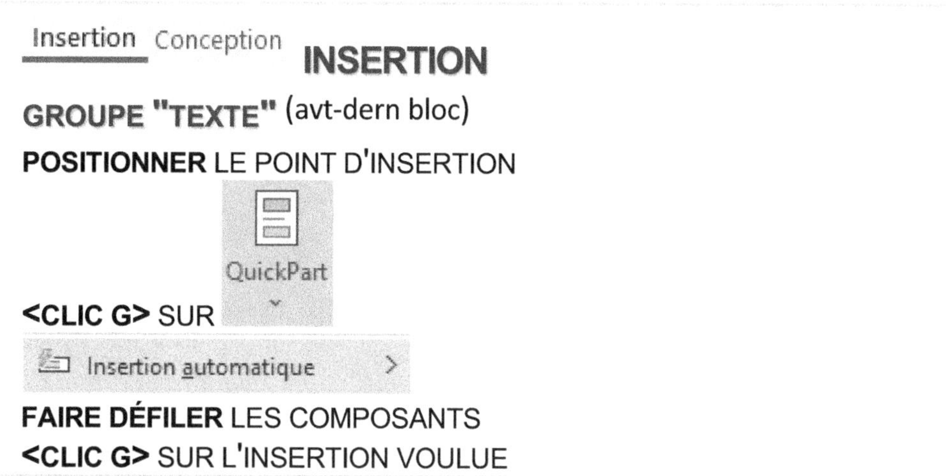

GROUPE "TEXTE" (avt-dern bloc)

POSITIONNER LE POINT D'INSERTION

<CLIC G> SUR QuickPart

📁 Insertion automatique   >

FAIRE DÉFILER LES COMPOSANTS
<CLIC G> SUR L'INSERTION VOULUE

POSITIONNER LE POINT D'INSERTION
TAPER L'ABRÉVIATION DE L'ENTRÉE
<F3>
L'ABRÉVIATION EST REMPLACÉE PAR LES DONNÉES STOCKÉES

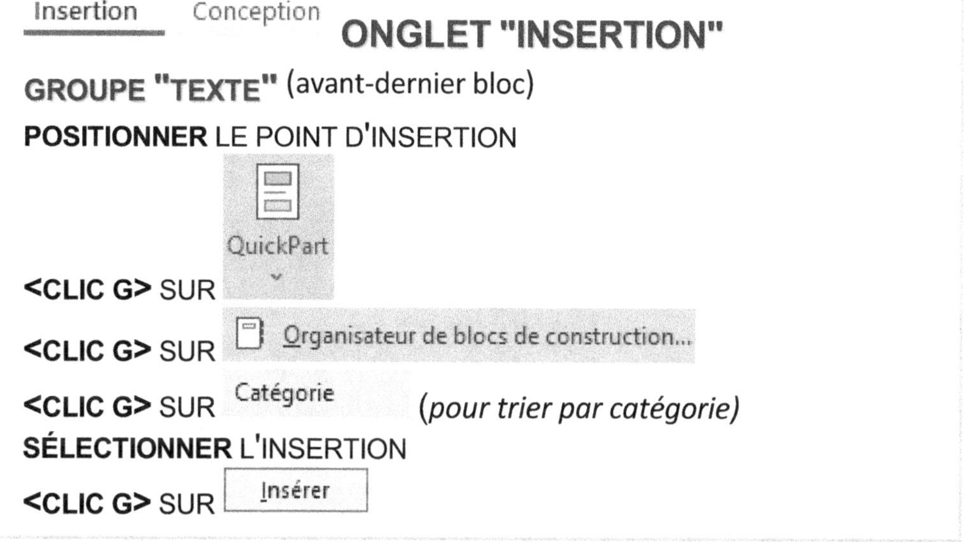

GROUPE "TEXTE" (avant-dernier bloc)

POSITIONNER LE POINT D'INSERTION

<CLIC G> SUR QuickPart

<CLIC G> SUR 🗔 Organisateur de blocs de construction...

<CLIC G> SUR Catégorie   *(pour trier par catégorie)*
SÉLECTIONNER L'INSERTION
<CLIC G> SUR Insérer

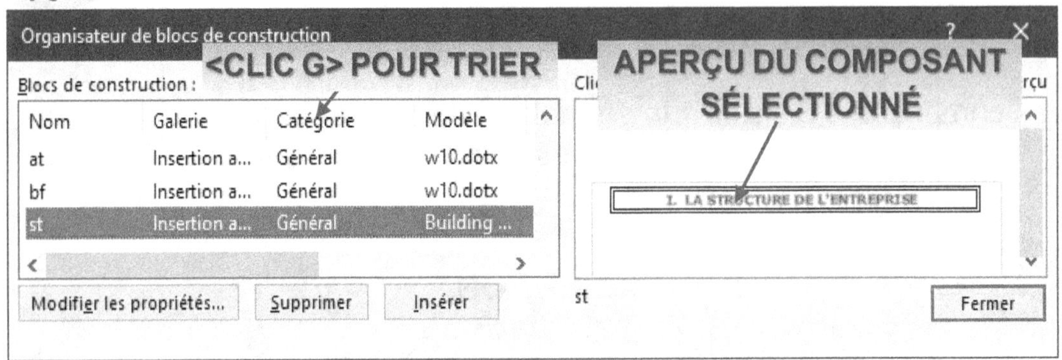

lorsque vous le pouvez, utilisez les combinaisons suivantes : **<ALT> <F3>** pour enregistrer le composant, **<F3>** pour l'insérer. - Codifiez de manière logique vos abréviations

Si l'abréviation n'est pas reconnue, laisser un espace après l'abréviation avant d'appuyer sur <F3> - sinon, vérifier l'attachement du modèle auquel appartient l'insertion

Créer un nouveau document
Insérer le composant précédemment créé (st)
Fermer le document sans l'enregistrer

3. LA MODIFICATION DU COMPOSANT QUICK PART

Le composant Quick Part peut être modifié à postériori.

Insertion   Conception   **ONGLET "INSERTION"**

GROUPE "TEXTE" (avant-dernier bloc)

POSITIONNER LE POINT D'INSERTION

QuickPart

<CLIC G> SUR

<CLIC G> SUR Organisateur de blocs de construction...

SÉLECTIONNER L'INSERTION

<CLIC G> SUR Modifier les propriétés...

Il est aussi possible de modifier le composant Quick Part en en créant un nouveau du même nom, avec une autre sélection mais les mêmes autres caractéristiques. Il suffit alors de confirmer la modification

4. LA SUPPRESSION DU COMPOSANT QUICK PART

L'abréviation correspondant à des données stockées et non utilisées peut être supprimée.

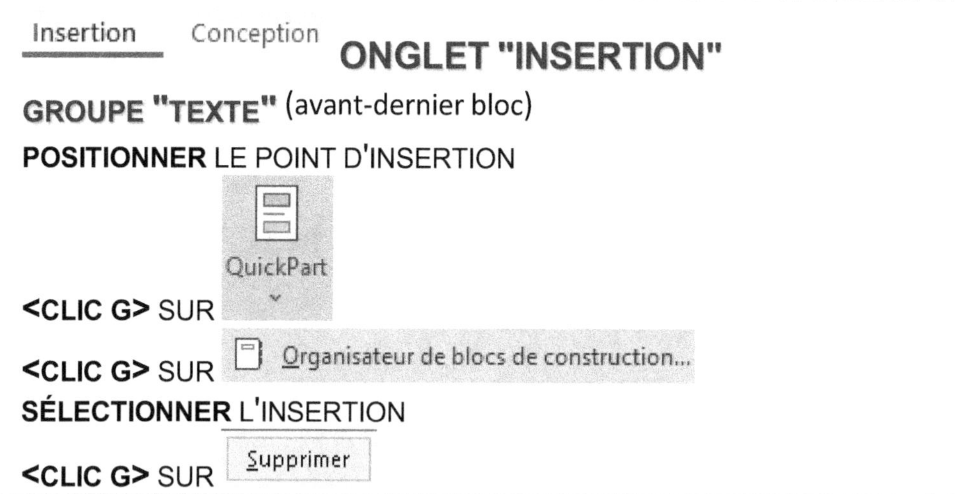

Insertion   Conception   **ONGLET "INSERTION"**

GROUPE "TEXTE" (avant-dernier bloc)

POSITIONNER LE POINT D'INSERTION

<CLIC G> SUR QuickPart

<CLIC G> SUR Organisateur de blocs de construction...

SÉLECTIONNER L'INSERTION

<CLIC G> SUR Supprimer

À partir du document "exercice long document"
Supprimer le composant QuickPart "ST"

Lors de l'enregistrement du document ayant donné lieu au stockage de l'insertion, Word peut proposer l'enregistrement des modifications apportées au modèle de document, c'est à dire l'enregistrement des composants Quick Parts créés afin de pouvoir les réutiliser avec tout nouveau document basé sur le même modèle - **accepter l'enregistrement du modèle**

B. LA ZONE DE TEXTE

Dans la zone de texte, le texte est saisi dans un cadre que l'on peut déplacer.

1. INSERTION DE LA ZONE DE TEXTE

Son contenu obéit aux mêmes règles de base que dans un traitement de texte.

Insertion   Conception   **ONGLET "INSERTION"**

GROUPE "TEXTE" (AVANT DERNIER BLOC)

<CLIC G> SUR Zone de texte ⌄
<CLIC G> SUR LE TYPE DE ZONE DE TEXTE DÉSIRÉ
SAISIR LE TEXTE EN LIEU ET PLACE DE CELUI EXISTANT

[Attirez l'attention du lecteur avec une citation du document ou utilisez cet espace pour mettre en valeur un point clé. Pour placer cette zone de texte n'importe où sur la page, faites-la simplement glisser.]

Options de mise en page
Choisir la manière dont votre objet interagit avec le texte qui l'entoure.

HABILLAGE

<MAJ> <ENTRÉE> permet d'aller à la ligne
La zone de texte obéit aux mêmes règles que le texte du corps du document Word

Dans "exercice long document", sur la deuxième page
Créer la zone de texte suivante

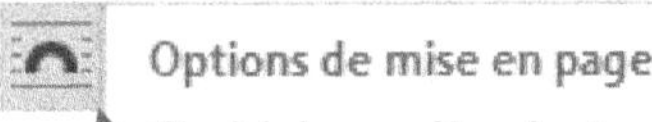

2. DISPOSITION DE LA ZONE DE TEXTE

La zone de texte peut être déplacée et redimensionnée

a) SÉLECTION

Avant de pouvoir modifier ses caractéristiques, il faut d'abord la sélectionner.

BOUTON GAUCHE

<CLIC G> DANS LA ZONE DE TEXTE
la zone est entourée d'un cadre pointillé
<CLIC G> SUR LE CADRE
la zone est entourée d'un cadre plein

Le trait est discontinu⊶⊶⊶⊶⊶⊶⊶ , vous manipuler le contenu (le texte)
Le trait est plein ⊶⊶⊶⊶⊶⊶ , vous manipulez le conteneur (le cadre)

Pour ne plus sélectionner la zone de texte, il suffit de cliquer en dehors

b) DIMENSION

La dimension de la zone de texte est automatiquement liée à celle du texte ; sa taille peut cependant être adaptée manuellement en l'augmentant ou la diminuant.

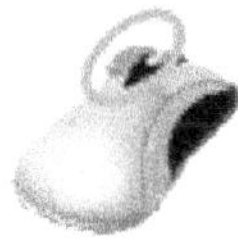

BOUTON GAUCHE

CADRE DE LA ZONE DE TEXTE SÉLECTIONNÉE

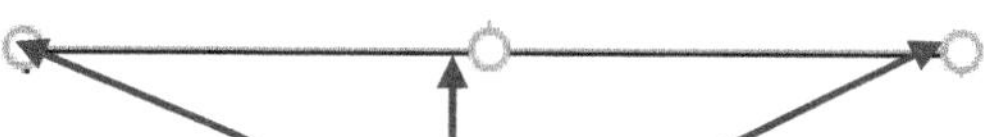

POINTEUR SUR UNE DES POIGNÉES AU MILIEU D'UN CÔTÉ OU SUR UN ANGLE

si l'on pointe la souris sur une de ces zones, elle change de forme : ↕, ↔, ⬊, ⬈

<FAIRE GLISSER> POUR MODIFIER LA TAILLE DE LA ZONE

c) <u>POSITION</u>

La zone de texte peut être positionnée n'importe où dans le document.

BOUTON GAUCHE

<POINTER> SUR UN CÔTÉ DE LA ZONE DE TEXTE (*hors poignées*)
au pointeur de la souris s'ajoute une croix

<FAIRE GLISSER> POUR MODIFIER LA POSITION

Pour supprimer la zone de texte, cliquez sur un côté avec le
pointeur de la souris (le cadre devient plein)

puis appuyer sur la touche <SUPPR>

Dans "exercice long document"
Enlever la bordure de la zone de texte et la positionner en
dessous du texte du chapitre "la structure de l'entreprise"

3.   <u>FORMAT DE LA ZONE DE TEXTE</u>

La zone de texte, comme toute forme, peut être modifiée à postériori.

a) <u>FORMAT</u>

En tant que contenant, elle peut recevoir une mise en forme spécifique.

BOUTON DROIT

CADRE DE LA ZONE DE TEXTE SÉLECTIONNÉ

<CLIC G> sur   Style   Remplissage   Contour

Format de la forme ——— **ONGLET "FORMAT"**

CADRE DE LA ZONE DE TEXTE SÉLECTIONNÉ
<CLIC G> SUR UN OUTIL

BOUTON DROIT

CADRE DE LA ZONE DE TEXTE SÉLECTIONNÉ

<CLIC D> 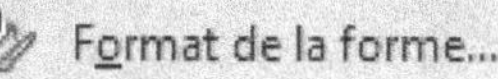 Format de la forme...

le volet s'affiche

Les "lanceurs de boîte de dialogue" 🡥 du ruban affichent le volet droit

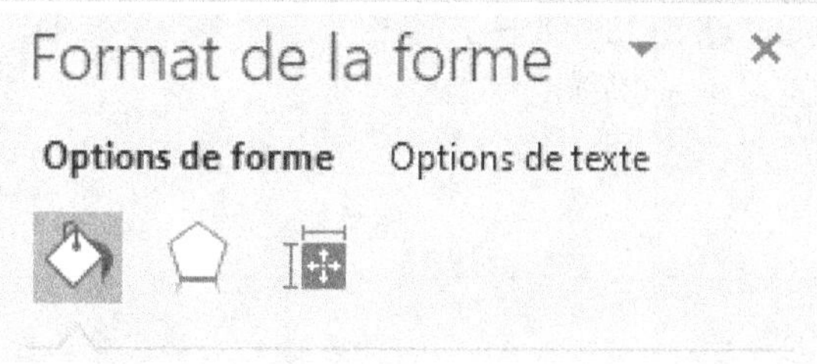

b) REMPLISSAGE

La forme peut être remplie d'une couleur avec une option de dégradé.

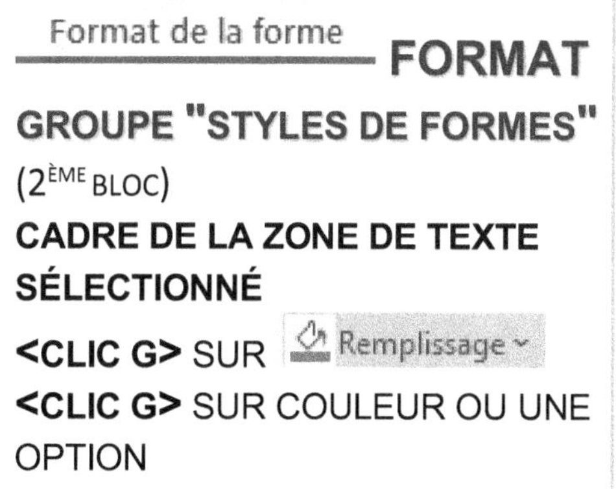

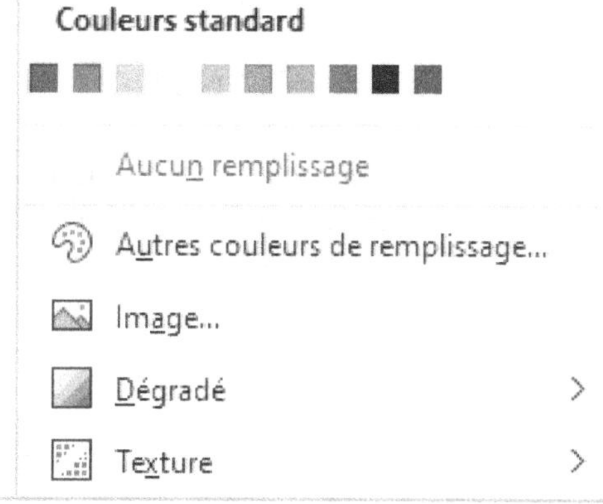

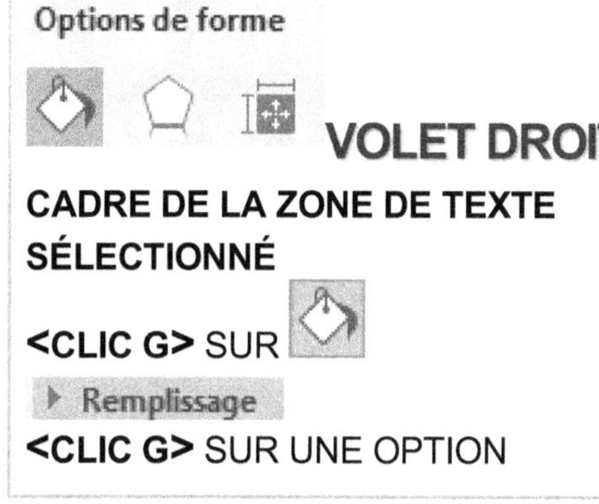

76

c) <u>CONTOUR</u>

Les lignes de contour peuvent être personnalisées.

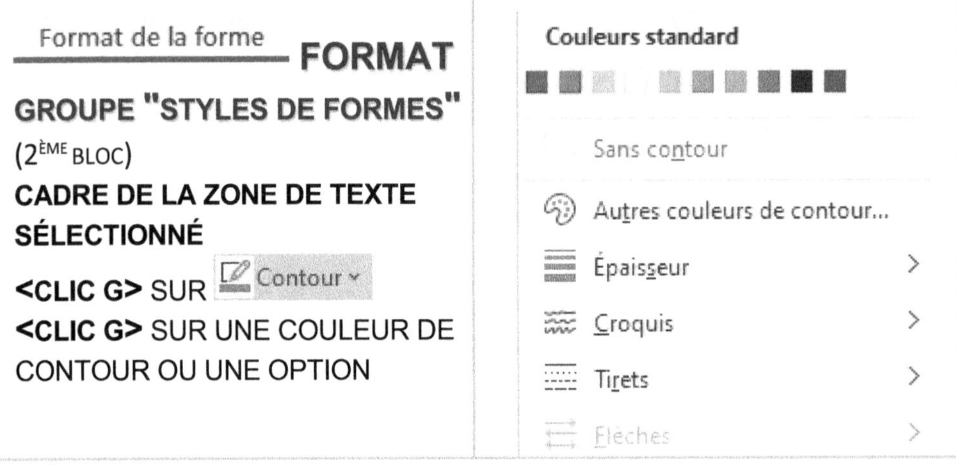

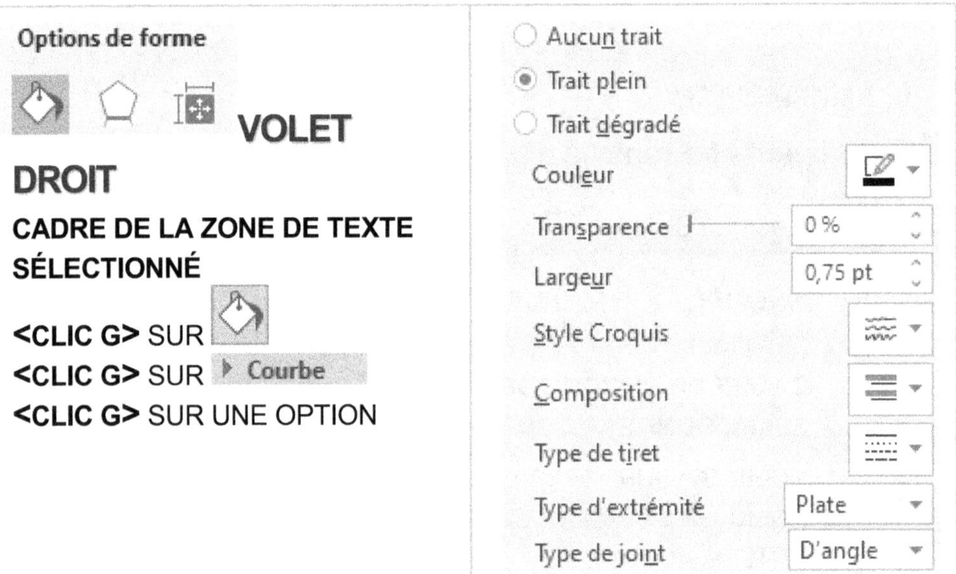

d) EFFETS

Des effets peuvent venir enrichir la forme.

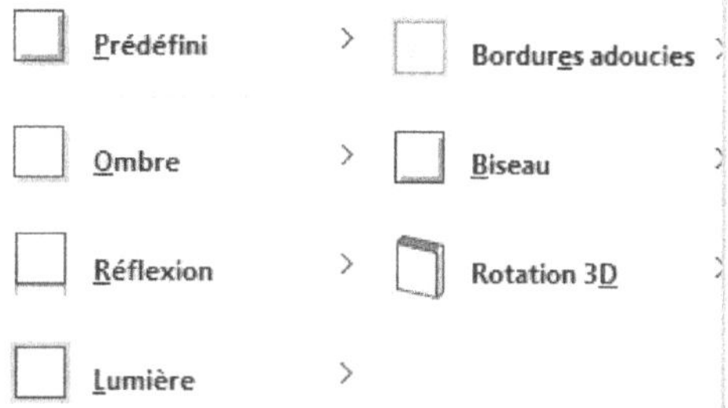

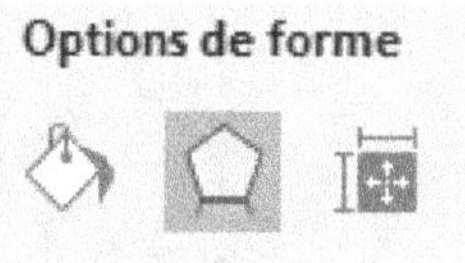

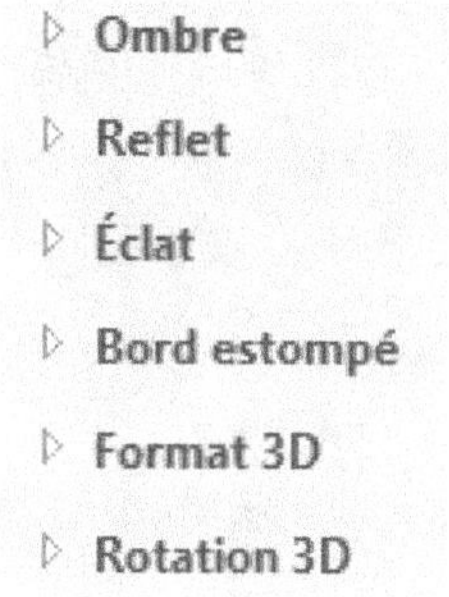

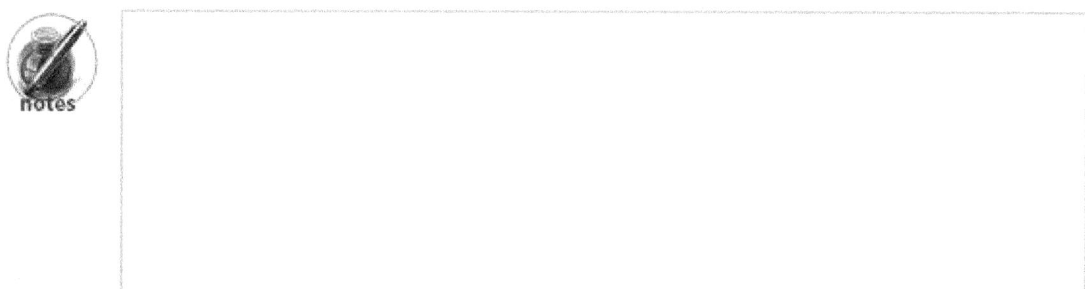

e) STYLE

Sa présentation globale peut être choisie dans une liste prédéfinie.

f) <u>PROPRIETES</u>

Ses propriétés peuvent être modifiées.

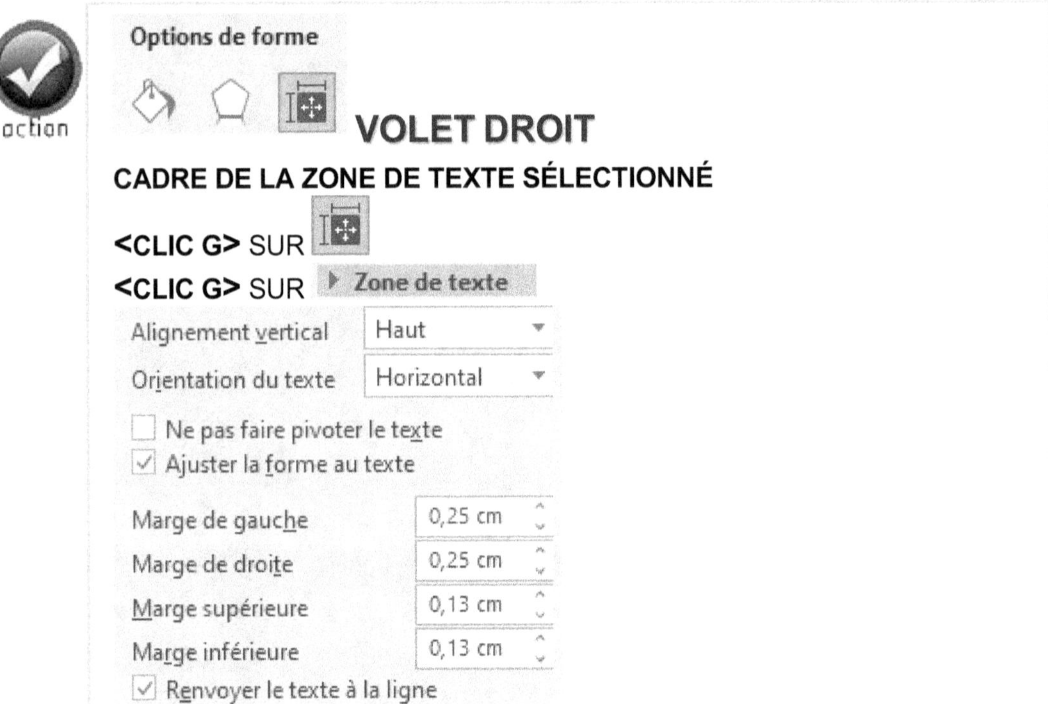

CADRE DE LA ZONE DE TEXTE SÉLECTIONNÉ

<CLIC G> SUR

<CLIC G> SUR ▶ Zone de texte

4. <u>EXERCICE</u>

Dans "exercice long document"
présenter la zone de texte comme suit :

C. L'IMAGE

L'image vient enrichir le document. Elle est insérée dans le texte et son "habillage" permet de la positionner n'importe où dans la page.

1. INSERTION DE L'IMAGE

Il faut insérer l'image puis adapter sa taille et sa position dans le document.

Insertion   Conception   **ONGLET "INSERTION"**

GROUPE "ILLUSTRATIONS" (3ÈME BLOC)

Images

<CLIC G> SUR

INDIQUER OÙ EST STOCKÉE L'IMAGE

SÉLECTIONNER L'IMAGE

<CLIC G> SUR Insérer ▼

L'IMAGE EST INSÉRÉE DANS LE DOCUMENT, ALIGNÉE SUR LE TEXTE

ADAPTER SA TAILLE

Sommaire

I.	LA STRUCTURE DE L'ENTREPRISE	2
II.	STRUCTURE ET ORGANIGRAMME	3
III.	COMMENT DÉFINIR UNE STRUCTURE	4
IV.	LES DIFFÉRENTES FONCTIONS	5
V.	BIBLIOGRAPHIE	6
VI.	ILLUSTRATIONS	7
VII.	INDEX	8

Dans "exercice long document"
Insérer l'image "entreprise.jpg" des exercices en dessous du sommaire

Si vous possédez un scanner, vous pouvez numériser une image, l'enregistrer puis l'insérer ; si vous possédez un appareil photo numérique, il suffit de désigner la photo pour l'insérer

2. MODIFICATION DE L'IMAGE

Un grand nombre de caractéristiques de l'image peuvent être modifiées. Ces dernières s'appliquent temporairement dès que l'on survole l'outil avec la souris.

a) MODIFICATION

L'image doit être sélectionnée pour être modifiée.

Format de l'image **ONGLET "FORMAT"**

SÉLECTIONNER L'IMAGE
<CLIC G> SUR UN OUTIL

BOUTON DROIT

Format de l'image **ONGLET "FORMAT"**

SÉLECTIONNER L'IMAGE

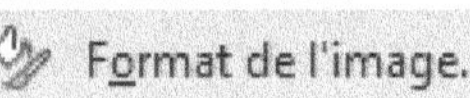

<CLIC D> Format de l'image...

<CLIC G> SUR un "lanceur de boîte de dialogue"

le volet  Format de l'image s'affiche à droite

b) <u>OUTILS D'AJUSTEMENT</u>

Ils permettent de modifier luminosité, contraste…

Format de l'image **ONGLET "FORMAT"**

GROUPE "AJUSTER" (1[ER] BLOC)

IMAGE SÉLECTIONNÉE

<POINTER> SUR UN CHOIX POUR LE VISUALISER **<CLIC G>** SUR

Corrections ▼ (LUMINOSITÉ ET CONTRASTE)

<CLIC G> SUR Couleur ▼ (COULEURS)

<CLIC G> SUR Effets artistiques ▼ (EFFETS)

<CLIC G> SUR Compresser les images (TAILLE OCTETS)

<CLIC G> SUR Remplacer l'image (AUTRE IMAGE)

<CLIC G> SUR Rétablir l'image ▼ (IMAGE ORIGINE)

Format de l'image

    **VOLET DROIT**

IMAGE SÉLECTIONNÉE

<CLIC G> SUR

<CLIC G> SUR UNE OPTION

▷ **Corrections de l'image**

▷ **Couleur de l'image**

▷ **Transparence d'image**

▷ **Rogner**

Dans les outils Couleur ▼ , choisir 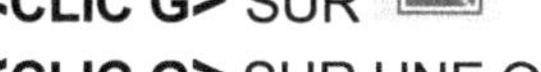 Couleur transparente puis
cliquer sur une couleur dans l'image pour que celle-ci devienne
transparente (on voit alors à travers)

Dans "exercice long document"
Diminuer le contraste de l'image et la recolorier selon une
variation légère

Pour modifier les caractéristiques de l'image "entreprise.jpg"
Je clique dans l'image

Je clique sur  puis sur +20 LUMINOSITÉ / -20 CONTRASTE
(*2ème ligne/ 4ème colonne*)

Je clique sur 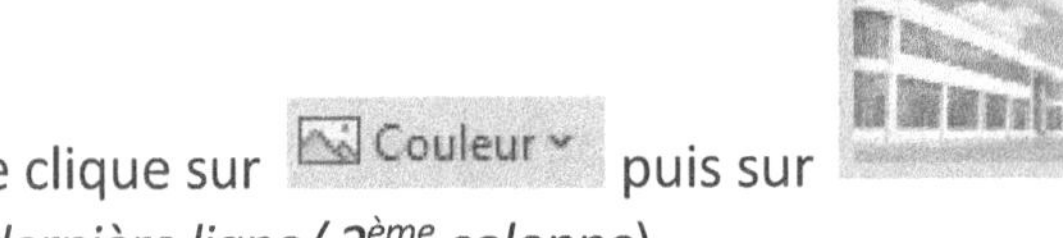 puis sur bleu couleur accent1 claire
(*dernière ligne/ 2ème colonne*)

Je clique sur Compresser les images puis je coche
◉ Utiliser la résolution par défaut pour diminuer le volume de l'image afin que
mon document ne soit pas trop volumineux

c) STYLES D'IMAGE

Ils permettent de choisir une forme et une bordure d'image et de lui
ajouter des effets. Un grand nombre de combinaisons est possible.

Format de l'image ONGLET "FORMAT"

GROUPE "STYLES D'IMAGE" (2ÈME BLOC)

IMAGE SÉLECTIONNÉE

<POINTER>SUR UN STYLE POUR LE VISUALISER

<CLIC G> POUR L'ADOPTER

<CLIC G> SUR  Bordure de l'image ˅ POUR CHOISIR UNE BORDURE

<CLIC G> SUR Effets d'image ˅ POUR AJOUTER UN EFFET

<CLIC G> SUR Disposition d'image ˅ POUR CHOISIR UNE
DISPOSITION TEXTE/IMAGE

BOUTON DROIT

IMAGE SÉLECTIONNÉE

<CLIC G> SUR 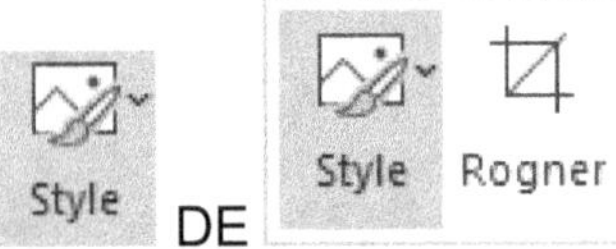 Style DE

<POINTER> SUR UN STYLE POUR LE VISUALISER

<CLIC G> POUR L'ADOPTER

Dans "exercice long document" et pour l'image "entreprise.jpg"
Choisir le style "ellipse à contour adouci" et les effets suivants :
Ombre "décalage diagonal bas gauche", "lumière de couleur
accentuation 6" et "bordures arrondies 5 pts"

Pour modifier les caractéristiques de "entreprise.jpg", je clique dans l'image

dans le groupe "styles d'image", je clique sur ⌄ de

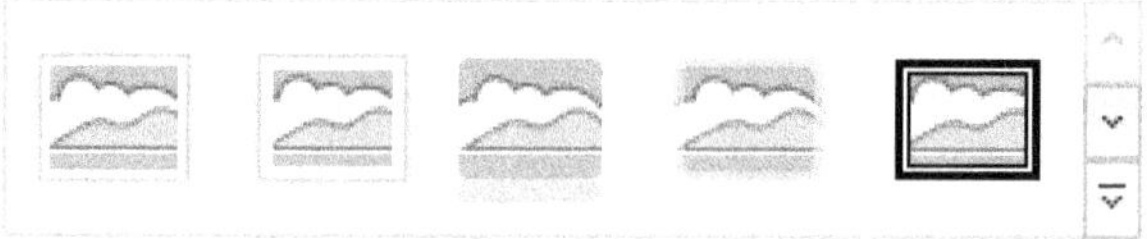

Je clique sur **Ellipse à bord estompé**

Je clique sur **Effets d'image ˅** puis je pointe sur **Ombre** >

Je clique sur **Intérieur : bas à gauche**

Je clique sur **Effets d'image ˅** puis je pointe sur **Lumière** >

Je clique sur **Lumière : 5 points ; Orange, Couleur d'accentuation 6**

Je clique sur **Effets d'image ˅** puis je pointe sur **Bord estompé** >

Je clique sur **5 points**

Je clique sur

3. DISPOSITION DE L'IMAGE

L'image peut être déplacée et redimensionnée

a) SÉLECTION

Avant de pouvoir modifier ses caractéristiques, il faut la sélectionner.

BOUTON GAUCHE

<CLIC G> À L'INTÉRIEUR DE L'IMAGE

l'image est entourée de poignées

Pour ne plus sélectionner l'image, il suffit de cliquer en dehors

b) DIMENSION

La taille de l'image peut être adaptée en l'augmentant ou la diminuant.

BOUTON GAUCHE

IMAGE SÉLECTIONNÉE

POINTEUR SUR UNE DES POIGNÉES AU MILIEU D'UN CÔTÉ OU SUR UN ANGLE

la souris change de forme : ↕, ⟺, ⤡, ⤢
<FAIRE GLISSER> POUR MODIFIER SA TAILLE

Format de l'image **ONGLET "FORMAT"**

GROUPE "TAILLE" (dernier bloc)

IMAGE SÉLECTIONNÉE

<CLIC G> SUR ⭰ Hauteur : 7,51 cm ⭥
pour faire varier la hauteur

<CLIC G> SUR ⭤ Largeur : 10,09 cm ⭥
pour faire varier la largeur

c) L'HABILLAGE

L'image est insérée sur une ligne d'un paragraphe. Il est possible de la rendre indépendante.

Format de l'image **ONGLET "FORMAT"**

GROUPE "ORGANISER" (avt dernier bloc)

IMAGE SÉLECTIONNÉE
<CLIC G> SUR Habillage ⌄
<CLIC G> SUR UNE OPTION

BTON GAUCHE-DROIT

IMAGE SÉLECTIONNÉE

<CLIC G> SUR ⌒ en haut et à droite de l'image
OU
<CLIC D> Habillage   >
<CLIC G> SUR UNE OPTION

Encadré

Adapté

Au travers

Haut et bas

Derrière le texte

Devant le texte

la marque ⚓ indique à quel paragraphe l'image libre (comme tout autre objet) est rattachée. Il suffit de faire glisser cette marque vers un autre paragraphe pour changer le rattachement

d) <u>POSITION</u>

L'image peut être positionnée n'importe où dans le document.

BOUTON GAUCHE

IMAGE SÉLECTIONNÉE

POINTEUR SUR LE CADRE ENTOURANT L'IMAGE (*hors poignées*)
le pointeur change de forme
<FAIRE GLISSER> POUR MODIFIER LA POSITION DE L'IMAGE

e) <u>ROGNAGE</u>

Il permet d'efface l'image en partant d'un côté et enlève donc ce qui ne convient pas.

Format de l'image **ONGLET "FORMAT"**

GROUPE "TAILLE" (dernier bloc)

IMAGE SÉLECTIONNÉE

Rogner
<CLIC G> SUR ⌄ PUIS SUR ⌗ Rogner

Format de l'image

VOLET DROIT

IMAGE SÉLECTIONNÉE

<CLIC G>SUR 

<CLIC G>SUR  Rogner

BOUTON DROIT

IMAGE SÉLECTIONNÉE

   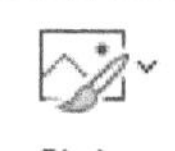   

Style   Rogner

<CLIC G> SUR Rogner DE

POINTER SUR UNE DES MARQUES QUI ENCADRENT L'IMAGE 

<FAIRE GLISSER> LA SOURIS VERS L'INTÉRIEUR DE L'IMAGE

la partie de l'image rognée n'est plus affichée

4. ORGANISATION DES IMAGES

Elle va permettre de définir les différents niveaux de plan de l'image.

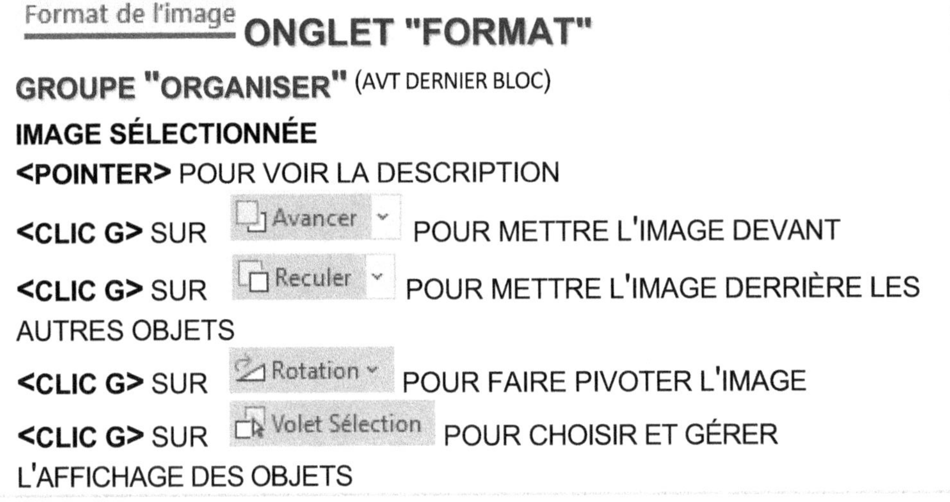

Format de l'image **ONGLET "FORMAT"**

GROUPE "ORGANISER" (AVT DERNIER BLOC)

IMAGE SÉLECTIONNÉE

<POINTER> POUR VOIR LA DESCRIPTION

<CLIC G> SUR Avancer POUR METTRE L'IMAGE DEVANT

<CLIC G> SUR Reculer POUR METTRE L'IMAGE DERRIÈRE LES AUTRES OBJETS

<CLIC G> SUR Rotation POUR FAIRE PIVOTER L'IMAGE

<CLIC G> SUR Volet Sélection POUR CHOISIR ET GÉRER L'AFFICHAGE DES OBJETS

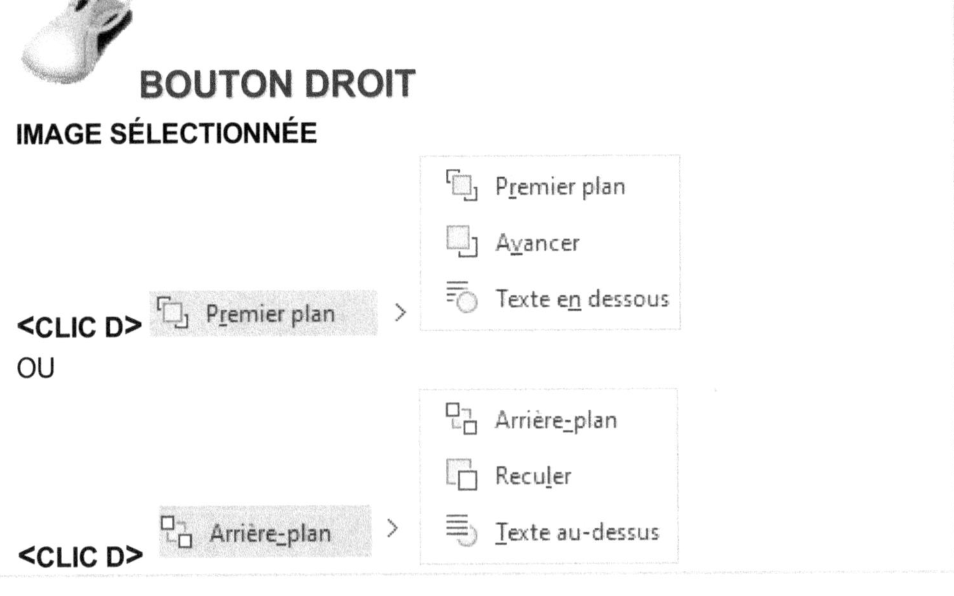

BOUTON DROIT

IMAGE SÉLECTIONNÉE

<CLIC D> Premier plan >
- Premier plan
- Avancer
- Texte en dessous

OU

<CLIC D> Arrière-plan >
- Arrière-plan
- Reculer
- Texte au-dessus

5. EXERCICE

Dans "exercice long document" et pour l'image "entreprise.jpg"
Présenter l'image comme ci-dessous
(*arrière-plan et position et caractéristiques comme ci-dessous*)

D. L'IMAGE CLIPART

Les ClipArt sont des images et non des photos (images vectorielles ou au format .gif) ; leur gestion est comparable à celle des autres formats.

1. INSERTION DE L'IMAGE CLIPART

Elle s'affiche alignée sur le texte et non libre.

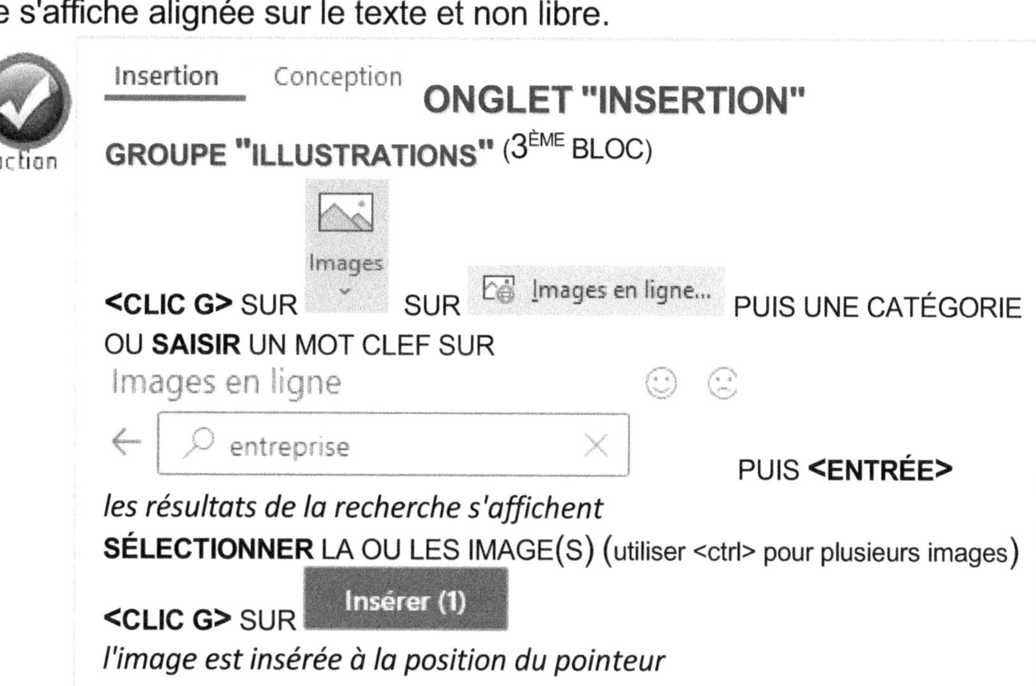

Insertion   Conception   **ONGLET "INSERTION"**

GROUPE "ILLUSTRATIONS" (3ᵉᵐᵉ BLOC)

<CLIC G> SUR Images SUR Images en ligne… PUIS UNE CATÉGORIE
OU **SAISIR** UN MOT CLEF SUR

Images en ligne

entreprise

PUIS **<ENTRÉE>**

les résultats de la recherche s'affichent
SÉLECTIONNER LA OU LES IMAGE(S) (utiliser <ctrl> pour plusieurs images)
<CLIC G> SUR Insérer (1)
l'image est insérée à la position du pointeur

90

Dans "exercice long document" sur la page "la structure de l'entreprise"
insérer une image "CLIPART" sur le thème de la production

2.   DISPOSITION DE L'IMAGE CLIPART

L'image "ClipArt" peut être déplacée et redimensionnée

a) SÉLECTION

Afin de pouvoir modifier ses caractéristiques, il faut la sélectionner.

BOUTON GAUCHE

<CLIC G> À L'INTÉRIEUR DE L'IMAGE
l'image est entourée de poignées

CLIQUER EN DEHORS POUR NE PLUS LA SÉLECTIONNER

b) DIMENSION

La taille de l'image peut être adaptée en l'augmentant où la diminuant.

BOUTON GAUCHE

IMAGE SÉLECTIONNÉE
POINTEUR SUR UNE DES POIGNÉES AU MILIEU D'UN CÔTÉ OU SUR UN ANGLE

la souris change de forme : $\updownarrow$, $\longleftrightarrow$, $\nwarrow$, $\nearrow$

<FAIRE GLISSER> POUR MODIFIER LA TAILLE DE L'IMAGE

Format de l'image
ONGLET "FORMAT"

GROUPE "TAILLE" (dernier bloc)

IMAGE SÉLECTIONNÉE
MODIFIER   LA HAUTEUR ET/OU LA LARGEUR

Hauteur : 7,55 cm

Largeur : 7,55 cm

l'image est entière mais réduite

Dans "exercice long document" sur la page "la structure de l'entreprise"
Modifier la taille de l'image "CLIPART"

c) L'HABILLAGE

Le CLIPART s'affiche dans un paragraphe mais on peut le rendre indépendant.

Format de l'image
ONGLET "FORMAT"

GROUPE "ORGANISER" (avt dernier bloc)

IMAGE SÉLECTIONNÉE

<CLIC G> SUR Habillage PUIS **<CLIC G>** SUR UNE OPTION

la marque ⚓ indique à quel paragraphe l'image libre est rattachée

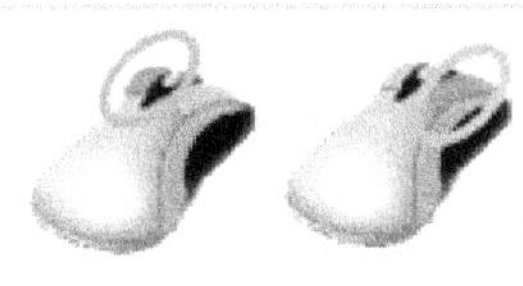

BOUTONS GAUCHE ET DROIT

IMAGE SÉLECTIONNÉE

<CLIC G> SUR en haut et à droite de l'image

OU **<CLIC D>** Habillage

Encadré

Adapté

Au travers

Haut et bas

Derrière le texte

Devant le texte

d) POSITION

Son "habillage" étant modifié, l'image peut être positionnée n'importe.

BOUTON GAUCHE

IMAGE SÉLECTIONNÉE
POINTEUR SUR LE CADRE ENTOURANT L'IMAGE (hors poignées)

le pointeur change de forme :
<FAIRE GLISSER> POUR MODIFIER LA POSITION DE L'IMAGE

e) ROGNAGE

L'outil "ROGNER" est un outil particulièrement pratique qui permet de rogner l'image en partant d'un côté et d'enlever ce qui ne convient pas.

Format de l'image **ONGLET "FORMAT"**

GROUPE "TAILLE" (DERNIER BLOC)
IMAGE SÉLECTIONNÉE

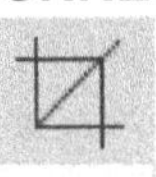
Rogner

<CLIC G> SUR 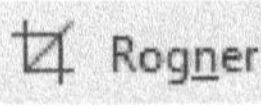 PUIS SUR Rogner

Format de l'image

VOLET DROIT

IMAGE SÉLECTIONNÉE

<CLIC G> SUR 
<CLIC G> SUR ▶ Rogner

BOUTON DROIT

IMAGE SÉLECTIONNÉE

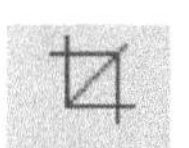
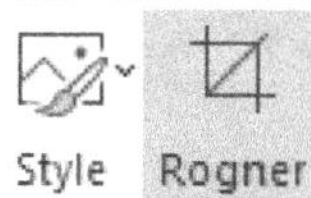

<CLIC G> SUR Rogner DE

POINTER SUR UNE DES MARQUES QUI ENCADRENT L'IMAGE 

<FAIRE GLISSER> LA SOURIS VERS L'INTÉRIEUR DE L'IMAGE
la partie de l'image rognée n'est plus affichée

Dans "exercice long document" sur la page "la structure de l'entreprise"
Rogner l'image

3. EXERCICE

Dans "exercice long document" sur la page "la structure de l'entreprise"
Conserver le clipart inséré mais en plus
Insérer l'image "clipart" ci-dessous et la présenter de la même manière par rapport à la zone de texte

E. LA CAPTURE D'ECRAN

Word permet de capturer une image d'une partie de l'écran et de l'insérer dans le document en cours.

Insertion   Conception   **ONGLET "INSERTION"**

GROUPE "ILLUSTRATIONS" (3ÈME BLOC)

POSITIONNNER LE POINTEUR

<CLIC G> SUR   OU SUR UNE DES VUES PROPOSÉES
<CLIC G> SUR LA FENÊTRE À CAPTURER
OU
SUR   Capture d'écran

ENTOURER D'UN CADRE LA ZONE À "PHOTOGRAPHIER"
l'image est insérée dans le document à la position du pointeur
MODIFIER SON HABILLAGE, LA **DÉPLACER** À SA POSITION DÉFINITIVE
ET ÉVENTUELLEMENT LA **REDIMENSIONNER**

Dans "exercice long document" sur la page "la structure de l'entreprise"
Faire une capture d'écran de l'image précédente avec la zone de texte puis l'insérer sur la 3ème page en bas puis la supprimer

F. LES FORMES

Des formes sont disponibles pour compléter tableau, graphique, texte et image. Elles ne sont à priori pas liées à la structure du texte mais libres.

1. INSERTION DE LA FORME

Son cadre est dessiné par l'utilisateur à l'endroit de son choix.

Insertion   Conception   **ONGLET "INSERTION"**

GROUPE "ILLUSTRATIONS" (3ÈME BLOC)

<CLIC G> SUR   PUIS SUR LA FORME DÉSIRÉE
DESSINER LE CADRE DE LA FORME DANS LA PAGE AVEC LA SOURIS

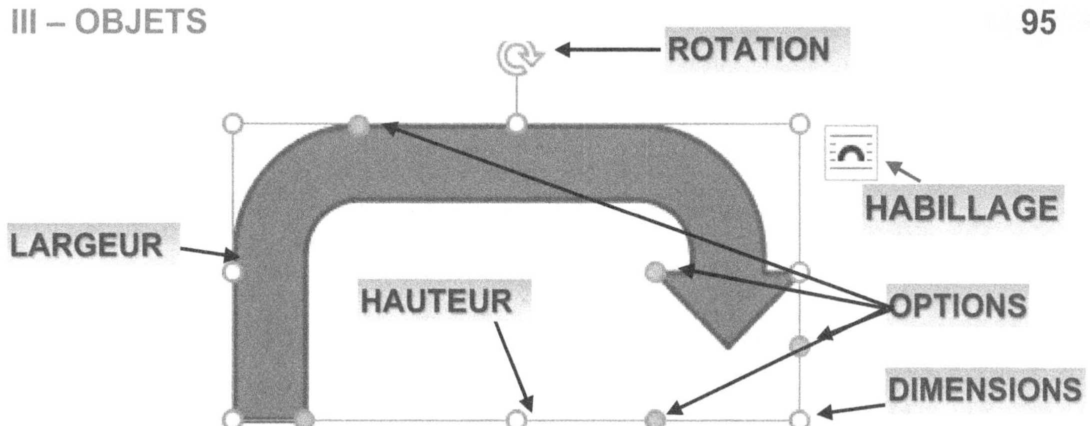

Lorsque la forme est sélectionnée, elle est encadrée
○ de marques grises permettant de modifier sa dimension
● de marques jaunes permettant de modifier des options de la forme même

d'une flèche permettant de lui faire effectuer une rotation

Faire glisser la forme entière avec la croix ✛ pour la déplacer

faire glisser une de ces marques avec une flèche ↕ ↔ (sur un

coté) ⤢ ⤡ (sur un angle) pour la modifier

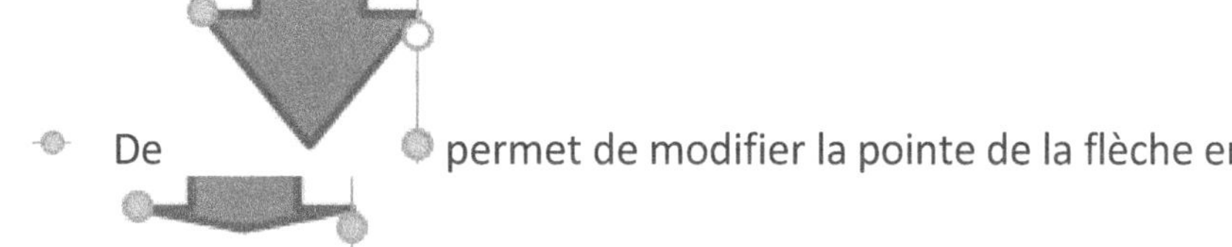

● De ● permet de modifier la pointe de la flèche en

2. FORMAT DE LA FORME

Les outils de gestion des ombres et de gestion 3D sont particulièrement élaborés.

LE VOLET  Format de la forme ▾ ✕ S'AFFICHE À DROITE

Sélection, dimension et position se gèrent comme pour les autres objets

3. EXERCICE

Dans "exercice long document" sur la page "structure et organigramme"
Relier les deux colonnes par la forme ∽
Modifier cette forme (DIMENSIONS, ORIENTATION, OMBRE, DÉGRADÉ…) pour obtenir un résultat comme ci-après

La structure d'une entreprise performante n'est pas son organigramme. L'organigramme est un schéma sur le papier de ce que devrait être l'organisation des hommes dans l'entreprise. L'organigramme ⚙ (KHEMAKHEM , 1977, p. 26) (KHEMAKHEM , 1977, p. 26)⚙ n'est pas forcément l'organisation idéale dans l'absolu pour l'entreprise, son objectif et son environnement. Deuxièmement, l'organigramme n'est pas toujours respecté dans la pratique pour un ensemble de raisons :

Par exemple les affinités personnelles ou les conditions réelles de la vie de l'entreprise. Par conséquent, l'organigramme est susceptible d'être modifié, ce qui ne signifie pas qu'il ne doit pas être respecté.

L'organigramme est un élément de la structure : il permet de déterminer la responsabilité de chacun des membres de l'entreprise. La liberté d'agir dans cette responsabilité (champs d'action) de chacun de ses membres est le deuxième élément. C'est ce que chacun a le pouvoir de faire. On ne peut pas parler de responsabilité s'il n'existe pas de pouvoir associé. Un équilibre entre la responsabilité et la liberté d'agir est la base d'une structure efficace. |

Dans "exercice long document" sur la page "Comment définir une structure"
En dessous du texte, insérer une forme "éclair" dont vous gérerez les caractéristiques 3d (*orientation, rotation, perspective, éclairage…*) pour obtenir une forme comme ci-dessous

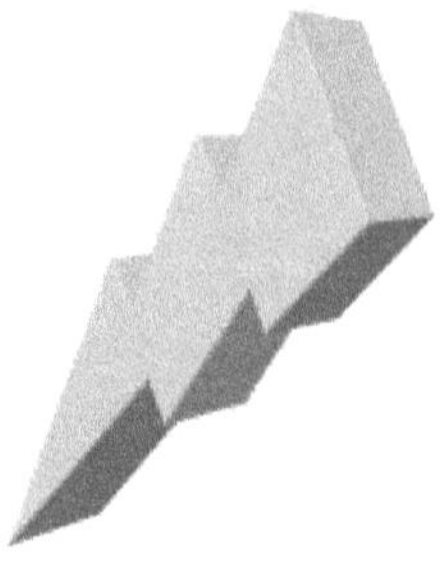

G. OBJET WORDART

L'objet WordArt permet de présenter un texte de manière très élaborée.
Ils ne sont à priori pas liés à la structure du texte mais libres.

1. INSERTION DE L'OBJET WORDART

Il est inséré à la position du pointeur mais reste libre pour être
repositionné à posteriori.

Insertion   Conception   **ONGLET "INSERTION"**

GROUPE "TEXTE" (AVANT DERNIER BLOC)

<CLIC G> SUR

<CLIC G> SUR LE TYPE DE PRÉSENTATION
l'objet "WordArt" est inséré ; saisir le texte et adapter taille et position

2. FORMAT DE L'OBJET WORDART

Le ruban permet sa modification.

Format de la forme
ONGLET "FORMAT"

GROUPE "STYLES WORDART" (3ème bloc)

OBJET SÉLECTIONNÉ

<CLIC G> SUR ⏷ DE

<CLIC G> SUR UNE DES PRÉSENTATIONS PROPOSÉES

<CLIC G> SUR A ⌄

PARCOURIR LES OPTIONS AVEC LA SOURIS ET **OBSERVER** LES
EFFETS

<CLIC G> SUR L'OPTION CHOISIE

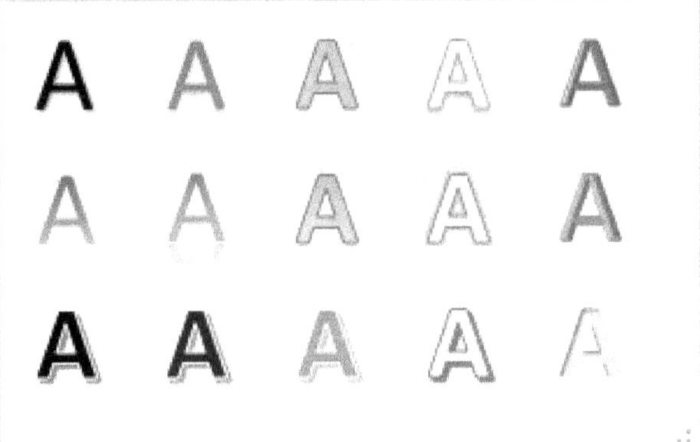

Des effets de texte permettent de personnaliser la forme de l'objet

Format de la forme

ONGLET "FORMAT"

GROUPE "STYLES WORDART" (3ème bloc)

OBJET SÉLECTIONNÉ

<CLIC G> SUR A˅

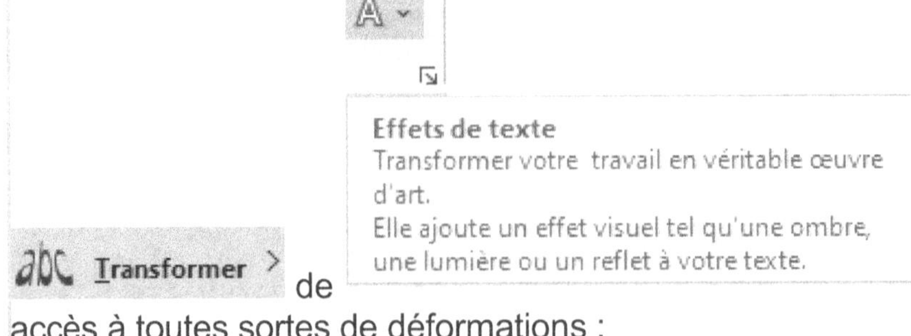

abc Transformer > de donne accès à toutes sortes de déformations :

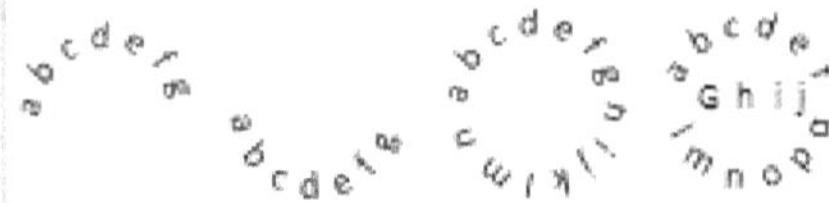

Le volet droit permet aussi de gérer l'objet.

Format de la forme — **FORMAT**

GROUPE "STYLES WORDART"
OBJET SÉLECTIONNÉ
<CLIC G> SUR UN LANCEUR DE
BOITE DE DIALOGUE 🡮

BOUTON DROIT

OBJET SÉLECTIONNÉ
<CLIC D> SUR 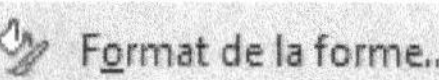 Format de la forme...

Format de la forme   ▾   ✕

Options de forme   **Options de texte**

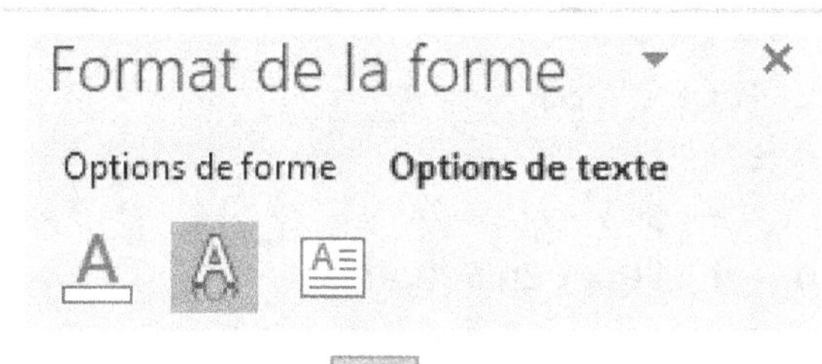

FORMAT DE LA FORME

<CLIC G> SUR
PARCOURIR LES OPTIONS AVEC LA SOURIS
OBSERVER LES EFFETS
<CLIC G> SUR L'OPTION CHOISIE

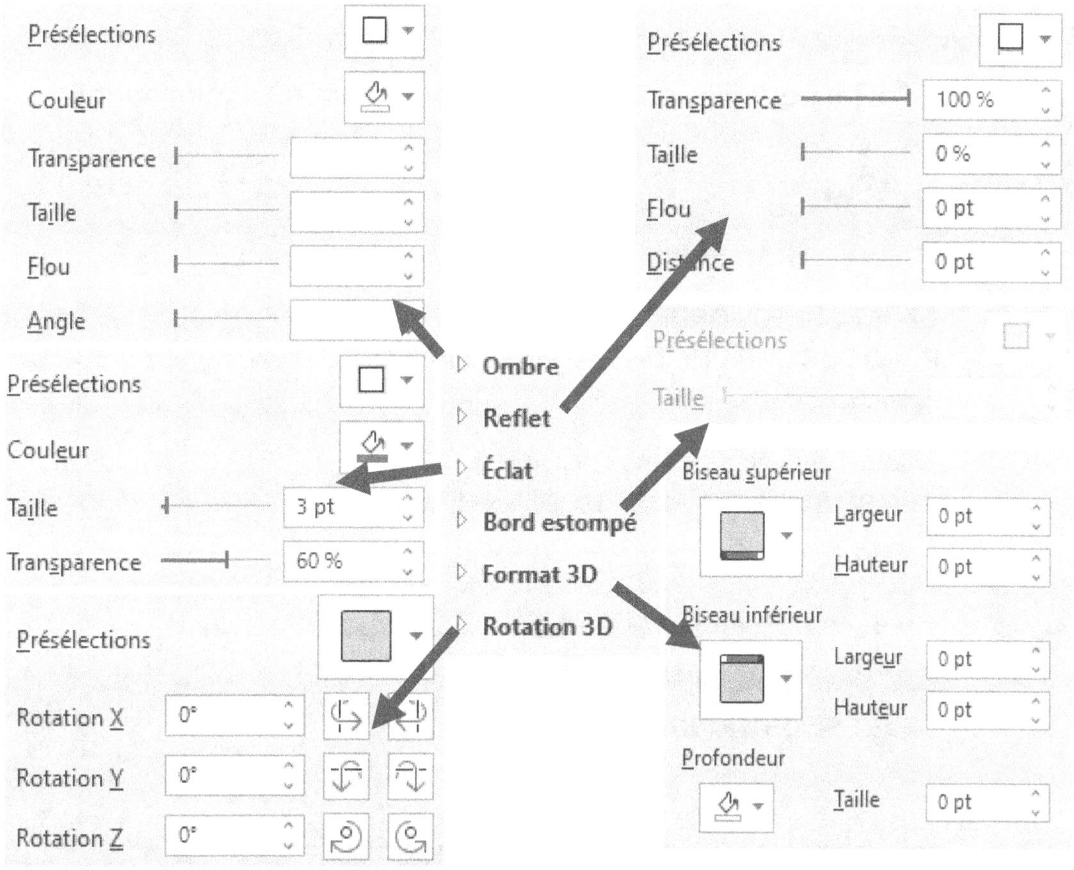

Présélections	▢ ▾
Couleur	🖌 ▾
Transparence	
Taille	
Flou	
Angle	

▷ **Ombre**

Présélections	▢ ▾
Transparence	100 %
Taille	0 %
Flou	0 pt
Distance	0 pt

▷ **Reflet**

Présélections	▢ ▾
Couleur	🖌 ▾
Taille	3 pt
Transparence	60 %

▷ **Éclat**
▷ **Bord estompé**

Présélections	▢ ▾
Taille	

▷ **Format 3D**

Biseau supérieur

Largeur	0 pt
Hauteur	0 pt

Biseau inférieur

Largeur	0 pt
Hauteur	0 pt

▷ **Rotation 3D**

Présélections	▢ ▾
Rotation X	0°
Rotation Y	0°
Rotation Z	0°

Profondeur

Taille	0 pt

3. DISPOSITION DE L'OBJET WORDART

L'objet peut être déplacé et redimensionné

a) SÉLECTION

Afin de pouvoir modifier ses caractéristiques, il faut le sélectionner.

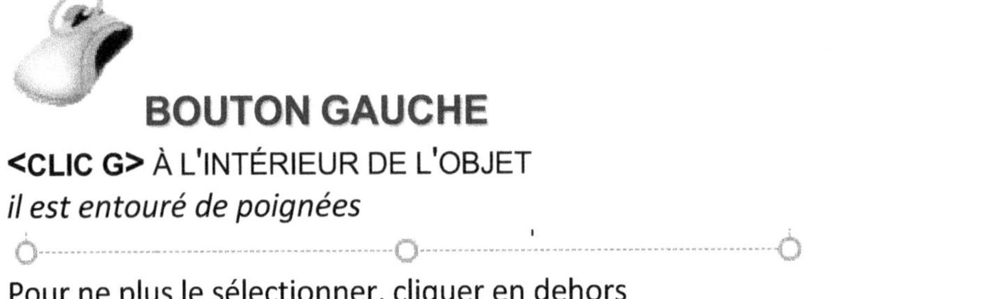

BOUTON GAUCHE

<CLIC G> À L'INTÉRIEUR DE L'OBJET

il est entouré de poignées

Pour ne plus le sélectionner, cliquer en dehors

b) DIMENSION

La taille de l'objet peut être adaptée en l'augmentant où la diminuant.

BOUTON GAUCHE

OBJET SÉLECTIONNÉ

POINTEUR SUR UNE DES POIGNÉES AU MILIEU D'UN CÔTÉ OU SUR UN ANGLE

la souris change de forme : $\updownarrow$, $\leftrightarrow$, $\searrow$, $\nearrow$

<FAIRE GLISSER> POUR MODIFIER LA TAILLE

Format de la forme **ONGLET "FORMAT"**

GROUPE "TAILLE" (dernier bloc)

OBJET SÉLECTIONNÉ

1,81 cm

MODIFIER LA HAUTEUR ET/OU LA LARGEUR
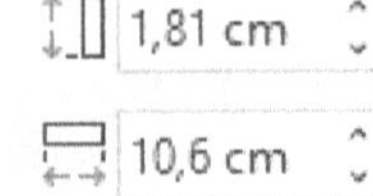

c) <u>POSITION</u>

L'objet est libre et peut être positionné n'importe où dans le document.

BOUTON GAUCHE

OBJET SÉLECTIONNÉ

POINTEUR SUR LE CADRE ENTOURANT L'OBJET (hors poignées)

le pointeur change de forme :

<FAIRE GLISSER> POUR MODIFIER LA POSITION DE L'OBJET

d) <u>ROTATION</u>

L'objet peut être tourné dans tous les sens.

BOUTON GAUCHE

OBJET SÉLECTIONNÉ

<FAIRE GLISSER> 
la souris change de forme

 **ONGLET "FORMAT"**

GROUPE "ORGANISER" (avant dernier bloc)

<CLIC G> SUR Rotation ˅

SÉLECTIONNER UNE OPTION

FORMAT DE LA FORME

<CLIC G> SUR 

<CLIC G> SUR Rotation 3D

4. EXERCICE

Dans "exercice long document" sur la 1ère page
Insérer une image "WordArt" avec le texte "sommaire"
Le positionner devant l'image comme ci-dessous

Sommaire

I.   LA STRUCTURE DE L'ENTREPRISE   2
I.   STRUCTURE ET ORGANIGRAMME   3
II.   COMMENT DEFINIR UNE STRUCTURE   4
III. LES DIFFERENTES FONCTIONS   5
IV.   BIBLIOGRAPHIE   6

H. LE TABLEAU

La conception du tableau est basée sur la notion de cellule.

1. CREATION DU TABLEAU

Le tableau créé est créé libre dans le document.

Insertion   Conception   **ONGLET "INSERTION"**

GROUPE "TABLEAUX" (2ème bloc)

POSITIONNER LE POINT D'INSERTION DANS LE PARAGRAPHE DEVANT
CONTENIR LE TABLEAU

Tableau

<CLIC G> SUR

<FAIRE GLISSER> LA SOURIS SUR LE TABLEAU VIRTUEL POUR DÉFINIR
LE NOMBRE DE CELLULES
le tableau est inséré dans le document avec le nombre de cellules choisi

Les onglets **Création de tableau**   **Mise en page** s'affichent alors.

Tableaux rapides donne accès à une sélection de tableaux tout fait dont il suffit de remplacer les données

Avec sous-titres 2

Inscription dans les collèges locaux, 2005

Collège	Nouveaux étudiants	Étudiants du deuxième cycle	Variation
Université du cèdre	110	103	+7
Collège de l'orme	223	214	+9

Calendrier 1

Décembre

L	M	M	J	V	S	D
						1
2	3	4	5	6	7	8

Si le ruban "tableau" n'est plus affiché et que vous ayez du mal à le réafficher, faire un **<DOUBLE CLIC>** sur ⊞ (sur le côté haut gauche du tableau)

Il est aussi possible de dessiner complètement le tableau avec

Dessiner un tableau ou d'en effacer des éléments avec  Gomme

2. DÉPLACEMENT DANS LE TABLEAU

Avec la souris, il suffit de cliquer directement sur la cellule voulue.

- **<TAB>**   déplacement d'une cellule vers la droite
  en fin de tableau, création d'une nouvelle ligne
- **<MAJ> <TAB>**   déplacement d'une cellule vers la gauche

3. SELECTION DANS LE TABLEAU

Elle s'effectue de préférence avec la souris.

BOUTON GAUCHE

- **<FAIRE GLISSER>** | Sélection caractères
  dans la cellule   *si la sélection va au-delà de la cellule, les cellules entières sont sélectionnées*

- **<FAIRE GLISSER>**   Sélection de lignes de cellules
  barre sélection ligne

- **<FAIRE GLISSER>**   Sélection de cellules
  barre sélection cellule

- **<FAIRE GLISSER>**   Sélection de colonnes

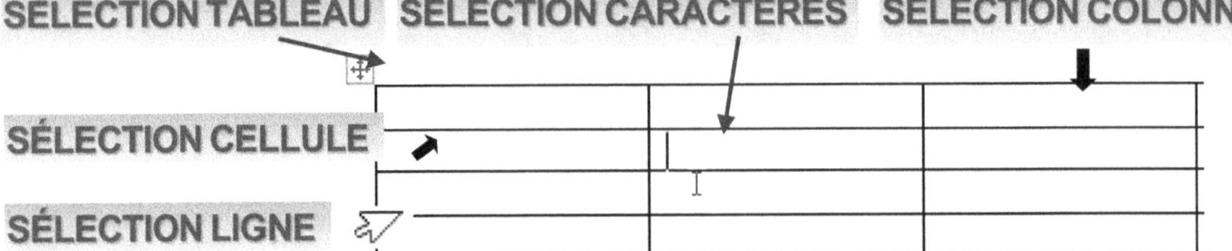

Dans "exercice long document" sur la page "les différentes fonctions"n
Créer un tableau de 6 lignes et 3 colonnes

4. SAISIE DU TABLEAU

Elle s'effectue de manière standard.

 **BOUTON GAUCHE**

<CLIC G> DANS LA CELLULE
SAISIR LES DONNÉES
<CLIC G> DANS LA CELLULE
SUIVANTE…ETC.

CLAVIER

SAISIR LES DONNÉES DE LA 1ÈRE CELLULE
<TAB> PASSE À LA CELLULE SUIVANTE
SAISIR LES DONNÉES ETC…
en fin de tableau, <tab> crée une nouvelle ligne

Dans "exercice long document" sur la page "les différentes fonctions"
Saisir les données suivantes dans les deux premières colonnes du tableau créé

	Couleur
Direction	1
Financière	2
Personnel	3
Exploitation	4
Commercial	5

Dans "exercice long document" sur la page "les différentes fonctions"
Compléter la troisième colonne du tableau créé comme ci-dessous
Attention, ces données sont des formes dont il va falloir modifier l'habillage en "aligné sur le texte" puis centré

	Couleur	Forme
Direction	1	
Financière	2	
Personnel	3	
Exploitation	4	
Commercial	5	

5. STYLE DU TABLEAU

Le ruban "création" permet de personnaliser le tableau.

(en fin de ruban)

GROUPE "STYLES DE TABLEAU" (2ème bloc)

<CLIC G> SUR ☑ POUR DÉROULER LES STYLES DE TABLEAU
DÉPLACER LA SOURIS SUR LES STYLES POUR LES VISUALISER
<CLIC G> SUR LE STYLE VOULU

Tableaux Grille

Le groupe "options de style de tableau" (1er bloc) permet de faire varier la mise en forme du tableau en fonction du fait qu'il y ait des titres, des totaux…

Dans "exercice long document" sur la page "les différentes fonctions"

Affecter le style "grille claire, accent1" au tableau
Annuler

Si le volet droit est affiché, certaines options de mise en forme du texte peuvent être affectées au tableau

Mise en forme des effets de texte ▾

A A

▷ **Ombre**

▷ **Reflet**

▷ **Éclat**

▷ **Bord estompé**

▷ **Format 3D**

6. BORDURES ET TRAME DU TABLEAU

Les bordures s'appliquent à la sélection ; pour appliquer des bordures à une seule cellule, il faut la sélectionner ; pour appliquer des bordures à tout le tableau, il faut sélectionner tout le tableau.

Création de tableau   Mise en page   **ONGLET "CRÉATION"**

(en fin de ruban)

GROUPE "BORDURES" (3ème bloc)

EFFECTUER LA SÉLECTION

<CLIC G> SUR [Styles de bordure] PUIS SÉLECTIONNER UNE BORDURE

<CLIC G> SUR [________________] PUIS SÉLECTIONNER UN TYPE DE BORDURE

<CLIC G> SUR [½ pt ____________] PUIS SÉLECTIONNER UNE ÉPAISSEUR DE BORDURE

<CLIC G> SUR [Couleur du stylet] ET SÉLECTIONNER UNE COULEUR

<CLIC G> SUR [Bordures]

POINTER SUR L'UNE OU L'AUTRE DES BORDURES PROPOSÉES POUR LA VISUALISER

<CLIC G> SUR LA BORDURE VOULUE POUR APPLIQUER LES CARACTÉRISTIQUES DÉFINIES

Il est aussi possible d'appeler la boîte de dialogue en cliquant sur le lanceur de boîtes de dialogue 🔲 de

Bordures   🔲

Dans "exercice long document" sur la page "les différentes fonctions", Affecter une bordure de type "toutes les bordures" à tout le tableau avec les caractéristiques suivantes : "ligne pleine, 1 point, bleu"

L'outil  permet de dessiner les caractéristiques choisies directement sur le tableau

Modifier les bordures du tableau comme ci-après avec l'outil

Mise en forme des bordures à partir des caractéristiques de base

1 pt

✎ Couleur du stylet ˅

BORDURE FINE CLAIRE	Couleur	Forme
	1	
Financière	2	
Personnel	3	
Exploitation	4	
Commercial	5	

BORDURE ÉPAISSE FONCÉE

La trame de fond va remplir le fond de la cellule.

Création de tableau   Mise en page   **ONGLET "CRÉATION"**

(en fin de ruban)

GROUPE "STYLES DE TABLEAU" (2ème bloc)

EFFECTUER LA SÉLECTION

<CLIC G> SUR Trame de fond ˅ ET **SÉLECTIONNER** UNE COULEUR OU UNE TRAME

Dans "exercice long document" sur la page "les différentes fonctions"
Modifier la couleur de fond comme ci-après puis conserver ou annuler selon vos goûts

	Couleur	Forme
Direction	1	
Fin **TRAMES**	2	
Pe **DIFFÉRENTES**	3	
Exploitation	4	
Commercial	5	

7. STRUCTURE DU TABLEAU

La mise en page concerne les cellules, les lignes et les colonnes et leurs caractéristiques.

a) LA SÉLECTION DES LIGNES

La sélection d'une ou plusieurs lignes entières s'effectue de préférence avec la souris.

BOUTON GAUCHE

<CLIC G> EN FACE DE LA LIGNE OU

<FAIRE GLISSER> LE POINTEUR EN FACE DES LIGNES POUR LES SÉLECTIONNER

Mise en page **MISE EN PAGE**

GROUPE "TABLEAU" (1er bloc)

<CLIC G> DANS UNE CELLULE DE LA LIGNE

<CLIC G> SUR Sélectionner ˅
<CLIC G> SUR
 Sélectionner la ligne

Dans le tableau de la page "les différentes fonctions" de "exercice long document"
Sélectionner la 2ème ligne du tableau

b) L'INSERTION DES LIGNES

Les lignes insérées s'ajoutent à la structure du tableau.

BOUTON GAUCHE

<POINTER> DEVANT ET À L'INTERSECTION DES 2 LIGNES

<CLIC G> SUR ⊕
Personnel
Exploitation

BOUTON DROIT

SÉLECTIONNER LA OU LES LIGNES

<CLIC D> Insérer >
 Insérer des lignes au-dessus
 Insérer des lignes en dessous

 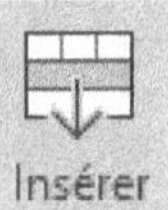

Mise en page — **ONGLET "MISE EN PAGE"**

GROUPE "LIGNES ET COLONNES" (3ème bloc)

SÉLECTIONNER LA OU LES LIGNES

<CLIC G>SUR Insérer au-dessus OU Insérer dessous

il y a autant de lignes d'insérées que de sélectionnées

Dans le tableau de la page "les différentes fonctions" de "exercice long document"
Insérer une ligne après la 2ème ligne du tableau

c) LA SUPPRESSION DES LIGNES

La suppression de lignes obéit aux mêmes règles que l'insertion.

Mise en page — **MISE EN PAGE**

GROUPE "LIGNES ET COLONNES"

SÉLECTIONNER LA OU LES LIGNES

<CLIC G> SUR -

Supprimer les lignes

BOUTON DROIT

SÉLECTIONNER LA OU LES LIGNES

<CLIC D> Supprimer les lignes

les lignes sélectionnées sont supprimées

Dans le tableau de la page "les différentes fonctions" de "exercice long document"
Supprimer la ligne insérée

d) LA HAUTEUR DES LIGNES

La hauteur des lignes peut être modifiée.

Mise en page — **MISE EN PAGE**

GROUPE "TAILLE DE CELLULE"

SÉLECTIONNER LA OU LES LIGNES
<CLIC G> SUR ▲ OU ▼ DE

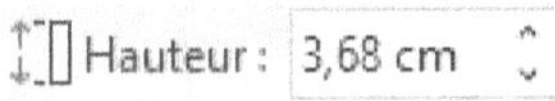
Hauteur : 3,68 cm

BOUTON DROIT

POINTEUR SUR LE BORD BAS DE LA LIGNE
⇕ ÉTIRER LA LIGNE POUR ADAPTER SA HAUTEUR

⊞ Uniformiser les lignes   permet d'attribuer la même hauteur aux lignes

Dans le tableau de la page "les différentes fonctions" de
"exercice long document"
Augmenter la hauteur de la ligne de titre
Uniformiser la hauteur des lignes de données

e) LA SÉLECTION DES COLONNES

La sélection des colonnes s'effectue de préférence avec la souris.

BOUTON GAUCHE

<CLIC G> AU-DESSUS DE LA COLONNE
OU
<FAIRE GLISSER> LE POINTEUR AU-DESSUS DES COLONNES POUR LES SÉLECTIONNER

Mise en page — **MISE EN PAGE**

GROUPE "TABLEAU" (1er bloc)

<CLIC G> DANS UNE CELLULE DE LA COLONNE

<CLIC G> SUR  Sélectionner ˅

<CLIC G> SUR
⊞ Sélectionner la colonne

Dans le tableau de la page "les différentes fonctions" de
"exercice long document"
Sélectionner la 2ème colonne du tableau

f) L'INSERTION DES COLONNES

Les colonnes insérées s'ajoutent à gauche ou à droite de la colonne.

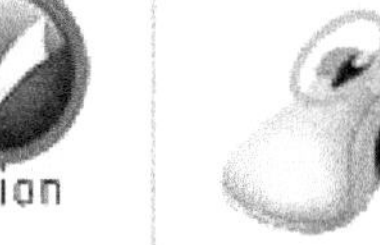

BOUTON GAUCHE

POINTER AU-DESSUS DE L'INTERSECTION DES COLONNES
<CLIC G> SUR ⊕

BOUTON DROIT

SÉLECTIONNER LA OU LES COLONNES

<CLIC D>   Insérer   ›

⊞ Insérer des colonnes à gauche

⊞ Insérer des colonnes à droite

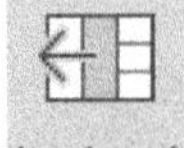 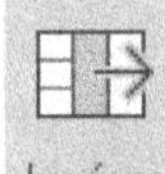

Mise en page — **ONGLET "MISE EN PAGE"**

GROUPE "LIGNES ET COLONNES" (3ème bloc)

SÉLECTIONNER LA OU LES COLONNES

Insérer à gauche — Insérer à droite

<CLIC G> SUR Insérer à gauche OU Insérer à droite

il y a autant de colonnes d'insérées que de sélectionnées

Dans le tableau de la page "les différentes fonctions" de "exercice long document"
Insérer une colonne après la 2ème colonne du tableau

g) LA SUPPRESSION DES COLONNES

La suppression de colonnes obéit aux mêmes principes que l'insertion.

Mise en page — **MISE EN PAGE**

GROUPE LIGNES ET COLONNES

SÉLECTIONNER LA OU LES LIGNES

Supprimer

<CLIC G> SUR 

Supprimer les colonnes

BOUTON DROIT

SÉLECTIONNER LA OU LES COLONNES

<CLIC D> Supprimer les colonnes

les colonnes sélectionnées sont supprimées

Dans le tableau de la page "les différentes fonctions" de "exercice long document"
Supprimer la colonne insérée

h) LA LARGEUR DES COLONNES

La largeur des colonnes peut être modifiée et adaptée aux données.

Mise en page — **MISE EN PAGE**

GROUPE "TAILLE DE CELLULE" (5ème bloc)

SÉLECTIONNER LA OU LES COLONNES

<CLIC G> SUR ▲ OU ▼ DE

Largeur : 8,87 cm

BOUTON DROIT

POINTEUR SUR LE CÔTÉ DROIT DE LA COLONNE
ÉTIRER LA COLONNE VERS LA GAUCHE OU LA DROITE POUR ADAPTER SA LARGEUR

Uniformiser les colonnes permet d'attribuer la même la largeur aux colonnes ; un <DOUBLE CLIC> sur le bord droit de la colonne adapte sa largeur aux données

Dans le tableau de la page "les différentes fonctions" de "exercice long document"
Augmenter la largeur de la colonne de titre
Adapter la largeur des autres colonnes aux données puis l'uniformiser

i) **L'INSERTION DE CELLULES**

L'insertion de cellules est possible mais elle désorganise un tableau carré.

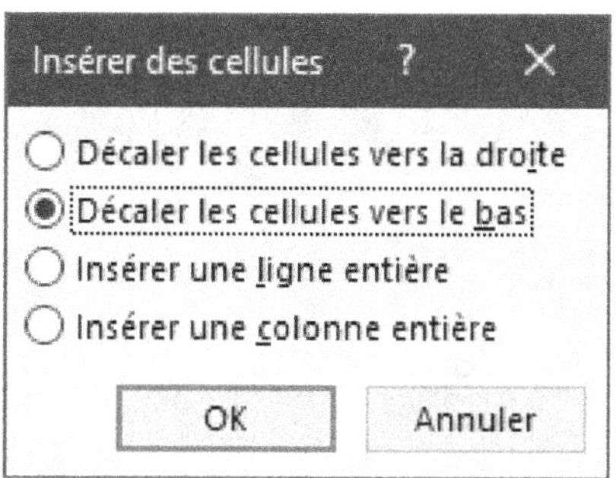

Dans le tableau de la page "les différentes fonctions" de "exercice long document"
Insérer 2 cellules en décalent les données vers bas

j) LA SUPPRESSION DE CELLULES

La suppression de colonnes obéit aux mêmes principes que l'insertion.

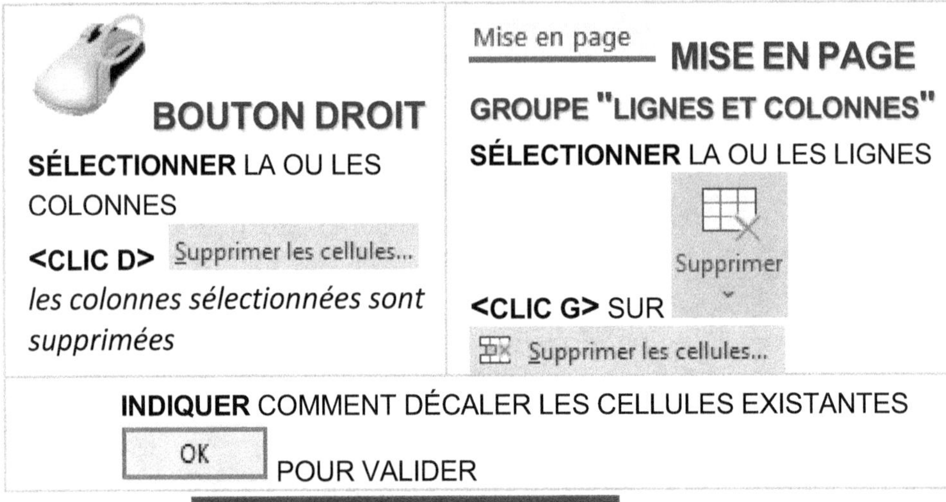

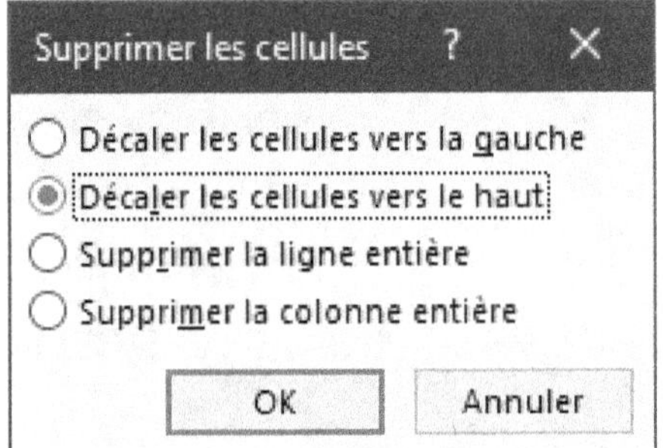

Dans le tableau de la page "les différentes fonctions" de "exercice long document"
Supprimer les cellules insérées pour rendre au tableau sa structure d'origine

k) LA FUSION DES CELLULES

C'est une fonction très pratique.

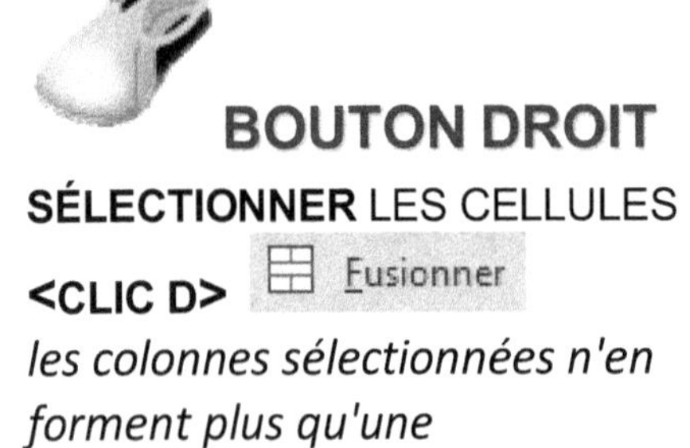

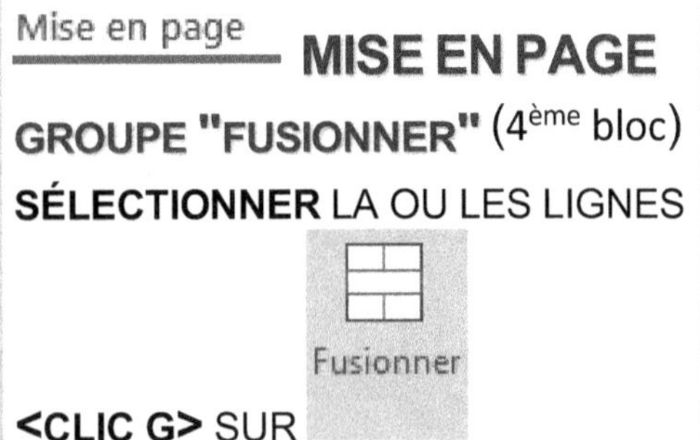

 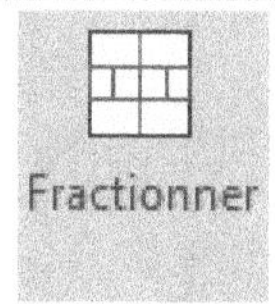

permet de recréer les cellules

Dans le tableau de la page "les différentes fonctions" de "exercice long document"
Fusionner les cellules de la dernière ligne puis les recréer

8. DISPOSITION DU TABLEAU

Le tableau peut être redimensionné et déplacé dans le document.

a) SÉLECTION

Avant de pouvoir modifier ses caractéristiques, il faut d'abord le sélectionner.

BOUTON GAUCHE

<CLIC G> SUR ⊞ EN HAUT À GAUCHE DU TABLEAU
Pour ne plus sélectionner le tableau, il suffit de cliquer en dehors

Toute sélection dans le tableau affiche une barre d'outils contextuelle

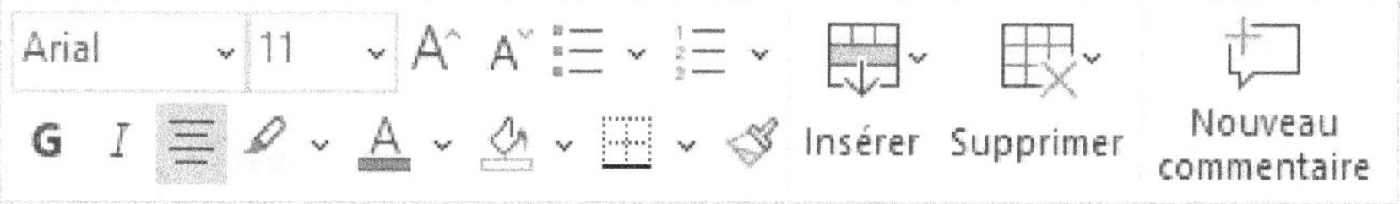

b) LA DIMENSION

La largeur du tableau peut être augmentée où diminuée.

BOUTON GAUCHE

POINTEUR SUR UNE DES SÉPARATIONS DE COLONNE
<MAJ> ENFONCÉ <FAIRE GLISSER> POUR MODIFIER LA LARGEUR
(tout en modifiant la largeur de la colonne concernée)

La modification de la hauteur des lignes modifie automatiquement la hauteur du tableau

c) <u>LA POSITION</u>

Le tableau peut être positionné n'importe où dans le document.

BOUTON GAUCHE

<FAIRE GLISSER> ⊞ EN HAUT À GAUCHE DU TABLEAU VERS LA NOUVELLE POSITION

d) <u>LE FRACTIONNEMENT</u>

Il permet de séparer en deux un tableau.

Mise en page **"MISE EN PAGE"**

GROUPE "FUSIONNER" (4ème bloc)

SÉLECTIONNER LA LIGNE DE SÉPARATION

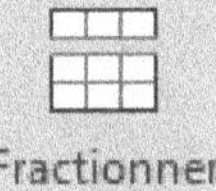

<CLIC G> SUR Fractionner le tableau

Dans le tableau de la page "les différentes fonctions" de "exercice long document"
Augmenter la largeur du tableau et rééquilibrer la largeur des colonnes
Déplacer le tableau dans le texte puis le remettre à sa position d'origine
Le scinder en deux puis annuler

9. <u>EXERCICE</u>

À partir du tableau en cours, créer un tableau comme ci-après

	COULEUR	FORME
Direction	1	
Financière	2	
Personnel	3	
Exploitation	4	
Commercial	5	

I. LE GRAPHIQUE

Les graphiques complètent utilement les tableaux. Ils permettent de matérialiser les données en les présentant d'une manière concise et claire. Ils sont automatiquement mis à jour en fonction de l'évolution des données.

1. LA CRÉATION DU GRAPHIQUE

Il est créé sur à la position du point d'insertion et est lié au texte.

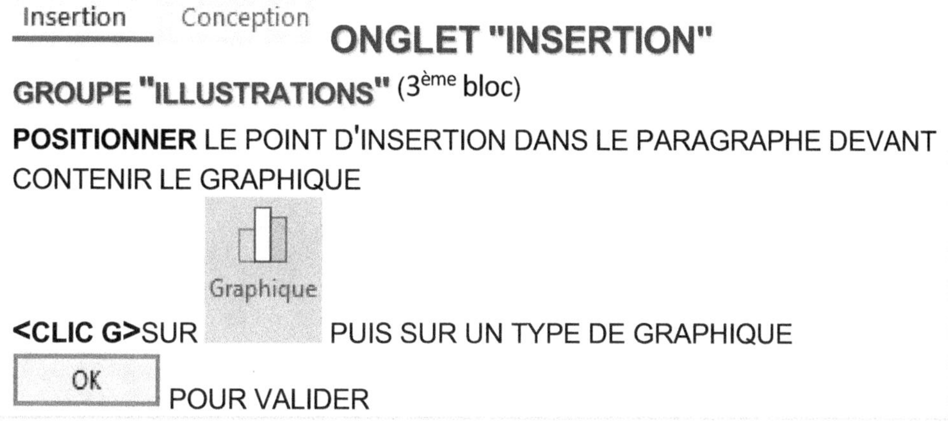

2. LE TYPE DE GRAPHIQUE

Les graphiques se divisent en 2 catégories :

* Les graphiques en 2 dimensions - les données sont représentées par rapport à 2 axes, un axe horizontal et un axe vertical
* Les graphiques en 3 dimensions - les données sont représentées par rapport à 3 axes, un axe horizontal, un axe vertical et un axe de profondeur

Création de graphique

ONGLET "CRÉATION"

GROUPE "TYPE" (dernier bloc)

GRAPHIQUE SÉLECTIONNÉ

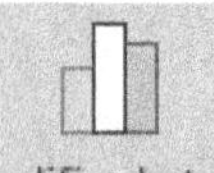
Modifier le type de graphique

<CLIC G> SUR

SÉLECTIONNER LE TYPE DE GRAPHIQUE

OK POUR VALIDER

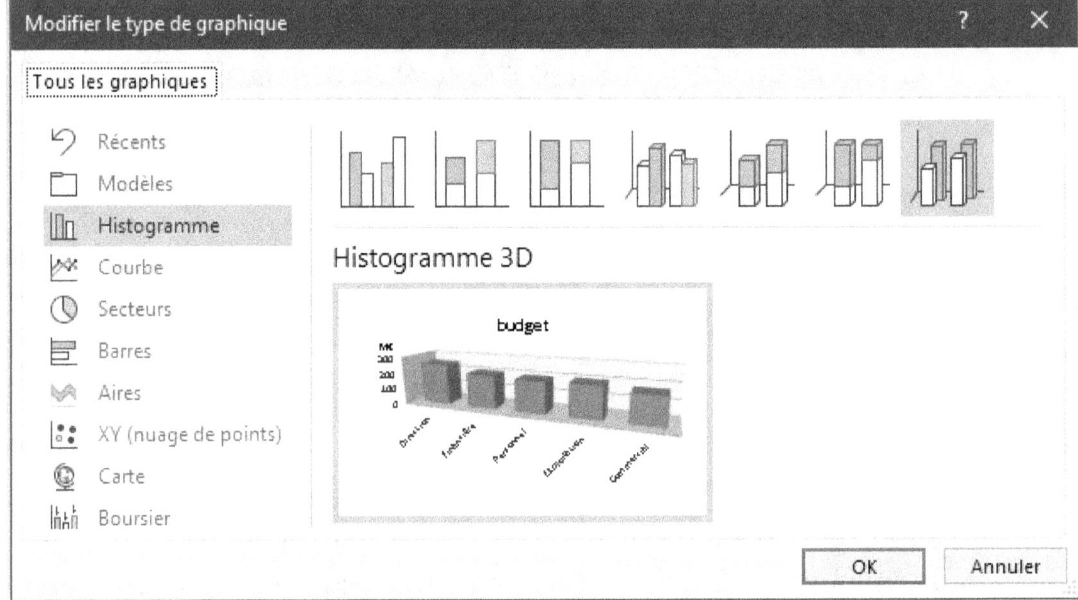

Certains graphiques ne sont pas des vrais graphiques en 3 dimensions ;
ils sont représentés sur 2 axes mais leurs marques (la forme de
représentation utilisée) sont en 3 dimensions

À noter de nouveaux types de graphiques

 Compartimentage    Cascade

 Rayons de soleil    Entonnoir

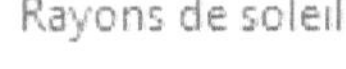 Histogramme    Graphique combiné

 Boîte à moustaches

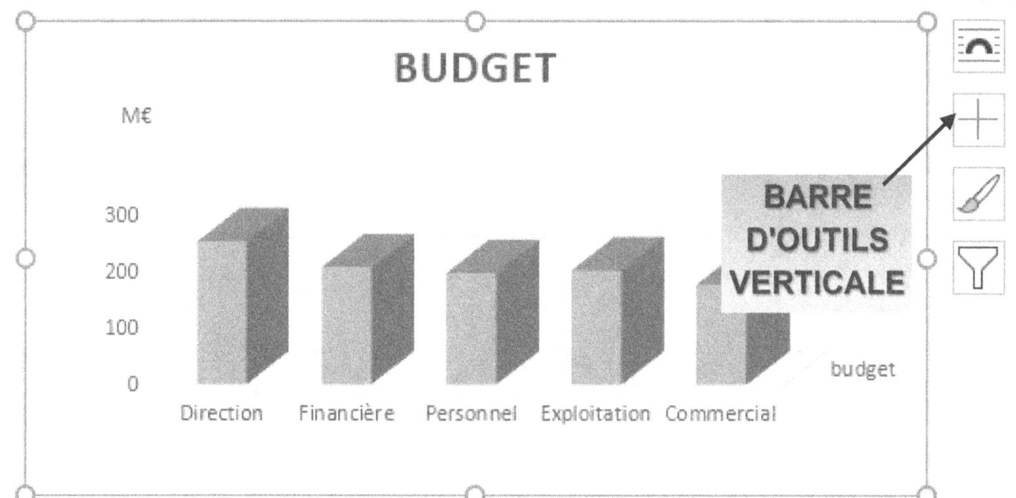

La barre d'outils verticale permet d'agir efficacement sur le graphique.

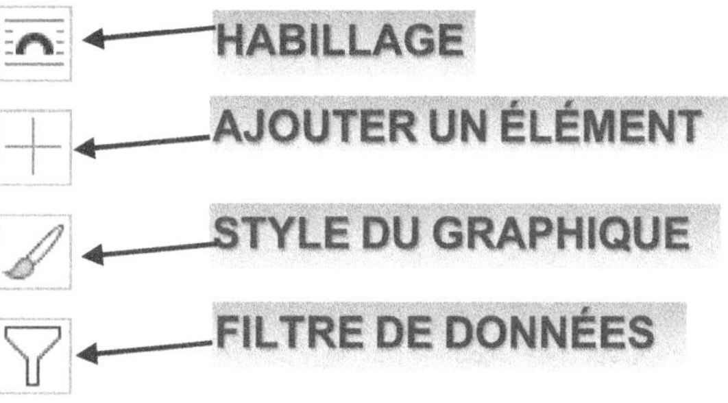

3. LA SAISIE DES DONNÉES

Une feuille de travail Excel est affichée pour modifier les données du graphique.

Création de graphique — **ONGLET "CRÉATION"**

GROUPE "DONNÉES" (3ème bloc)

GRAPHIQUE SÉLECTIONNÉ

Modifier les données ˅

<CLIC G> SUR

le tableau correspondant s'affiche

MODIFIER LES DONNÉES

<CLIC G> SUR ✕ POUR FERMER LE TABLEAU

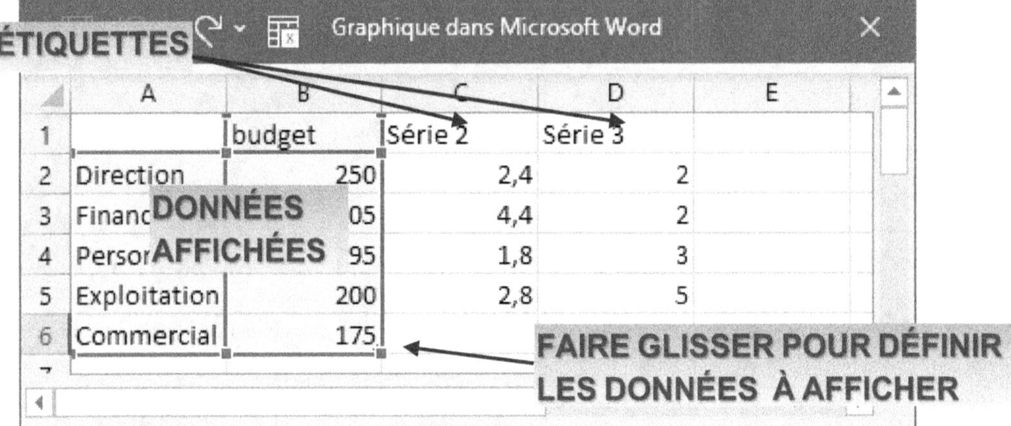

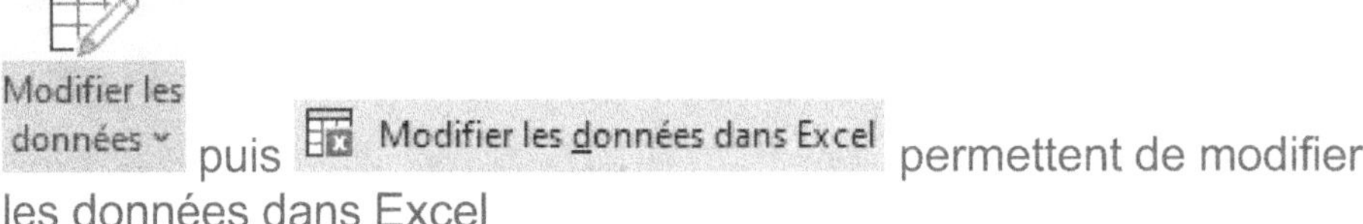

Modifier les données puis Modifier les données dans Excel permettent de modifier les données dans Excel

Sélectionner des données permet de gérer plus finement ces dernières

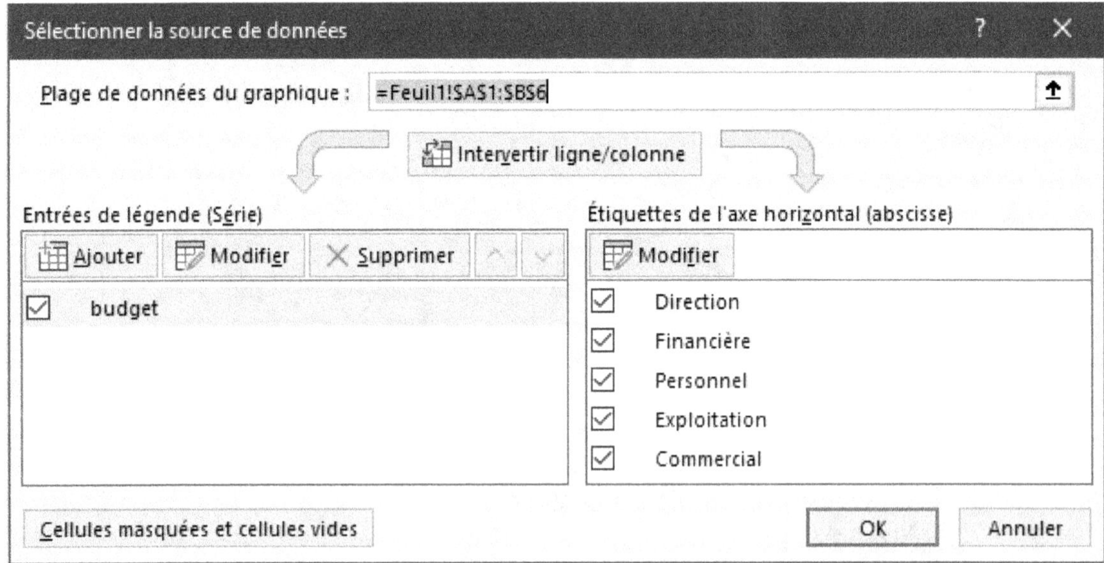

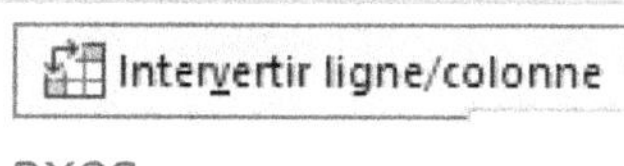 intervertit le rapport des données aux axes

Dans le document "exercice long document" page "les différentes fonctions"
Insérer un graphique histogramme et saisir les données suivantes à la place de celles existantes

	A	B
1		budget
2	Direction	250
3	Financière	205
4	Personnel	195
5	Exploitation	200
6	Commercial	175

Définir la zone affichée puis fermer le document de travail

4. LA PRÉSENTATION DU GRAPHIQUE

Les possibilités de présentation sont vastes.

a) LES STYLES DU GRAPHIQUE

Tout un choix de styles de graphique est proposé avec un ensemble de caractéristiques de mise en forme homogènes et esthétiques.

Création de graphique **CRÉATION**

GROUPE STYLES DE GRAPHIQUE
(2ème bloc)
GRAPHIQUE SÉLECTIONNÉ
<CLIC G> SUR UN STYLE PROPOSÉ
utiliser ⊽ pour un plus grand choix

BARRE VERTICALE

<CLIC G> SUR 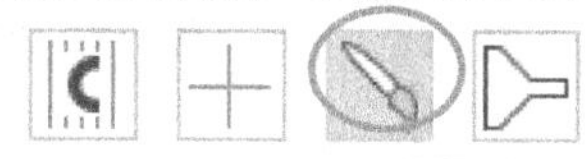
<CLIC G> SUR UN STYLE PROPOSÉ

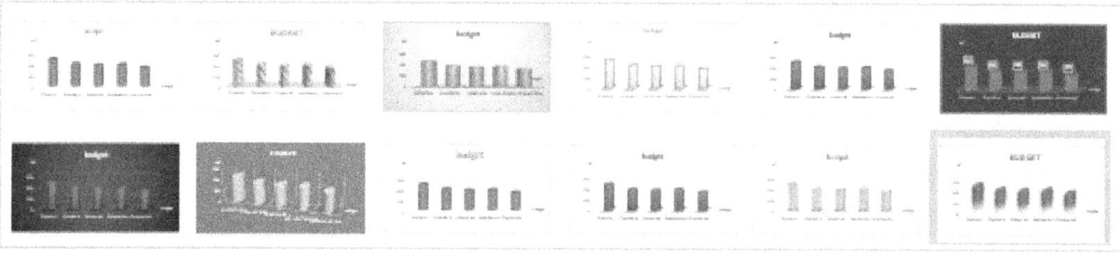

Dans le document "exercice long document" page "les différentes fonctions"
Modifier le style du graphique

b) <u>MARQUES DU GRAPHIQUE</u>

Les formes symbolisant les données sont appelées "marques" (cônes, pyramides, rectangles...). Il faut d'abord les sélectionner

BOUTON GAUCHE

UN PREMIER **<CLIC G>** DANS LE GRAPHIQUE LE SÉLECTIONNE

BUDGET

UN SECOND **<CLIC G>** SUR UNE MARQUE SÉLECTIONNE TOUTES LES MARQUES

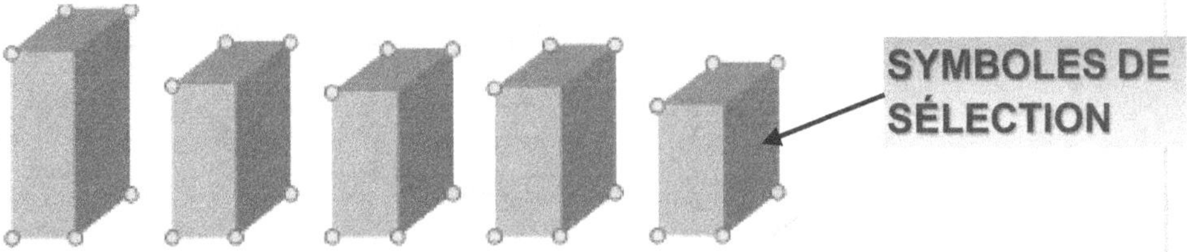

SYMBOLES DE SÉLECTION

UN TROISIÈME **<CLIC G>** SUR UNE MARQUE SÉLECTIONNE <u>LA</u> MARQUE

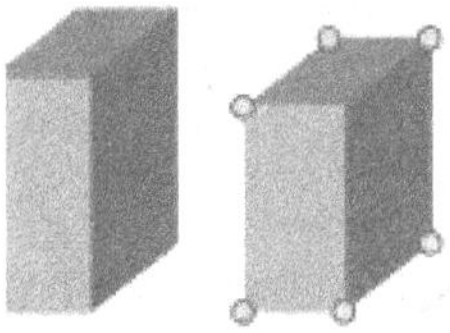

LA MISE EN FORME S'APPLIQUE À LA SÉLECTION

Elles peuvent être mise en forme avec le ruban.

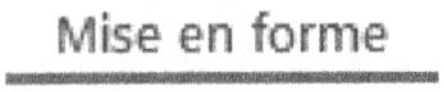

Mise en forme **MISE EN FORME**

GROUPE "STYLES DE MISE EN FORME" (3ème bloc)

<CLIC G> SUR UNE SÉRIE DE DONNÉES
<CLIC G> SUR UN OUTIL

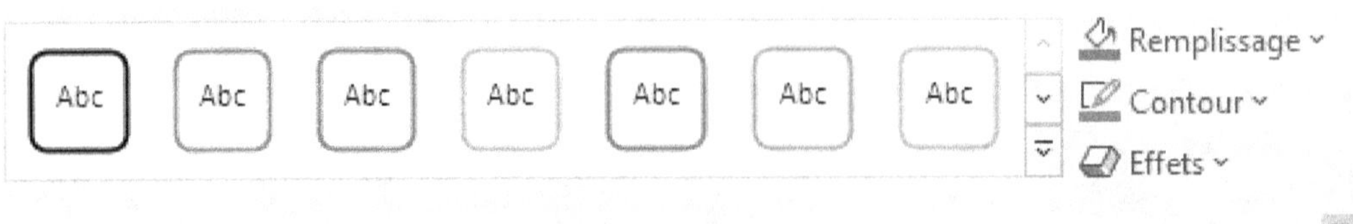

Ou avec le volet droit.

BOUTON GAUCHE

<DOUBLE CLIC> SUR UNE MARQUE

BOUTON DROIT

<CLIC D> SUR UNE SÉRIE DE DONNÉES

Mettre en forme une série de données..

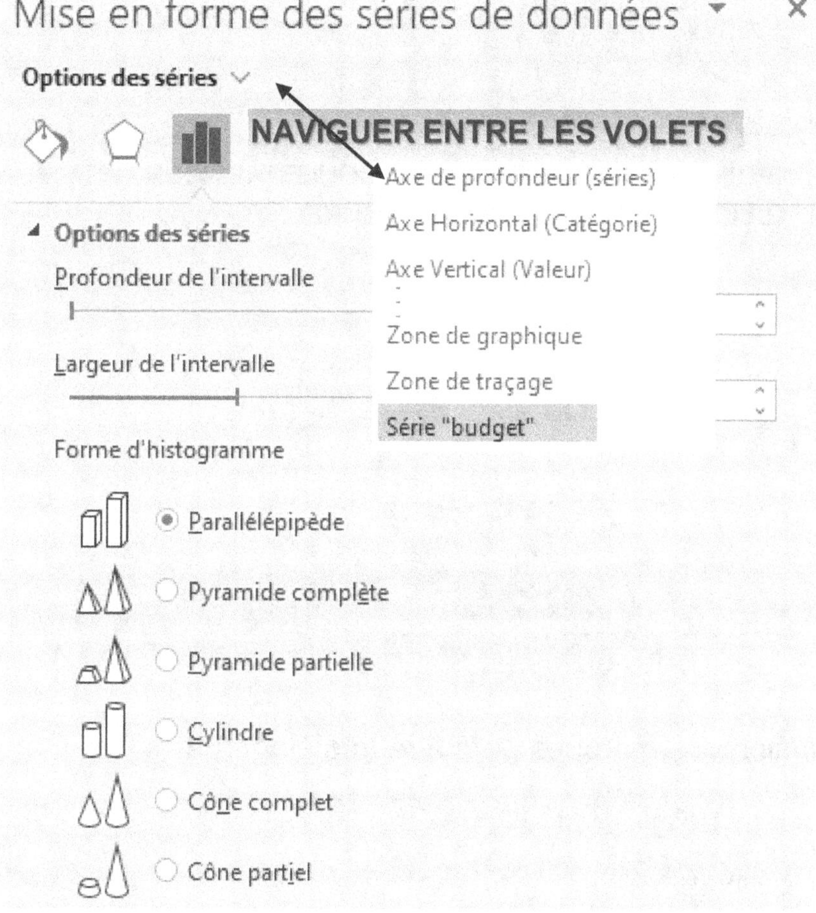

Dans le document "exercice long document" page "les différentes fonctions"
Modifier les marques du graphique

c) <u>COULEURS DU GRAPHIQUE</u>

Excel dispose de tout un choix de jeux de couleurs de graphique (comme pour le tableau).

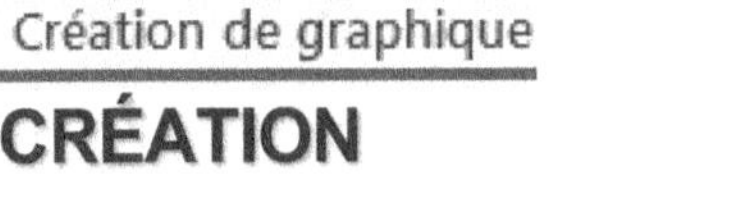

Création de graphique

CRÉATION

GROUPE STYLES DE GRAPHIQUE

GRAPHIQUE SÉLECTIONNÉ

Modifier les couleurs ˅

<CLIC G> SUR

BARRE VERTICALE

<CLIC G> SUR 🖌

<CLIC G> SUR Couleur

<POINTER > SUR LES JEUX DE COULEURS POUR LES VISUALISER
<CLIC G> SUR LE JEU SÉLECTIONNÉ

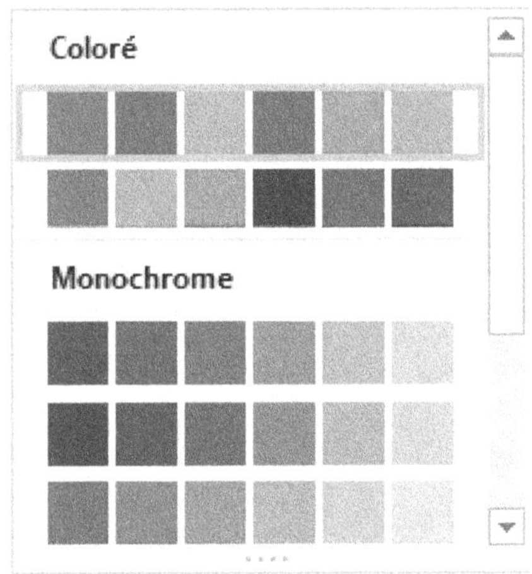

La présentation des marques peut être très élaborée.

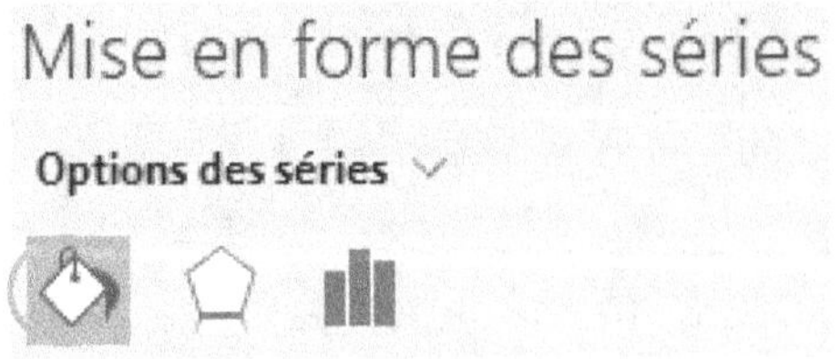

Mise en forme des séries

Options des séries ˅

VOLET DROIT

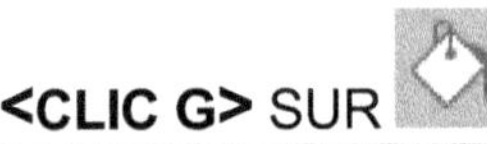

<CLIC G> SUR

Le remplissage dégradé permet notamment d'obtenir des effets esthétiques en créant des points de dégradés et en assignant une couleur à chacun de ces différents points. Il est disponible pour tous les objets

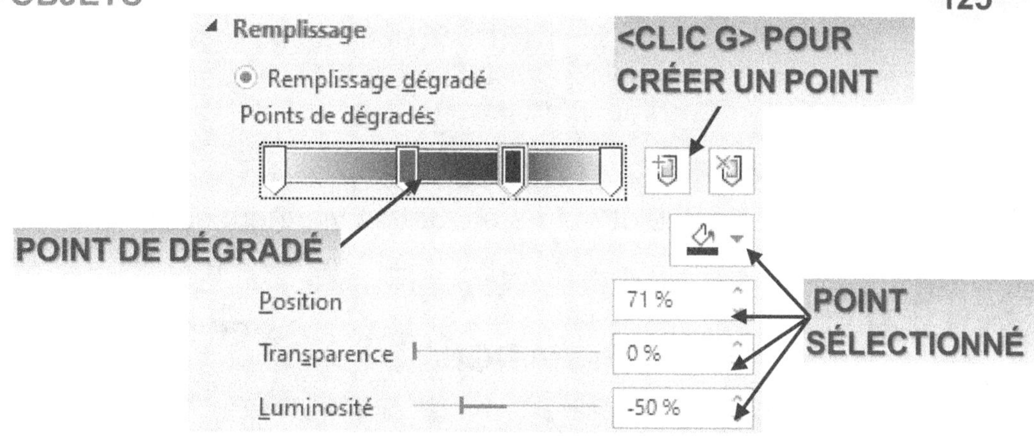

Dans le document "exercice long document" page "les différentes fonctions"

Présenter les marques du graphique avec un dégradé sur le modèle ci-avant

d) DISPOSITION DES ELEMENTS DU GRAPHIQUE

La disposition propose des combina2isons d'éléments du graphique et de positionnement de ces éléments dans le graphique (*la légende à tel endroit, le titre à tel endroit, les titres des axes dans tel sens, des étiquettes de données à tel endroit…*).

Création de graphique   **CRÉATION**

GROUPE "DISPOSITIONS GRAPHIQUE" (1er bloc)

GRAPHIQUE SÉLECTIONNÉ

Disposition rapide ⌄

<CLIC G>SUR

<CLIC G>SUR UNE DISPOSITION PROPOSÉE
utiliser éventuellement l'ascenseur pour afficher un plus grand choix

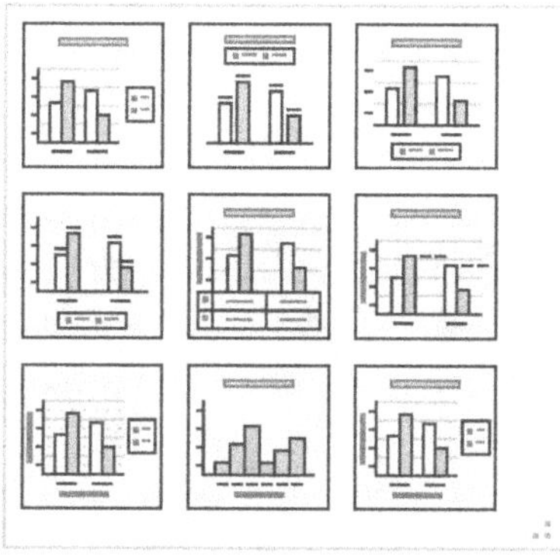

Dans le document "exercice long document" page "les différentes fonctions"
Tester les dispositions proposées

e) L'ENRICHISSEMENT DU GRAPHIQUE

Des légendes, titres d'axe et autres étiquettes viennent compléter le graphique.

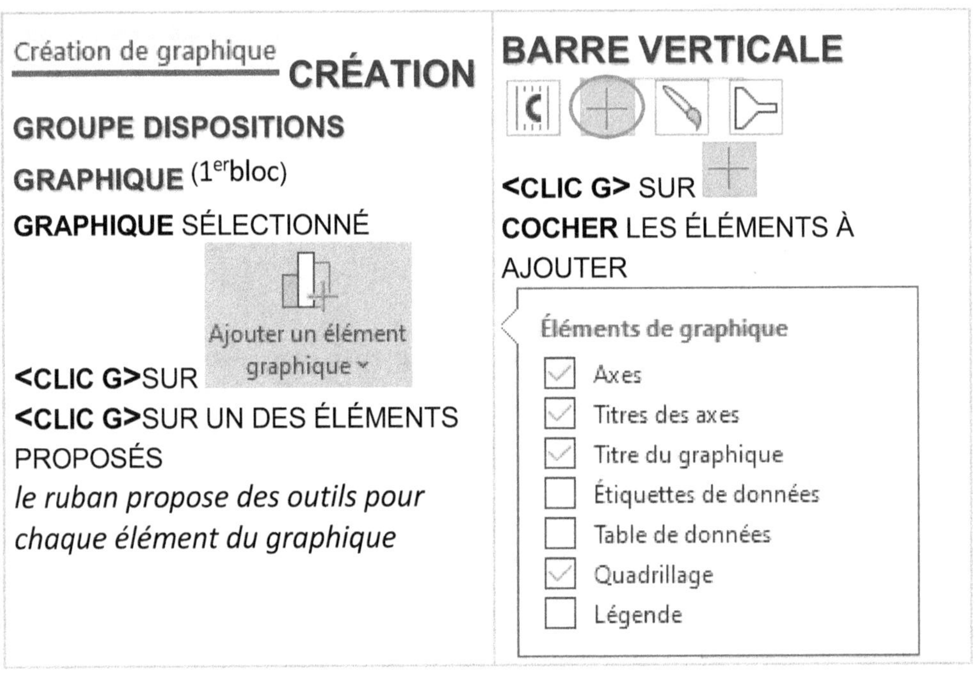

Dans le document "exercice long document" page "les différentes fonctions"
Ajouter comme titre de graphique "budget"
Ajouter comme titre de l'axe vertical "en M€"
Réduire la taille de police et présenter comme ci-dessous

Graphique sélectionné, dans l'onglet "disposition", je clique sur

Ajouter un élément graphique ˅

je clique sur [ ] _Titre du graphique > puis sur

[ ] _Au-dessus du graphique

Je saisi le titre "Budget"
le texte s'affiche au fur et à mesure dans la zone de titre

je clique sur [ ] _Titres des axes > puis sur [ ] _Vertical principal
Je saisi le titre de l'axe "M€"
le texte s'affiche au fur et à mesure dans la zone parallèle à l'axe

5. LA DISPOSITION DU GRAPHIQUE

Le graphique peut être redimensionné et déplacé au sein du document.

a) SÉLECTION

Avant de modifier ses caractéristiques, il faut d'abord le sélectionner.

BOUTON GAUCHE

<CLIC G> À L'INTÉRIEUR DU GRAPHIQUE
comme le tableau, le graphique est entouré de poignées

Pour ne plus sélectionner le graphique, il suffit de cliquer en dehors

Bien faire attention à sélectionner le graphique et non une zone du graphique pour modifier sa disposition ; le nom de la sélection s'affiche dans le premier bloc de l'onglet "mise en forme"

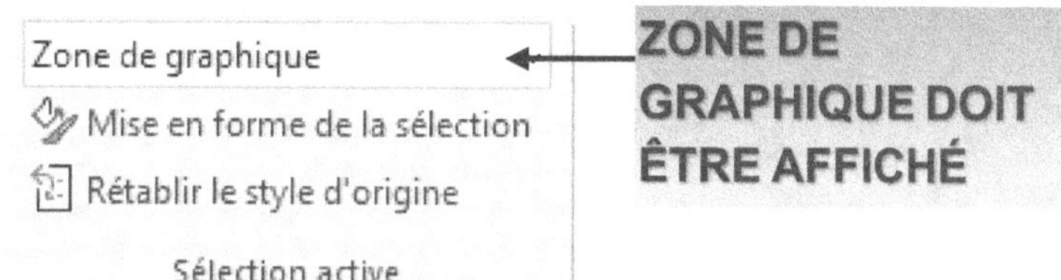

b) <u>LA DIMENSION</u>

La taille du graphique peut être augmentée où diminuée.

c) <u>LA POSITION</u>

Le graphique peut être positionné dans n'importe quel paragraphe du document . L'alignement et l'espace avant et après le paragraphe modifieront la position du paragraphe et du graphique contenu. Il peut aussi être libéré de toute contrainte et libre dans la page .

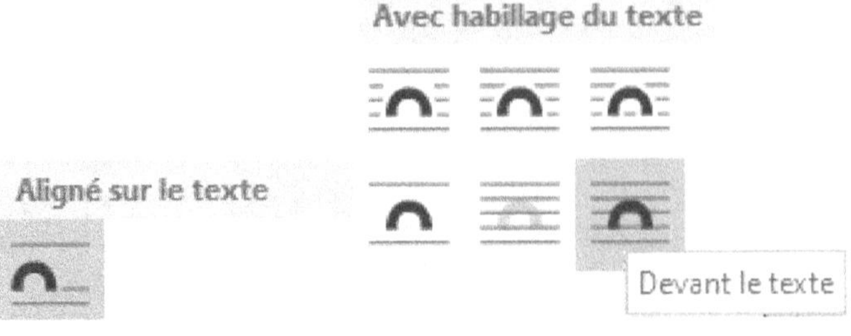

6. EXERCICE

Dans le document "exercice long document" page "les différentes fonctions"
Présenter la page comme ci-après

IV. LES DIFFÉRENTES FONCTIONS

Direction
La direction prend les décisions stratégiques
Financière
Le service financier[3] effectue toutes les opérations de comptabilisation ainsi que la gestion prévisionnelle des comptes
Personnel
Le service du personnel gère la totalité du personnel des exploitations et établit la paie de la totalité des salariés.
Exploitation
Le service exploitation vient en renfort des chefs d'agence, assure la liaison entre les agences et l'homogénéité des procédures d'exploitation.
Commercial
Le service client centralise au siège les relations commerciales avec les gros clients ainsi que l'ensemble des relations commerciales internationales.

	COULEUR	FORME
Direction	1	
Financière	2	
Personnel	3	
Exploitation	4	
Commercial	5	

Figure 4

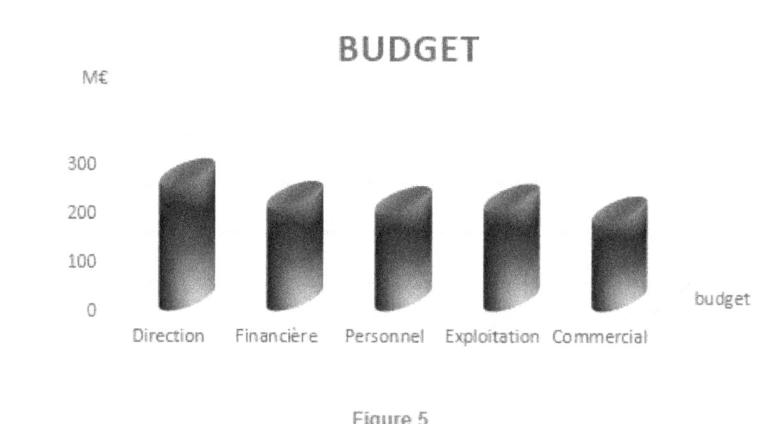

Figure 5

J. L'OBJET SMARTART

L'objet SmartArt peut revêtir plusieurs formes différentes en fonction des besoins.

1. INSERTION DE L'OBJET

La plupart des objets "SmartArt" obéissent aux règles ci-dessous.

Insertion   Conception   **ONGLET "INSERTION"**

GROUPE "ILLUSTRATIONS" (3ÈME BLOC)

POSITIONNER LE POINT D'INSERTION DANS LE TEXTE

<CLIC G>SUR

CHOISIR DANS LE VOLET DE GAUCHE LE TYPE D'OBJET

<CLIC G> SUR UN TYPE DE SMARTART DANS LE VOLET DU MILIEU
la représentation s'affiche dans le volet droit

OK POUR VALIDER

l'objet "SmartArt" s'affiche dans le texte – modifier son habillage pour le rendre indépendant

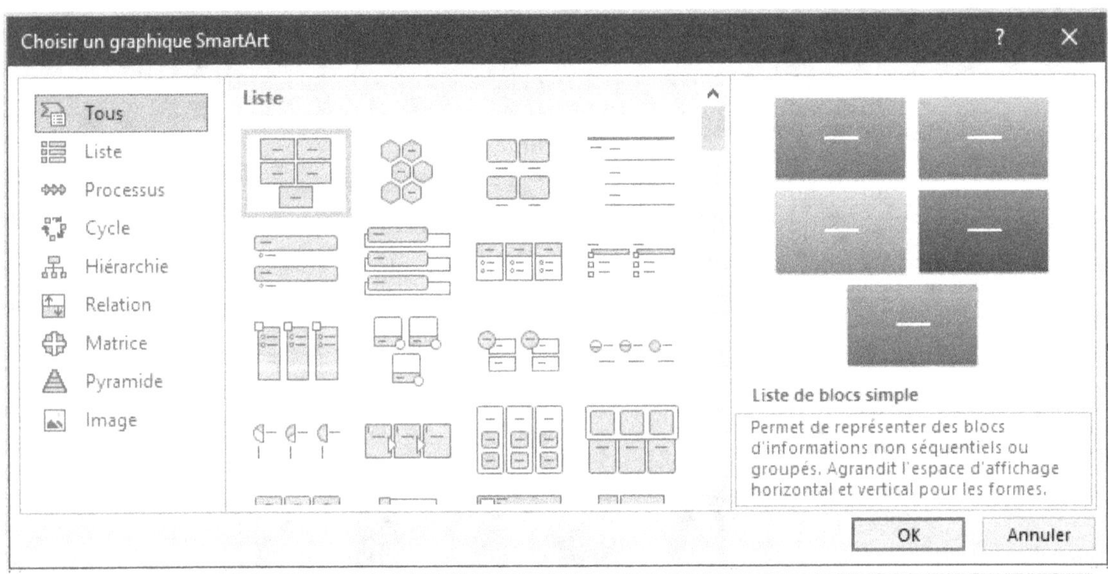

Le SmartArt affiché, il reste à saisir les données et les images.

ET

SAISIR LE TEXTE DANS LES ZONES PRÉVUES
INSÉRER LES IMAGES EN CLIQUANT SUR LA ZONE IMAGE
MODIFIER ÉVENTUELLEMENT LES CARACTÉRISTIQUES DU SMARTART
AVEC LA BARRE D'OUTILS
<CLIC G> EN DEHORS POUR VALIDER

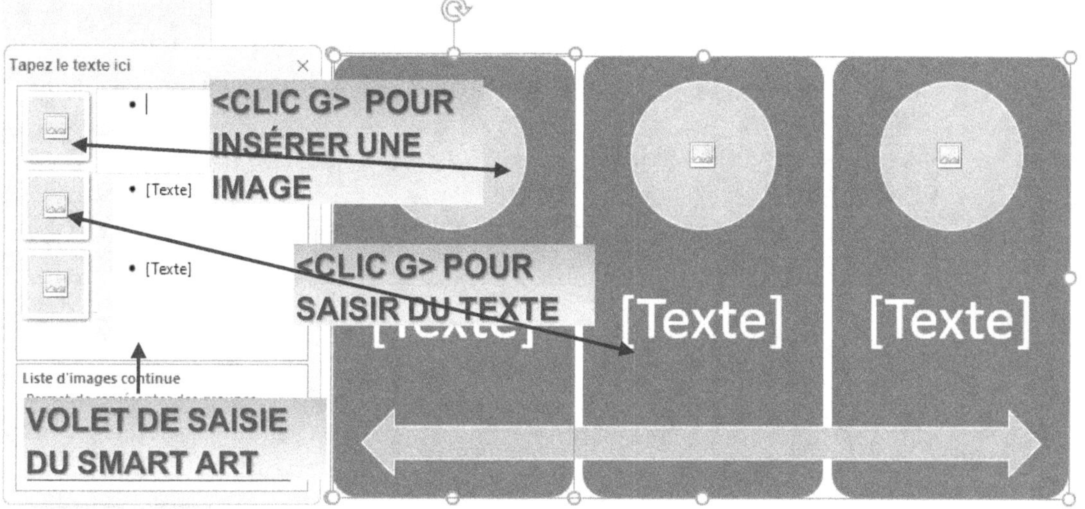

Dans le document "exercice long document" page "Comment définir une structure"
insérer un objet Smart Art comme ci-dessus au milieu de la
page (liste d'images continues) et renseigner le texte
et insérer les images (direction, financier et personnel du dossier
EXOSWRDLD des exercices)

2. ORGANIGRAMME

L'organigramme hiérarchique est un Smart Art particulier permettant de présenter des informations de manière structurée et plus lisible.

Insertion   Conception   **ONGLET "INSERTION"**

GROUPE "ILLUSTRATIONS" (3ᵉᵐᴱ BLOC)

<CLIC G>SUR SmartArt

CHOISIR DANS LE VOLET DE GAUCHE Hiérarchie

<CLIC G>SUR LE TYPE D'ORGANIGRAMME DANS LE VOLET DU MILIEU

OK POUR VALIDER

RENSEIGNER L'ORGANIGRAMME

EN SAISISSANT DIRECTEMENT DANS L'ORGANIGRAMME OU DANS LA LISTE À GAUVHE

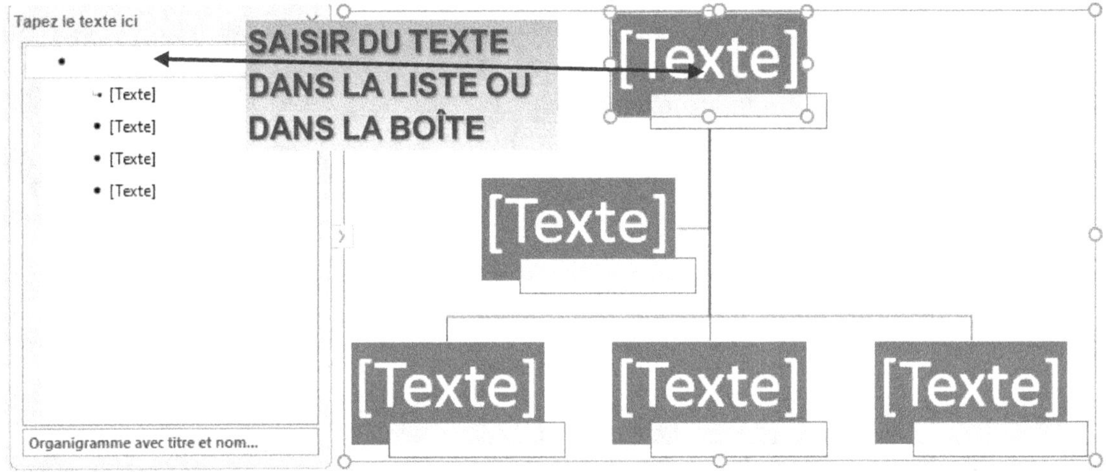

<CLIC G>dans l'organigramme affiche le volet de saisie

Dans le document "exercice long document" page "Comment définir une structure"
insérer un objet Smart Art comme ci-dessus dans la partie inférieure de la page puis Renseigner le texte

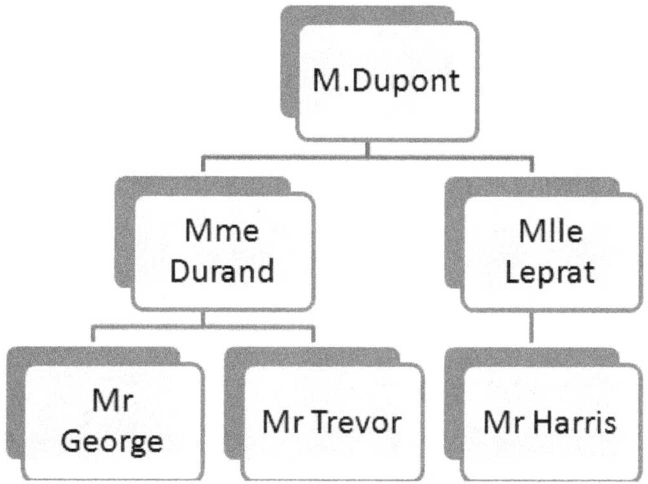

Il est possible d'insérer une personne supplémentaire dans l'organigramme.

Création de graphique SmartArt

CRÉATION

GROUPE CRÉER UN GRAPHIQUE (1ER BLOC)

SÉLECTIONNER UNE FORME

<CLIC G>SUR ⏷ DE

Ajouter une forme ⏷

SÉLECTIONNER LA POSITION DE LA FORME
une nouvelle forme est insérée
SAISIR LES INFORMATIONS

BOUTON DROIT

<CLIC D>SUR UNE FORME DE L'ORGANIGRAMME

Ajouter une forme

SÉLECTIONNER L'EMPLACEMENT DE LA FORME
une nouvelle forme s'insère à l'emplacement choisi
SAISIR LES INFORMATIONS SUR LA PERSONNE

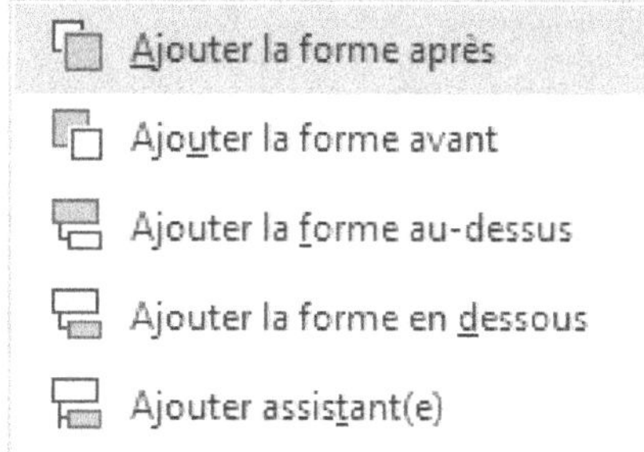

Il est aussi possible de déplacer une forme existante en la faisant glisser avec la souris

3. PRÉSENTATION DU SMART ART

Tout un choix de styles est proposé pour mettre en forme le smart art.

a) STYLE

Tout un choix de styles est proposé avec un ensemble de caractéristiques de mise en forme homogènes et esthétiques.

Création de graphique SmartArt

CRÉATION

GROUPE "STYLES SMARTART"

(3ÈME BLOC)

SMARTART SÉLECTIONNÉ

<CLIC G> SUR UN STYLE
utiliser éventuellement l'ascenseur pour afficher un plus grand choix

ORGANIGRAMME (hors formes) SÉLECTIONNÉ

<CLIC G> SUR

<CLIC G> SUR UN STYLE

Meilleure correspondance pour le document

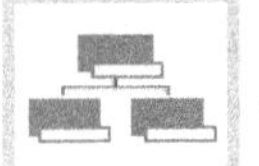 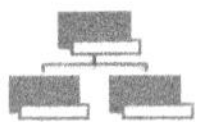 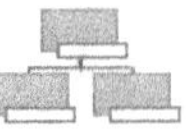 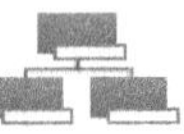 

3D

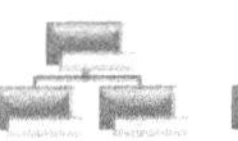  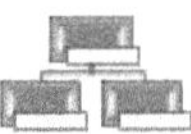 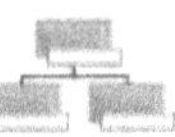     

Le style de forme va concerner la forme sélectionnée, le cadre et l'arrière-plan

b) <u>COULEUR</u>

La couleur est là aussi un élément graphique important.

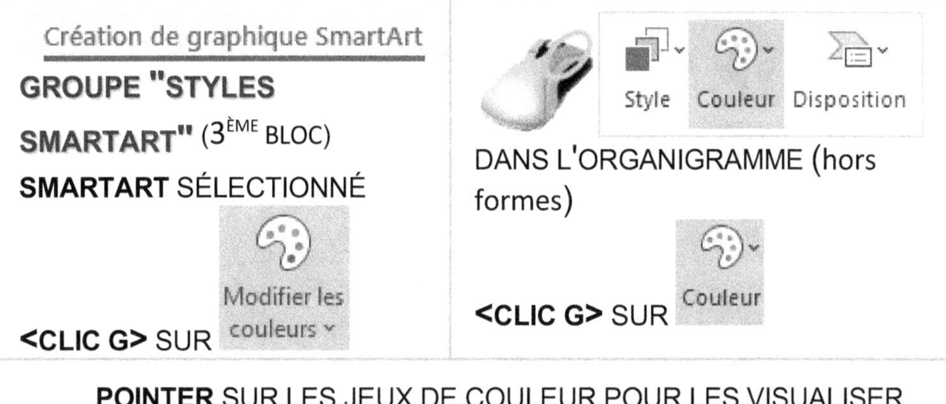

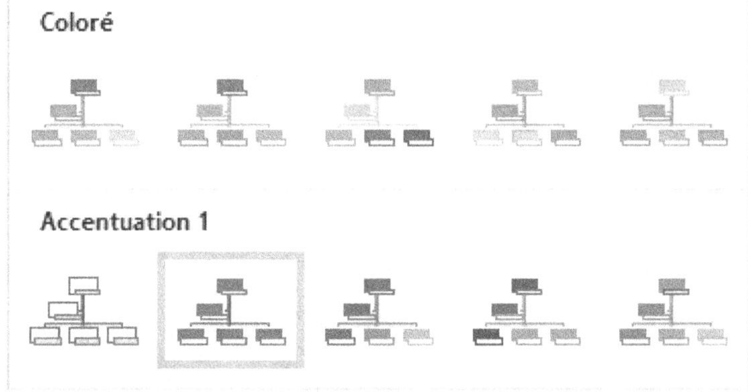

c) <u>MISE EN FORME</u>

La mise en forme va concerner les formes mêmes.

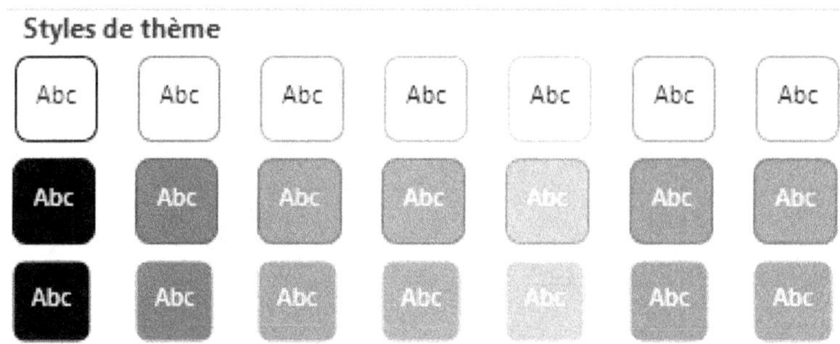

information

 Modifier la forme ˅ proposé dans le ruban "MISE EN FORME" et dans le menu contextuel permet de modifier la forme actuelle d'un élément du SmartArt en une des nombreuses "formes" de l'onglet

"insertion". Modifier en 2D enlève la perspective et affiche une forme plate

exercice

Dans le document "exercice long document" page "Comment définir une structure"
Modifier le style et les styles de forme des 2 Smart Arts insérés pour obtenir un résultat proche de celui-ci-après

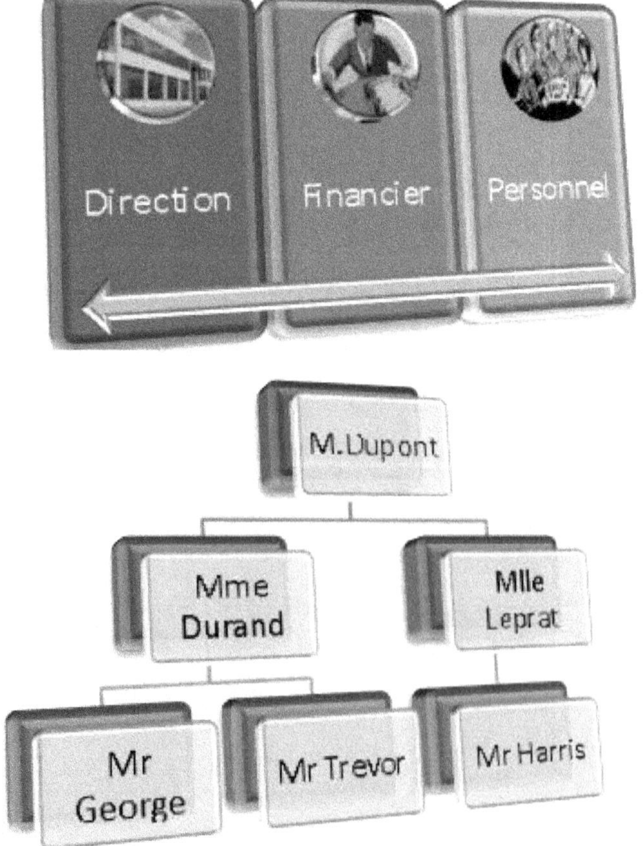

d) <u>DISPOSITION</u>

La disposition permet de retrouver les choix proposés à la création du SmartArt.

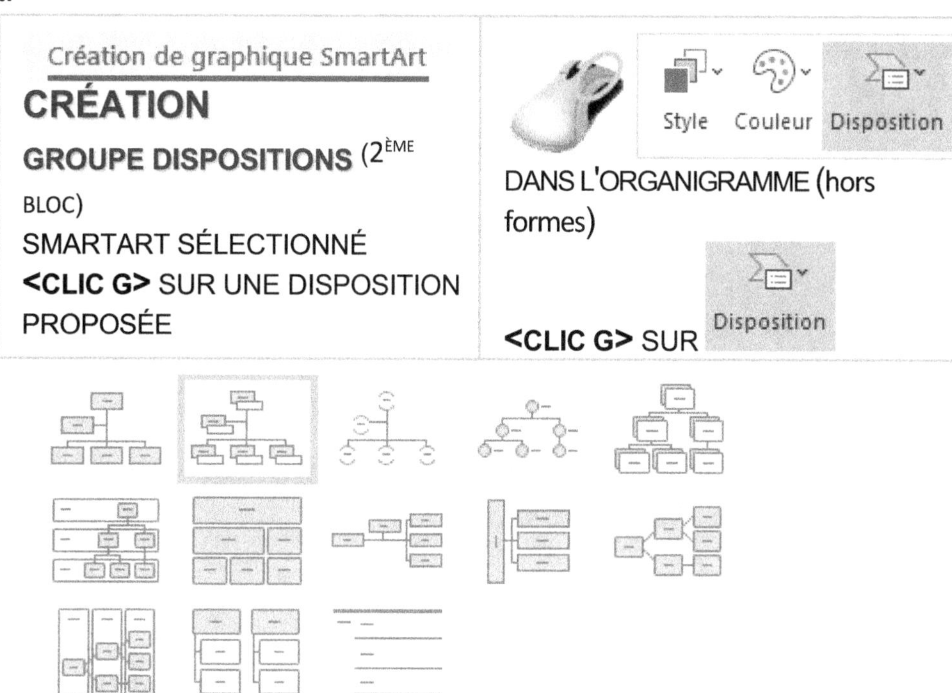

4.   <u>DISPOSITION DU SMARTART</u>

Le SmartArt peut être déplacé et redimensionné.

a) <u>SÉLECTION</u>

Avant de pouvoir modifier ses caractéristiques, il faut le sélectionner.

b) <u>DIMENSION</u>

La taille du SmartArt peut être adaptée en l'augmentant ou la diminuant.

BOUTON GAUCHE

<CLIC G> À L'INTÉRIEUR DU SMARTART
le SmartArt est entouré d'un cadre

POINTEUR SUR UNE DES POIGNÉES AU MILIEU D'UN CÔTÉ OU SUR UN ANGLE

ces zones sont facilement identifiables : ○ ...

si l'on pointe la souris sur une de ces zones, elle change de forme : ↕,

⟷, ⬦, ⬈

<FAIRE GLISSER> POUR MODIFIER LA TAILLE

c) <u>POSITION</u>

Le SmartArt peut aussi être positionné n'importe où dans le document.

Mise en forme ───── **MISE EN FORME**

GROUPE "ORGANISER" (4ème bloc)
SMARTART SÉLECTIONNÉ
<CLIC G> SUR ⬔ Habillage ⌄
<CLIC G> SUR UNE DES OPTIONS PROPOSÉES

CHOISIR ⬔ OU ⬓ Devant le texte
SMARTART SÉLECTIONNÉ
POINTEUR SUR LE CADRE ENTOURANT LE SMARTART
le pointeur change de forme : ⬌
<FAIRE GLISSER> POUR MODIFIER LA POSITION DU SMARTART

<table>
<tr><td>⌐▬ Aligné sur le texte</td><td></td></tr>
<tr><td>⌐▭ Encadré</td><td>⌐ Haut et bas</td></tr>
<tr><td>⌐▭ Adapté</td><td>▤ Derrière le texte</td></tr>
<tr><td>⌐▭ Au travers</td><td>▤ Devant le texte</td></tr>
</table>

Dans toutes les mises en forme, les sélections n'étant pas toujours faciles et les outils similaires, veillez à bien utiliser dans le volet droit les outils de **Options de texte** pour mettre en forme le texte de la forme et les outils **Options de forme** pour mettre en forme un des plans de la forme même

5. EXERCICE

Dans le document "exercice long document" page "Comment définir une structure", dimensionner et positionner objets et paragraphes comme ci-après

Figure 2

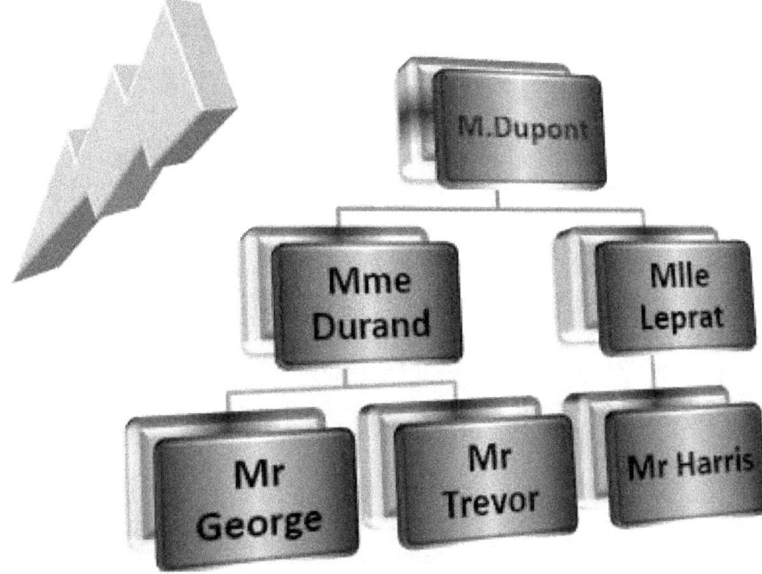

K.   LE LIEN HYPERTEXTE

Un lien hypertexte peut pointer vers une zone nommée du document, une page web ou une adresse de messagerie.

Insertion   Conception   **ONGLET "INSERTION"**

GROUPE "LIENS" (6ᵉᵐᵉ BLOC)

EFFECTUER LA SÉLECTION

<CLIC G> SUR Lien

DANS "ADRESSE", **SAISIR LE LIEN** (OU LE COLLER)

OK POUR VALIDER

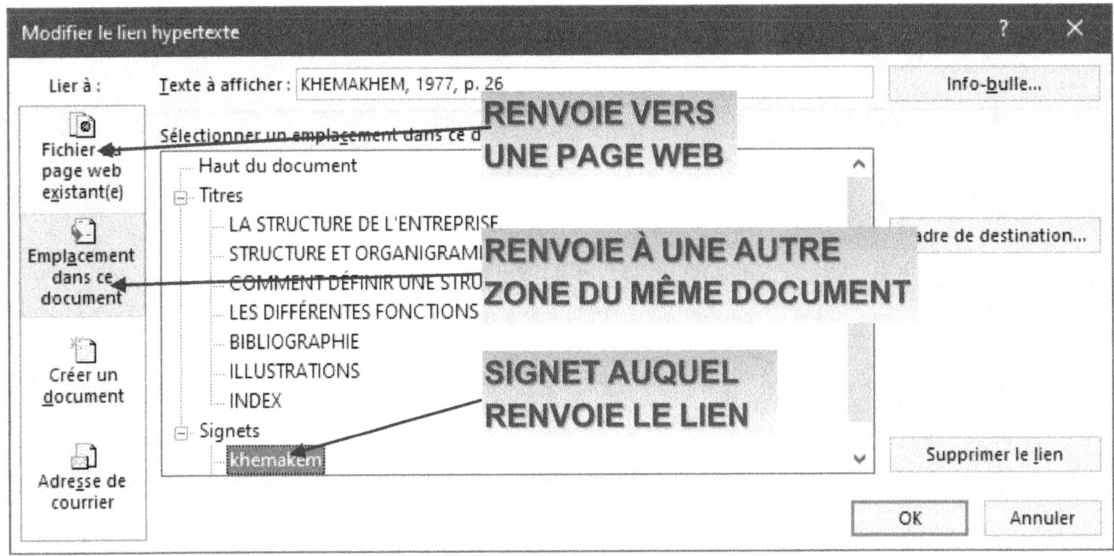

Dans le document "exercice long document" page "structure et organigramme"
Créer un signet sur la référence bibliographique appropriée par "bibliographie"
KHEMAKHEM, A. (1977). *LA DYNAMIQUE DU CONTROLE DE GESTIO*
Sélectionner la référence bibliographique du 1ᵉʳ paragraphe et Insérer un lien vers le signet de "bibliographie". Le tester
L'organigramme (KHEMAKHEM, 1977, p. 26) (KHEMAKHEM, 1977, p. 26) n'est

L. L'EDITEUR D'EQUATIONS

L'éditeur d'équations affiche des notions mathématiques. Il permet d'écrire toutes sortes d'équations en respectant les normes et usages.

Insertion   Conception   **ONGLET "INSERTION"**

GROUPE "SYMBOLES" (dernier bloc)

<CLIC G> AU POINT D'INSERTION DE L'ÉQUATION DANS LE TEXTE

<CLIC G> SUR DE π Équation POUR SÉLECTIONNER UNE ÉQUATION PRÉDÉFINIE

OU **<CLIC G>** SUR π Équation POUR L'ÉCRIRE

Tapez une équation ici.

le ruban "outils d'équation" s'affiche

UTILISER LES OUTILS POUR ÉCRIRE L'ÉQUATION

Développement de Taylor

$$e^x = 1 + \frac{x}{1!} + \frac{x^2}{2!} + \frac{x^3}{3!} + \cdots, \qquad -\infty < x < \alpha$$

Élévation d'une somme

$$(1 + x)^n = 1 + \frac{nx}{1!} + \frac{n(n-1)x^2}{2!} + \cdots$$

Formule du binôme

$$(x + a)^n = \sum_{k=0}^{n} \binom{n}{k} x^k a^{n-k}$$

Formule quadratique

$$x = \frac{-b \pm \sqrt{b^2 - 4ac}}{2a}$$

Identité trigonométrique 1

$$\sin\alpha \pm \sin\beta = 2\sin\frac{1}{2}(\alpha \pm \beta)\cos\frac{1}{2}(\alpha \mp \beta)$$

⊕ Autres équations sur Office.com

π Insérer une nouvelle équation

▨ Équation manuscrite

142

Il faut d'abord insérer la structure de l'équation.

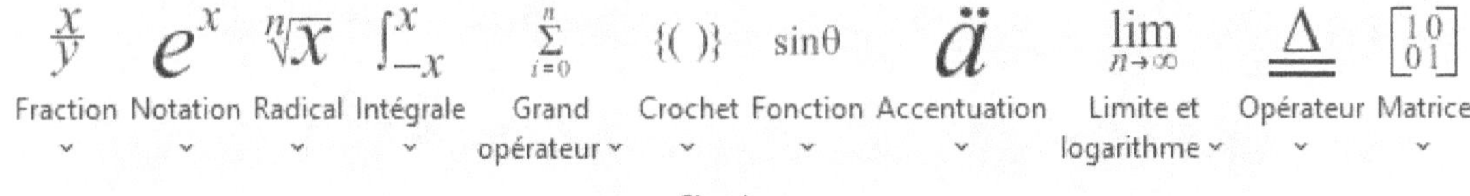

Équation — **ONGLET "EQUATION"**

GROUPE "STRUCTURE" (4ème bloc)

POSITIONNER LE POINT D'INSERTION DANS L'ÉQUATION
<CLIC G> SUR L'OUTIL CORRESPONDANT AUX STRUCTURES DÉSIRÉES
SAISIR LES VALEURS DANS LES ZONES PRÉVUES

Fraction   Notation   Radical   Intégrale   Grand opérateur   Crochet   Fonction   Accentuation   Limite et logarithme   Opérateur   Matrice

Structures

Structure dans laquelle viendront s'insérer des symboles.

Équation — **ONGLET "EQUATION"**

GROUPE "SYMBOLES" (2ème bloc)

POSITIONNER LE POINT D'INSERTION DANS L'ÉQUATION
<CLIC G> SUR LE SYMBOLE

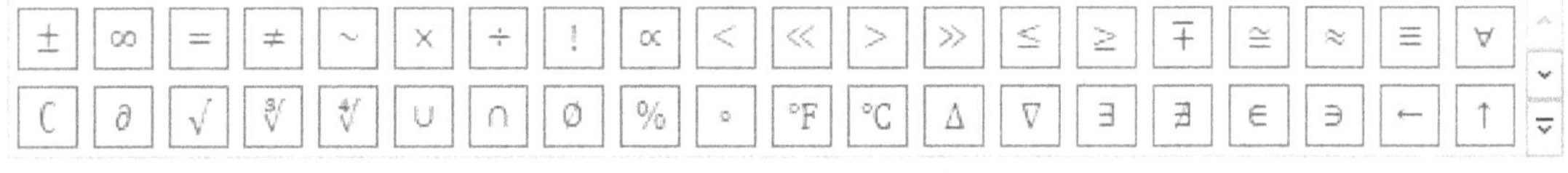

Symboles

Dans le document "exercice long document" page "Les différentes fonctions"
Insérer une équation comme ci-dessous à la suite du graphique.

$$Si \sum^{1} \sqrt[3]{3a^{2z}} \leq \prod^{i-1} \lfloor ax2 + 3x - 6 \rfloor \Rightarrow \alpha = \infty$$

L'outil 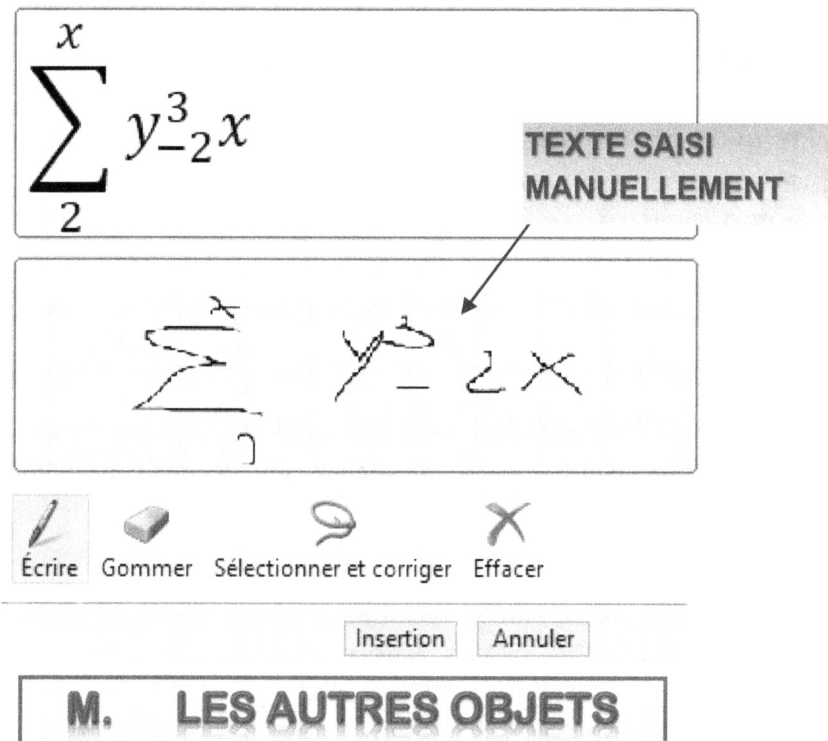 Équation manuscrite permet de saisir manuellement l'équation avec un taux de reconnaissance impressionnant.

M.   LES AUTRES OBJETS

Tout objet créé par une application reconnue du système peut être inséré dans le document. Un certain nombre d'objets simples figurent déjà dans le groupe "texte".

Si l'objet existe déjà, il peut être incorporé avec l'onglet Créer à partir du fichier ou simplement collé à partir du document d'origine

N. LES LIAISONS ET INCORPORATIONS D'OBJETS

Les données à insérer dans Word peuvent déjà exister sous une autre forme dans une autre application ; plutôt que de refaire le travail, il est plus simple de copier/coller les données existantes en conservant éventuellement une liaison entre les données ; ainsi, les modifications effectuées dans le document d'origine se retrouvent dans le document Word (*Une liaison permet de faire figurer une copie d'un extrait ou de la totalité d'un fichier d'une application Windows au sein d'un document Word ; la modification du fichier original entraîne la mise à jour dans Word*).

1. LE DOCUMENT DE CALCUL EXCEL

Le cas le plus courant est l'importation d'une feuille de travail ou d'un graphique d'un tableur dans un document de traitement de texte (*soit de Excel dans Word*).

Accueil   Insertion   **ONGLET "ACCUEIL"**

GROUPE "PRESSE-PAPIERS" (1er bloc)

OUVRIR LE CLASSEUR EXCEL

SÉLECTIONNER LES DONNÉES ET LES **COPIER** DANS LE PRESSE-PAPIERS

Accueil   Insertion   **ONGLET "ACCUEIL"**

GROUPE "PRESSE-PAPIERS" (1er bloc)

AFFICHER LE DOCUMENT WORD

POSITIONNER LE POINT D'INSERTION

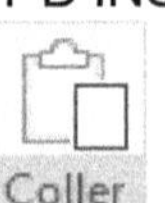
Coller

<CLIC G> SUR ▾ DE ▾ OU **<CLIC D>**

POINTER SUR UNE DES OPTIONS DE COLLAGE ET **VISUALISER** LE RÉSULTAT

<CLIC G> SUR L'UN DES OUTILS - *les 2 assurent la liaison, l'un en utilisant la mise en forme du tableau Excel, l'autre utilisant la mise en forme du document de destination*

La commande Collage spécial... affiche la boîte de dialogue avec ses options

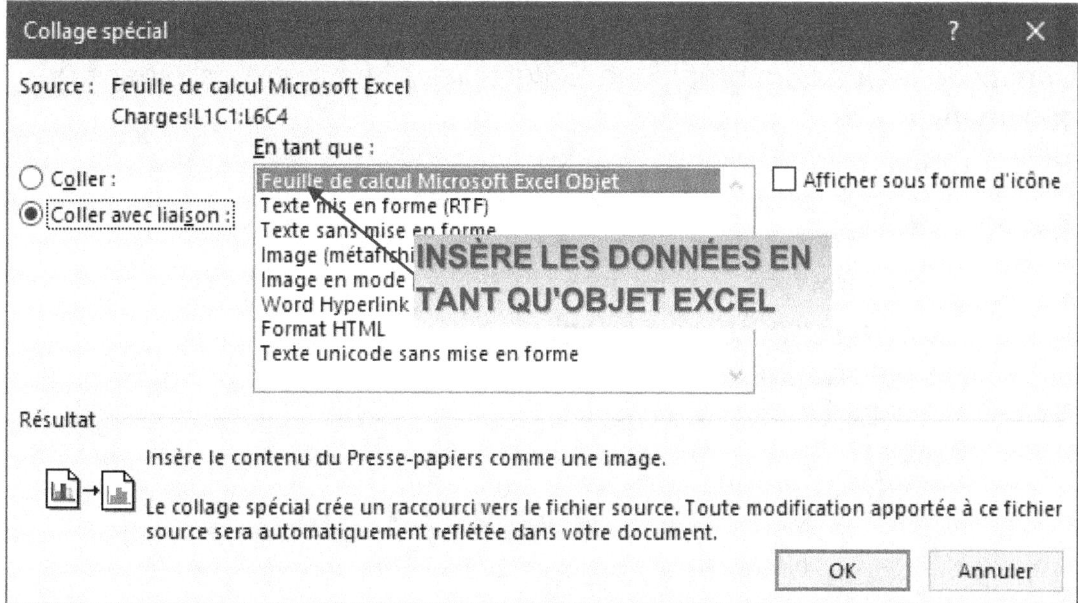

Ouvrir le fichier Excel "commande.xlsx"
Copier le tableau avec liaison dans un nouveau document Word
Effectuer des modifications dans Excel puis s'assurer de la mise
à jour dans Word
Enregistrer le document sous le nom "liaison"

Colonne1	Quantité	Prix	Valeur
Roses	100	5	500
Tulipes	50	4	200
Iris	35	6	210
Narcisses	40	5	200
Marguerites	50	2	100
Pivoines	30	12	360
Somme	305		1570

notes

146

2. LE GRAPHIQUE EXCEL

Comme le tableau, un graphique Excel existant peut être collé dans un document Word.

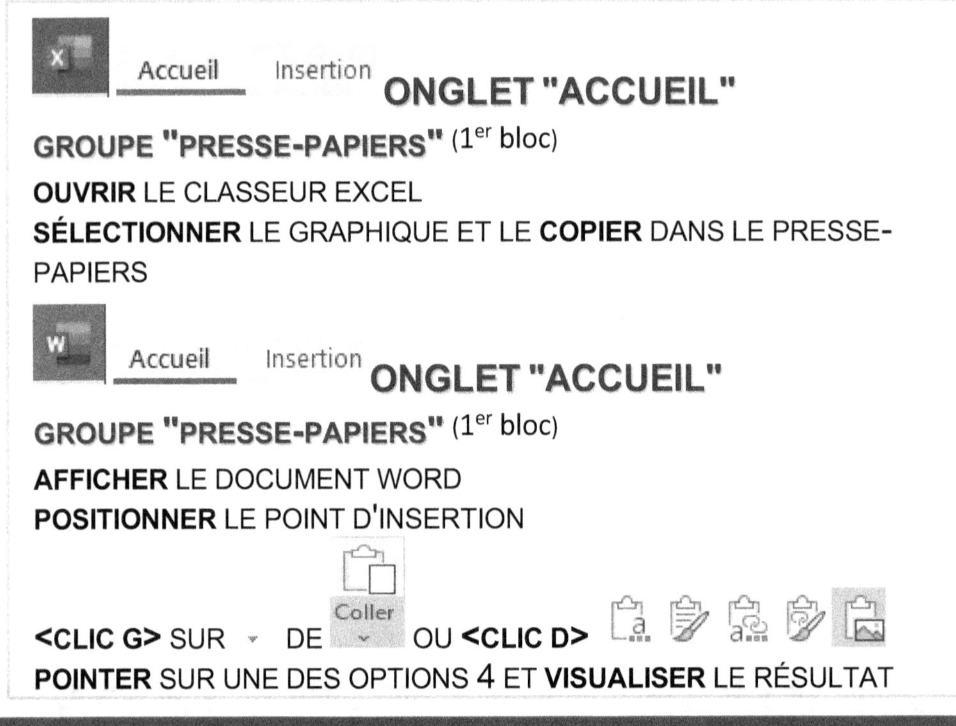

ONGLET "ACCUEIL"

GROUPE "PRESSE-PAPIERS" (1er bloc)

OUVRIR LE CLASSEUR EXCEL

SÉLECTIONNER LE GRAPHIQUE ET LE **COPIER** DANS LE PRESSE-PAPIERS

ONGLET "ACCUEIL"

GROUPE "PRESSE-PAPIERS" (1er bloc)

AFFICHER LE DOCUMENT WORD

POSITIONNER LE POINT D'INSERTION

<CLIC G> SUR ▾ DE Coller ▾ OU **<CLIC D>**

POINTER SUR UNE DES OPTIONS 4 ET **VISUALISER** LE RÉSULTAT

Ouvrir le document "liaison"
Ouvrir le classeur "commande.xlsx"
Copier avec liaison le graphique d'Excel dans Word, effectuer des modifications puis s'assurer de la mise à jour dans Word

3. INCORPORATION D'UNE FEUILLE EXCEL VIERGE

Si le tableau que vous souhaitez réaliser comporte des calculs et n'existe pas encore, vous pouvez le faire <u>dans</u> Word <u>avec</u> Excel.

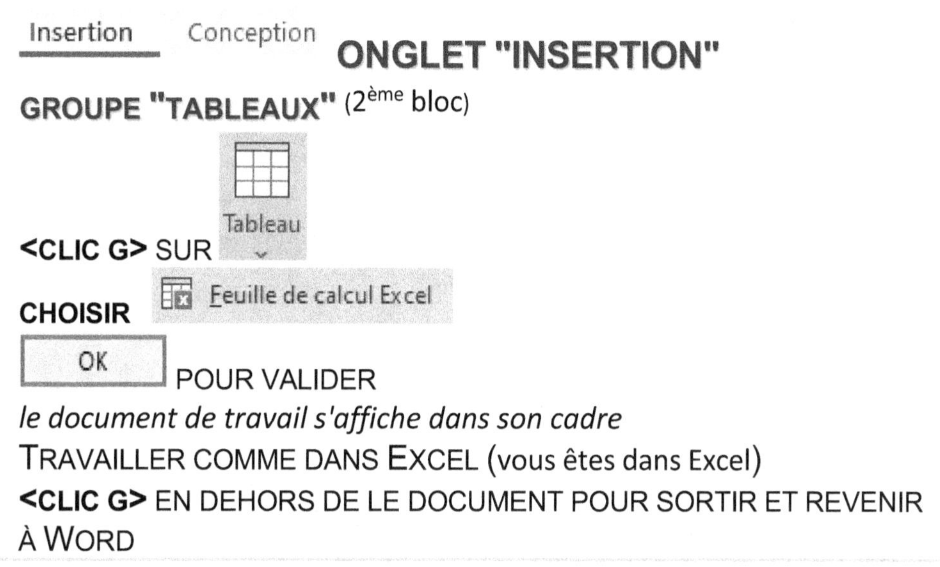

le document de travail s'affiche dans son cadre
TRAVAILLER COMME DANS EXCEL (vous êtes dans Excel)
<CLIC G> EN DEHORS DE LE DOCUMENT POUR SORTIR ET REVENIR À WORD

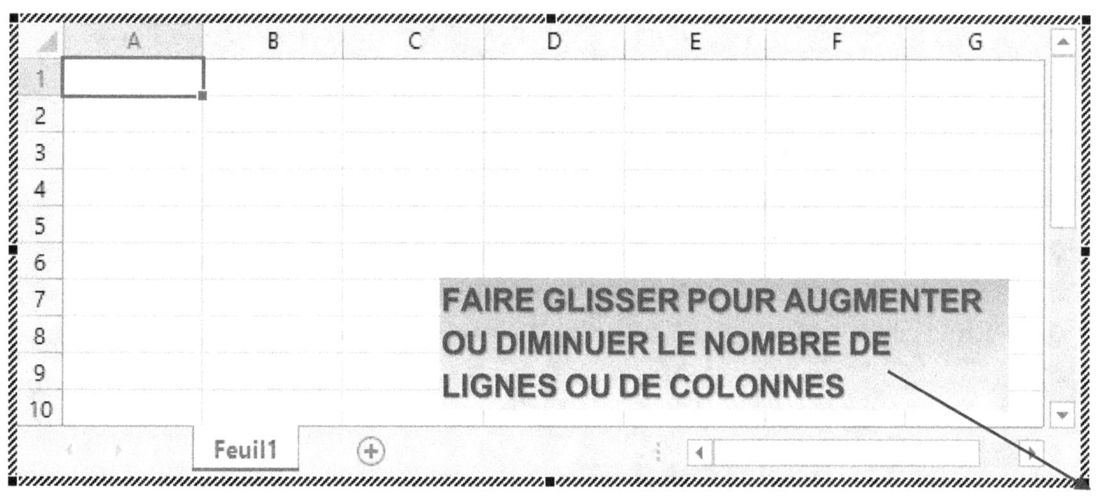

<u>Objet ouvert</u> : <FAIRE GLISSER> la souris sur l'angle bas droite pour augmenter ou réduire le nombre de lignes ou de colonnes du tableau

<u>Objet fermé</u> : <FAIRE GLISSER> la souris sur l'angle bas droite pour agrandir ou diminuer la taille de l'image du tableau (ZOOM : SANS JOUER SUR LE NOMBRE DE LIGNES OU DE COLONNES)

BOUTON GAUCHE

POUR OUVRIR L'OBJET EXCEL

<DOUBLE CLIC> DANS LE TABLEAU

BOUTON GAUCHE

POUR FERMER L'OBJET EXCEL

<CLIC G> EN DEHORS DU TABLEAU

Dans un nouveau document
Créer le tableau ci-après sous forme d'objet Excel :
L'enregistrer sous le nom "incorporation"

RESULTAT 2021

Colonne1	2019	2020	2021
chiffre d'affaires	690 000 €	840 000 €	995 000 €
charges	585 000 €	675 000 €	825 000 €
resultat brut	105 000 €	165 000 €	170 000 €

4. MISE A JOUR D'UNE LIAISON

La ou les liaisons crées au sein d'un document Word sont normalement mises à jour automatiquement à l'ouverture du document. Elles peuvent l'être aussi manuellement.

BOUTON DROIT

OBJET SÉLECTIONNÉ

<CLIC D> Mettre à jour les liaisons

5. AFFICHER LES LIAISONS

Si les fichiers changent d'emplacement, la liaison entre source et cible peut être perdue ; il est cependant possible de rompre la liaison avant ou de modifier et rétablir la source après.

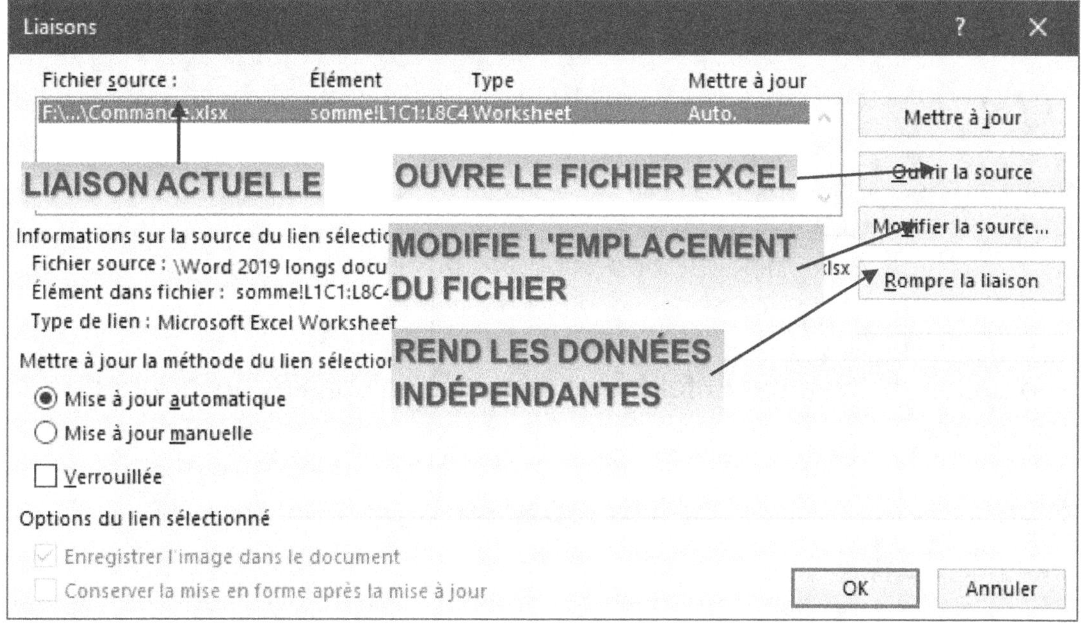

Vous pouvez ici modifier la méthode de mise à jour des liaisons
◉ Mise à jour automatique
○ Mise à jour manuelle

☐ Verrouillée

Dans le document "liaison"
Modifier la liaison avec le tableau de données en "manuelle"
Effectuer des modifications dans le classeur
Mettre à jour dans Word le tableau et le graphique
Remettre la liaison en "automatique

6. MISE A JOUR MANUELLE D'UNE LIAISON (SOURCE & CIBLE)

Si les éléments de la liaison doivent faire l'objet d'une modification,
celle-ci peut être faite directement à partir de l'application cible (WORD).

METTRE À JOUR LE DOCUMENT SOURCE (EXCEL)
ENREGISTRER LE DOCUMENT SOURCE (EXCEL)
REVENIR À WORD - *document source et document cible sont modifiés*

Fermer le classeur "commande.xlsx"
Dans le document "liaison", ouvrir la source pour les données
de "commande.xlsx"
Effectuer des modifications sur le classeur
Vérifier la mise à jour dans Word du tableau et du graphique

7. MISE A JOUR D'UNE LIAISON (À L'OUVERTURE)

Une option, activée par défaut, met à jour les liaisons à l'ouverture du
document.

8. MISE A JOUR D'UNE LIAISON (MAJ DES CHAMPS)

Les liaisons utilisent des champs et obéissent aux règles les régissant.

POSITIONNER LE POINT D'INSERTION DANS L'OBJET LIÉ
<F9>

Pour afficher le code du champ au lieu du résultat
<MAJ> <F9> dans le champ

{ LINK Excel.Sheet.12 "F:\\supports\\supports 2019\\Word 2019 longs
documents\\exosWord19n2ld\\Exoswrdld\\Commande.xlsx" "somme!L1C1:L8C4" \a \p }

Dans le document "liaison"
Afficher les codes de champs puis revenir à l'affichage normal
Mettre à jour les champs de liaison

O. LA MISE EN FORME
(rappels)

Il faut bien distinguer le cadre même et son contenu. Ce cadre peut
recevoir une mise en forme propre, à savoir une bordure, une trame de
fond et des effets d'ombre ou 3D (*comme son contenu*).

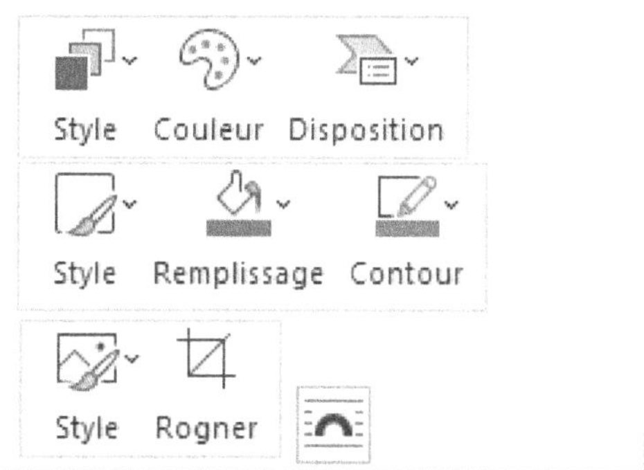

Parmi les mises en forme élaborée, le dégradé de couleur disponible pour contenant et contenu dans le choix des couleurs.

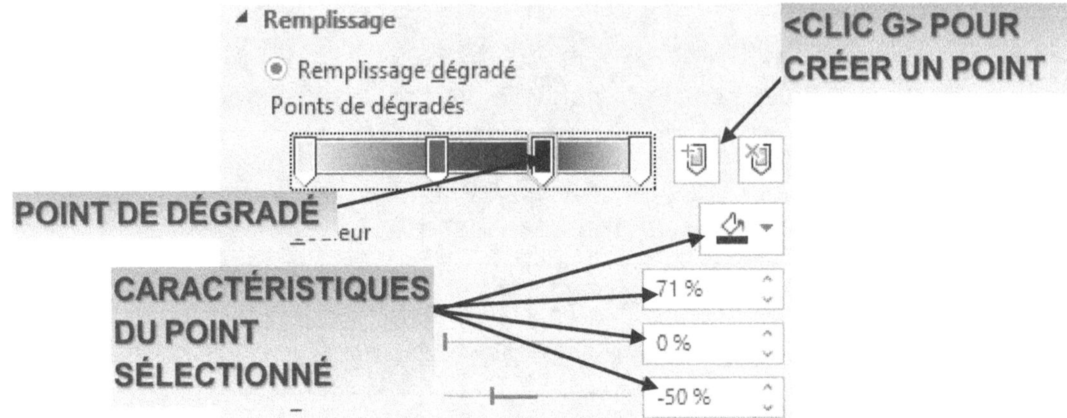

Dans le document "exercice long document"
Reprendre les différents objets et leur affecter selon les besoins des bordures, trames, couleurs de fond et effets de manière homogène
Enregistrer puis fermer le classeur

IV. LE DOCUMENT MAÎTRE

Cette fonctionnalité permettait à l'origine de créer des documents de très grande taille avec Word alors même que la taille de mémoire exigée dépassait les capacités de traitement de Word. Maintenant, cette fonctionnalité permet surtout de partager un travail entre plusieurs personnes et de réunir aisément les différentes parties en un seul document. Le principe est qu'un document maitre ne conserve pas les données mais uniquement le lien (*chemin d'accès*) vers des sous-documents qui eux, contiennent les données.

A. CRÉATION DU DOCUMENT MAÎTRE

La gestion du document maître va s'effectuer de deux manières

- Soit en découpant un document volumineux existant en sous-documents
- Soit à l'inverse en insérant des documents indépendants en tant que sous-documents

Affichage   Aide   **ONGLET "AFFICHAGE"**

GROUPE "AFFICHAGES" (1er bloc)

<CLIC G> SUR ⊞ Plan

ACCÈS AUX OUTILS "DOCUMENT MAÎTRE"

Ouvrir le document "document maître brut" des exercices
L'afficher en plan
Passer en mode "document maître"

B. CRÉATION D'UN SOUS-DOCUMENT

La création d'un sous-document suppose que le document maître contienne déjà du texte structuré par au moins un style de titre qui va permettre sa gestion en mode plan.

Mode Plan   Accueil   **ONGLET "MODE PLAN"**

GROUPE "DOCUMENT MAÎTRE" (2ème bloc)

<CLIC G> SUR Afficher le document

<CLIC G> SUR Afficher le niveau : Niveau 2   POUR AFFICHER UN NIVEAU DE TITRE ÉLEVÉ
("titre1", "titre2"...)

SÉLECTIONNER TOUT LE DOCUMENT

<CLIC G> SUR Créer

le document se structure en sous-documents qui seront enregistrés séparément, le document principal ne servant que de réceptacle

ENREGISTRER

Si le résultat n'est pas satisfaisant, faire la même opération mais pour chacune des parties : **SÉLECTIONNER** la 1ère partie en cliquant sur ⊕ en face

<CLIC G> sur Créer

RÉPÉTER l'opération pour chaque partie

À chaque partie de niveau 1 va correspondre un sous-document
La partie transformée en sous-document est entourée d'un cadre et illustrée de l'icône ⊞⊕

⊖

⊕ *I.*   PRESENTATION
    ⊕ *A.*   QU'EST-CE QU'UN SALON ?
    ⊕ *B.*   OBJECTIFS DE L'ENTREPRISE

⊕ *II.*   IDENTIFICATION DU PROBLEME ADMINISTRATIF

⊕ *III.* ANALYSE DE L'EXISTANT
    ⊕ *A.*   LE SALON ACFI
    ⊕ *B.*   LES CLIENTS

⊕ *IV.*   CRITIQUE DE L'EXISTANT

⊕ *V.*   LE PROJET

⊕ *VI.*   MISE EN PLACE DE LA STRUCTURE ADMINISTRATIVE
    ⊕ *A.*   NUMEROTATION DES DOSSIERS
    ⊕ *B.*   FACTURATION
    ⊕ *C.*   FICHIER EXPOSANTS / ACFI

⊕ *VII.* APPLICATIONS

⊕ *VIII.* CONCLUSION

Autant de fichiers que de parties sont créées

Nom	Type	Taille	Modifié le
document maitre .docx	Document Microsoft Word	52 Ko	27/01/2021 09:33
ANALYSE DE L.docx	Document Microsoft Word	28 Ko	27/01/2021 09:33
IDENTIFICATION DU PROBLEME ADMINI...	Document Microsoft Word	16 Ko	27/01/2021 09:33
PRESENTATION.docx	Document Microsoft Word	21 Ko	27/01/2021 09:33
APPLICATIONS.docx	Document Microsoft Word	15 Ko	27/01/2021 09:33
CONCLUSION.docx	Document Microsoft Word	19 Ko	27/01/2021 09:33
CRITIQUE DE L.docx	Document Microsoft Word	22 Ko	27/01/2021 09:33
LE PROJET.docx	Document Microsoft Word	24 Ko	27/01/2021 09:33
MISE EN PLACE DE LA STRUCTURE ADMI...	Document Microsoft Word	37 Ko	27/01/2021 09:33

Dans le document "document maître brut"
Créer un sous-document par chapitre comme ci-après

Le document affiche indifféremment les fichiers ou leur contenu

 **Afficher le document** passe en mode document maitre

 **Développer les sous-documents** **Réduire les sous-documents** développe/réduit les sous-documents

 **Créer** crée un sous-document à partir d'une sélection du document maitre (mode plan)

Supprimer le lien supprime le sous-document en laissant son contenu dans le document maitre

Insérer insère le contenu d'un autre fichier comme sous-document du document maître

Fusionner fusionne les sous-documents sélectionnés en un seul

Fractionner divise un sous-document en deux au point indiqué

Verrouiller le document verrouille un sous-document lorsque le document maître est partagé

La plupart des outils ne sont actifs qu'une fois les sous-documents développés

C. AFFICHAGE DU SOUS-DOCUMENT

Les sous-documents sont affichés de manière développée avec leur contenu visible ; ils peuvent être affichés sous forme réduite : seul le lien vers le sous-document lié est affiché.

action

Mode Plan   Accueil   **ONGLET "MODE PLAN"**

GROUPE "DOCUMENT MAÎTRE" (2ème bloc)

<CLIC G> SUR Développer les sous-documents OU **<CLIC G>** SUR Réduire les sous-documents

ENREGISTRER

seul le lien est affiché ; à l'enregistrement, les différents sous-documents sont enregistrés au format Word ; ils sont alors accessibles par le biais du document d'origine ou directement

Les sous-documents sont enregistrés au format Word et sont accessibles par le biais du document d'origine ou directement

Nom	Type	Taille	Modifié le
document maitre .docx	Document Microsoft Word	52 Ko	27/01/2021 09:33
ANALYSE DE L.docx	Document Microsoft Word	28 Ko	27/01/2021 09:33
IDENTIFICATION DU PROBLEME ADMINI...	Document Microsoft Word	16 Ko	27/01/2021 09:33
PRESENTATION.docx	Document Microsoft Word	21 Ko	27/01/2021 09:33
APPLICATIONS.docx	Document Microsoft Word	15 Ko	27/01/2021 09:33
CONCLUSION.docx	Document Microsoft Word	19 Ko	27/01/2021 09:33
CRITIQUE DE L.docx	Document Microsoft Word	22 Ko	27/01/2021 09:33
LE PROJET.docx	Document Microsoft Word	24 Ko	27/01/2021 09:33
MISE EN PLACE DE LA STRUCTURE ADMI...	Document Microsoft Word	37 Ko	27/01/2021 09:33

Le document maître affiche les sous-documents sous forme de lien hypertexte.

- *F:\supports\supports 2019\Word 2019 longs documents\exosWord19n2ld\doc maitre\PRESENTATIO1.docx*
- *F:\supports\supports 2019\Word 2019 longs documents\exosWord19n2ld\doc maitre\IDENTIFICATION DU PROBLEME ADMINISTRATI1.docx*
- *F:\supports\supports 2019\Word 2019 longs documents\exosWord19n2ld\doc maitre\ANALYSE DE 1.docx*
- *F:\supports\supports 2019\Word 2019 longs documents\exosWord19n2ld\doc maitre\CRITIQUE DE 1.docx*
- *F:\supports\supports 2019\Word 2019 longs documents\exosWord19n2ld\doc maitre\LE PROJE1.docx*
- *F:\supports\supports 2019\Word 2019 longs documents\exosWord19n2ld\doc maitre\MISE EN PLACE DE LA STRUCTURE ADMINISTRATIV1.docx*
- *F:\supports\supports 2019\Word 2019 longs documents\exosWord19n2ld\doc maitre\APPLICATION1.docx*
- *F:\supports\supports 2019\Word 2019 longs documents\exosWord19n2ld\doc maitre\CONCLUSIO1.docx*

Dans le document "document maître brut"
Réduire puis développer les sous-documents
Accepter l'enregistrement
Vérifier l'existence des sous-documents et leur date/heure d'enregistrement

D. MODIFICATION DU DOCUMENT

Chacun des fichiers créés peut être modifié individuellement. Des modifications peuvent aussi être effectuées dans le document maître : il s'affiche comme tout document dès que l'on sort du mode plan.

Mode Plan   Accueil   **ONGLET "MODE PLAN"**

GROUPE "DOCUMENT MAÎTRE" (2ème bloc)

<CLIC G> SUR

Il est aussi possible de pointer sur le lien hypertexte du sous-document réduit et de faire <CTRL> <CLIC G> pour ouvrir le sous-document même

Dans le document "document maître brut"
Sortir du mode plan
Effectuer quelques modifications dans une partie (couleur, graissage)
Enregistrer et fermer puis ouvrir le sous-document correspondant
Vérifier les modifications effectuées et en faire de nouvelles
Fermer et enregistrer
Ouvrir le document maitre et vérifier les modifications

E. IMPORTATION DE DOCUMENTS EXTERNES

Le document maître peut recevoir des documents externes comme sous-documents. Ces documents peuvent contenir ou non des niveaux de titres prédéfinis ; la mise en forme peut se faire postérieurement.

Mode Plan   Accueil   **ONGLET "MODE PLAN"**

GROUPE "DOCUMENT MAÎTRE" (2ème bloc)

DOCUMENTS DÉVELOPPÉS, POINT D'INSERTION À L'EMPLACEMENT DU FUTUR SOUS-DOCUMENT

<CLIC G> SUR Insérer

insère le contenu d'un autre fichier comme sous-document

SÉLECTIONNER LE FICHIER À IMPORTER

Ouvrir ▼ POUR VALIDER

Si le document source du futur sous-document provient d'un modèle différent de celui du document maître, Word applique au sous-document la mise en forme associée au modèle du document maître

Dans le document "document maître brut"
Insérer le fichier "document à inserer.docx"
Réduire puis développer le document

F. DIVISION DE SOUS-DOCUMENTS

Au sein du document maître, il est possible de diviser un sous-document en deux. Ce genre d'opération donne de larges possibilités de gestion de fichiers dans le document maître.

Mode Plan   Accueil   **ONGLET "MODE PLAN"**

GROUPE "DOCUMENT MAÎTRE" (2ème bloc)

AFFICHER LA PARTIE À FRACTIONNER
<CLIC G> À L'ENDROIT DE SÉPARATION

<CLIC G> SUR   Fractionner

Word fractionne le sous-document en deux

Dans le document "document maître brut"
Diviser le document comme ci-avant

G. FUSION DE SOUS-DOCUMENTS

Au sein du document maître, on peut fusionner des sous-documents.

Mode Plan Accueil **ONGLET "MODE PLAN"**

GROUPE "DOCUMENT MAÎTRE" (2ème bloc)

AFFICHER LES SOUS-DOCUMENTS À FUSIONNER (qui doivent se suivre)

<FAIRE GLISSER> EN FACE DES PARTIES À FUSIONNER

<CLIC G> SUR Fusionner

Word assemble les sous-documents à la suite du premier

Dans le document "document maître brut"
Fusionner les 2 parties précédemment divisées

H. SUPPRESSION D'UN SOUS-DOCUMENT

La suppression du sous-document supprime le fichier lié.

Mode Plan Accueil **ONGLET "MODE PLAN"**

GROUPE "DOCUMENT MAÎTRE" (2ème bloc)

SÉLECTIONNER LA PARTIE À SUPPRIMER

<CLIC G> SUR Supprimer le lien

Word rompt la liaison avec le fichier source du sous-document mais laisse son contenu

OU

APPUYER SUR **<SUPPR>**

Word supprime du document maître le sous-document ainsi que son contenu

Dans le document "document maître brut"
Supprimer le fichier "document à insérer" du document maitre

I. VERROUILLAGE D'UN SOUS-DOCUMENT

Le mode document maître facilite le travail en groupe sur un document volumineux en permettant à plusieurs utilisateurs de faire évoluer les différents sous-documents. Le verrouillage est pratique pour partager la modification des sous-documents entre les utilisateurs.

Mode Plan   Accueil **ONGLET "MODE PLAN"**

GROUPE "DOCUMENT MAÎTRE" (2ème bloc)

SÉLECTIONNER LA PARTIE À VERROUILLER

<CLIC G> SUR L'ICÔNE DU SOUS-DOCUMENT

<CLIC G>   Verrouiller le document

Word bloque l'accès du sous document en écriture 🔒

Un document verrouillé reste cependant accessible en lecture seule c'est à dire sans possibilité de modification

Dans le document "document maître brut"
Verrouiller la dernière partie et vérifier que son accès n'est possible qu'en lecture seule

V.   DIFFUSER

Le document, que ce soit un livre, une procédure, un rapport, une thèse, un catalogue… est terminé. Maintenant, il reste à le diffuser auprès de son public. Selon les cas, ce public va être le personnel d'un service, d'une administration, d'une entreprise ou même dans le cas d'un livre, ce que l'on appelle le "grand public". Des moyens différents seront alors utilisés pour le diffuser.

conseil Pour un ouvrage avec images, tableaux, légendes, zones de texte ou autres objets, commencer par transformer le "docx" en "mobi" avec amazon pour publication sur Amazon puis transformer le "docx" créé en "epub" avec calibre

A.   ISSUU

Issuu est un site web spécialisé dans la publication de documents PDF. Il va permettre de diffuser ce document de manière privée ou publique avec un confort de lecture inégalé. Ce site propose un service gratuit, tout à fait suffisant pour la plupart des cas et sans publicité et un service professionnel payant, plus élaboré.

C'est l'outil idéal pour publier un journal d'entreprise, un bulletin communal ou celui d'une association. Il permet de lire la publication sur ISSUU même ou mieux, d'afficher sur son site web, cette publication sous forme de journal dont on tourne les pages de manière très naturelle et très esthétique.

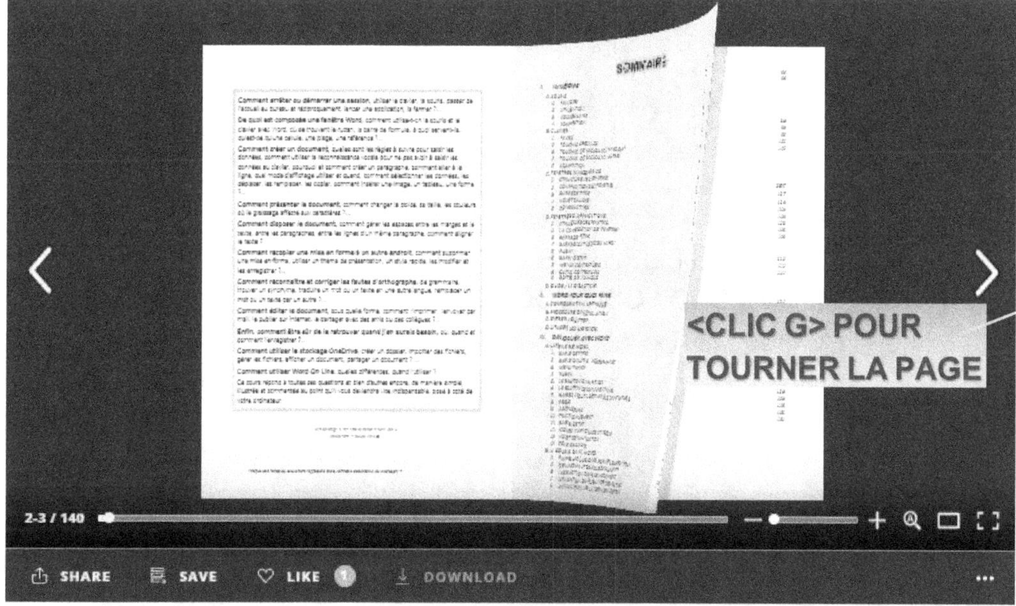

En 2016, les parts de marché de vente d'eBook se répartissent ainsi :

1. Amazon 44% des ventes
2. Kobo/ Fnac 22%
3. Apple 16%
4. Google 12%.

1. ACCÉDER À ISSUU

L'adresse du site à saisir dans le navigateur est la suivante :
https://issuu.com/

2. CRÉER UN COMPTE

La procédure est tout à fait classique.

MENU ISSUU

<CLIC G> SUR Créer un Compte

RENSEIGNEZ LES ÉLÉMENTS DIRECTEMENT OU AVEC VOTRE COMPTE FACEBOOK OU GOOGLE+

3. SE CONNECTER

Là encore, rien de particulier.

MENU ISSUU

<CLIC G> SUR Se connecter
RENSEIGNEZ LES ÉLÉMENTS OU CONNECTEZ-VOUS AVEC VOTRE
COMPTE FACEBOOK OU GOOGLE+

4. ENREGISTRER EN PDF

ISSUU publie au format "pdf". Il va donc falloir enregistrer son document Word à ce format avant de le télécharger. L'intérêt de ce format est d'une part qu'il a une logique de page, avec donc une mise en page verrouillée, et d'autre part qu'il est difficilement modifiable.

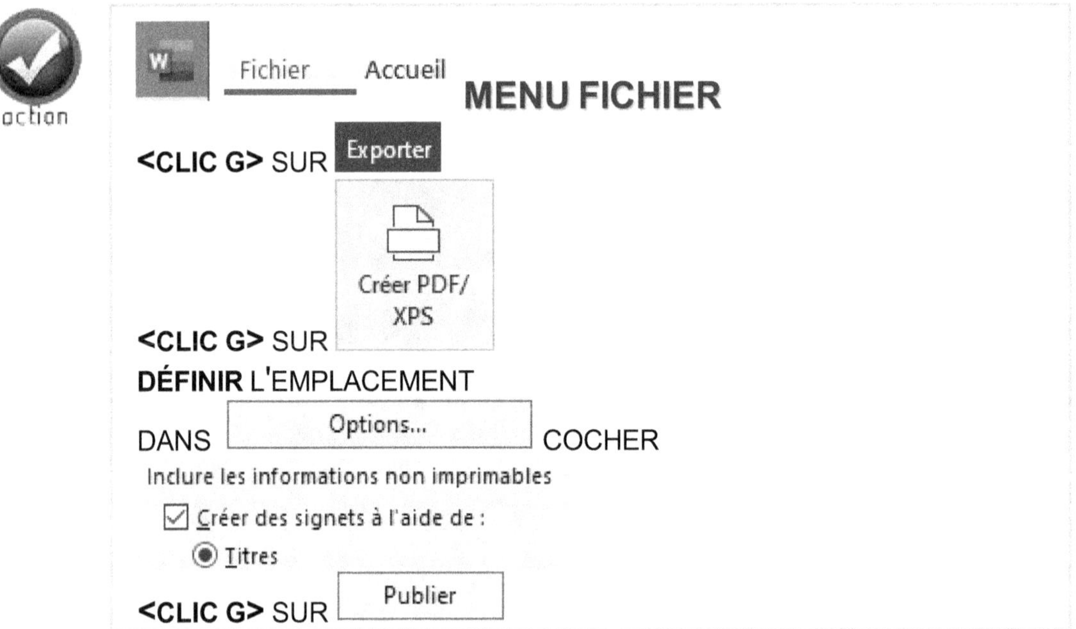

5. MENU ISSUU

Le menu s'affiche à gauche de la fenêtre.

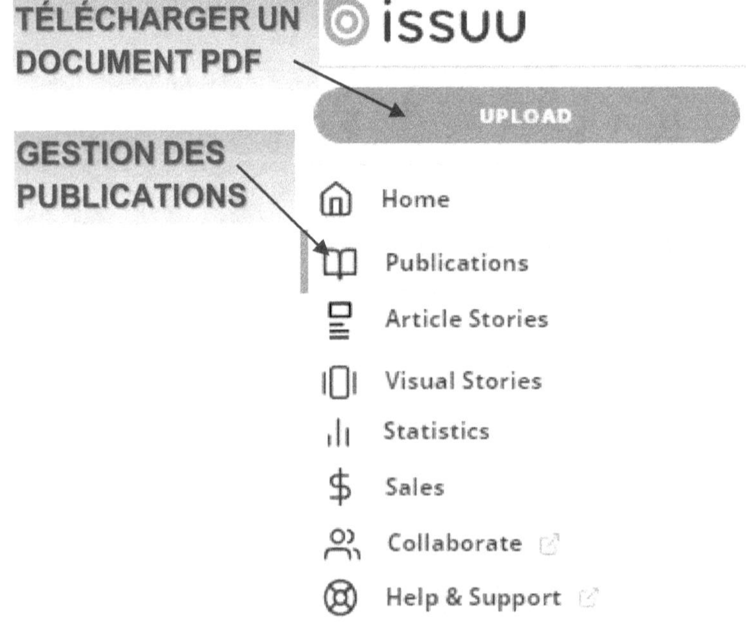

6. UPLOADER LA PUBLICATION

La prochaine étape consiste à télécharger la publication enregistrée au format "pdf".

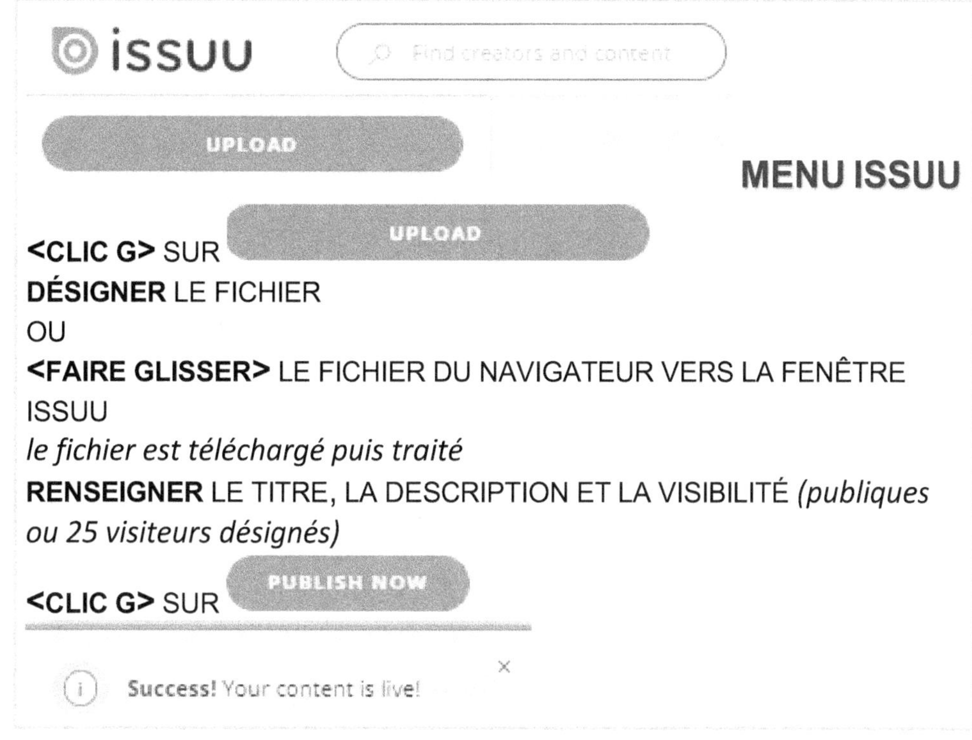

<CLIC G> SUR
DÉSIGNER LE FICHIER
OU
<FAIRE GLISSER> LE FICHIER DU NAVIGATEUR VERS LA FENÊTRE ISSUU
le fichier est téléchargé puis traité
RENSEIGNER LE TITRE, LA DESCRIPTION ET LA VISIBILITÉ *(publiques ou 25 visiteurs désignés)*

<CLIC G> SUR

Drag and Drop files here or upload from:

Your device   Dropbox   Google Drive

Details

Title *

Journal de l'entreprise

Improves visibility on Issuu and in search engines. Along with the cover this is how readers will recognize your content.

Description

Edition de Février 2021

<clic g> sur OPEN PUBLICATION pour voir la publication

7. AFFICHER LA PUBLICATION

Le menu s'affiche à gauche de la fenêtre.

MENU ISSUU

<CLIC G> SUR 📖 Publications
la liste des publications s'affiche
<CLIC G> SUR LA PUBLICATION DÉSIRÉE
le détail de la publication et un menu de gestion s'affiche

8. AJOUTER UN LIEN INTERNE

Il est possible d'insérer des liens dans la publication, notamment des liens d'achat vers un produit (catalogue) ;

MENU ISSUU

PUBLICATION AFFICHÉE

<CLIC G> SUR Add Links & Video
<CLIC G> SUR LE TYPE DE LIEN
SAISIR OU **COLLER** LE LIEN

<CLIC G> SUR DONE
un lien est créé dans la publication

Add Link / Video

Select the type of link you want.

◯ Web   ◯ Video   ◉ Shopping   ◯ Go to page

Add a shopping cart icon next to your link.

Insert URL

https://www.informatique-bureautique.com/office

DONE   CANCEL

9. DIFFUSER LE LIEN DE LA PUBLICATION

Il est possible d'insérer des liens dans la publication, notamment des liens d'achat vers un produit (catalogue) ;

MENU ISSUU

PUBLICATION AFFICHÉE

<CLIC G> SUR ⌄ DE Share   ⌄
<CLIC G> SUR Share Links
le lien s'affiche dans la zone Share Publication link
<CLIC G> SUR COPY
il suffit de coller le lien dans un message pour l'envoyer

Share Publication link

Direct readers to your publication as it appears on Issuu.com.

https://issuu.com/bilbaxo/docs/word_xp-n2-ld   COPY

10. INTÉGRER LA PUBLICATION

Une utilisation plus fréquente est l'intégration dans un site Web. Il suffit de coller le code généré par Issu dans la page désirée pour visualiser le document sur le site Web.

MENU ISSUU

PUBLICATION AFFICHÉE

<CLIC G> SUR ⌄ DE Share

<CLIC G> SUR Embed on Website

CHOISIR LES CARACTÉRISTIQUES DE PRÉSENTATION

<CLIC G> SUR SAVE & GET CODE

<CLIC G> SUR COPY TO CLIPBOARD

COLLER LE CONTENU DU PRESSE PAPIER DANS LA PAGE WEB À L'ENDROIT VOULU

de préférence après une balise </DIV> *ou* </P>

Malheureusement, cette option est maintenant payante

B. AMAZON KINDLE DIRECT PUBLISHING

Amazon Kindle s'adresse à des auteurs qui n'ont pas d'éditeurs et qui veulent publier leur ouvrage et le monétiser. Amazon Kindle bénéficie d'un public énorme et international. Les fichiers .DOCX sont transformés ici en fichier .MOBI (*format propriétaire*) lisibles sur les liseuses Kindle.

Pour un ouvrage complexe, modifier préalablement le Docx :

Transformer les images avec bulles, légendes ou flèches en images avec l'outil Windows capture d'écran (l'outil téléchargeable "Snipaste" est aussi trés performant)

Supprimer les notes

Transformer éventuellement certains tableaux en texte (tableaux avec dimensions figées)

Enlever numéros de page et entêtes et remplacer éventuellement les tabulations par des espaces

Numérotation titre centrés : mettre retraits G et D à 0

vérifier dans Amazon previewer

1. ACCEDER À AMAZON KINDLE

Le lien d'accès est le suivant : https://kdp.amazon.com/

2. CRÉER UN COMPTE

La procédure est là encore classique.

<CLIC G> SUR **Inscription**

SI VOUS N'AVEZ PAS DÉJÀ DE COMPTE AMAZON

⦿ **Vous êtes un nouveau client.**

COCHER (vous créerez un mot de passe plus tard)

SAISIR VOTRE ADRESSE MAIL

SAISIR UN MOT DE PASSE

<CLIC G> SUR Créer un compte

3. COMPLÉTER OU MODIFIER

Il faut compléter les informations (notamment fiscales).

Chez   Français ▾   Aide   Déconnexion

<CLIC G> SUR Chez

COMPLÉTER LES INFORMATIONS

<CLIC G> SUR Afficher/Fournir les informations fiscales POUR

INDIQUER LE COMPTE À CRÉDITER

<CLIC G> SUR Enregistrer

4. <u>SE CONNECTER</u>

Procédure standard.

ALLER SUR https://kdp.amazon.com/

<CLIC G> SUR | Connexion |

SAISIR LES IDENTIFIANTS CRÉÉS PRÉCÉDEMMENT

Quelle est votre adresse e-mail ou votre numéro de téléphone mobile ?

Adresse e-mail ou n° de portable : ••••••••••

Disposez-vous d'un mot de passe Amazon ?

○ **Vous êtes un nouveau client.**
(vous créerez un mot de passe plus tard)

◉ **Vous êtes déjà client Amazon ?**
Votre mot de passe est :

••••••••••

Continuer (serveur sécurisé) ▶

Vous avez oublié votre mot de passe ?

5. <u>PUBLIER LE "EBOOK"</u>

Le compte est créé ; il faut maintenant créer la bibliothèque de livre.

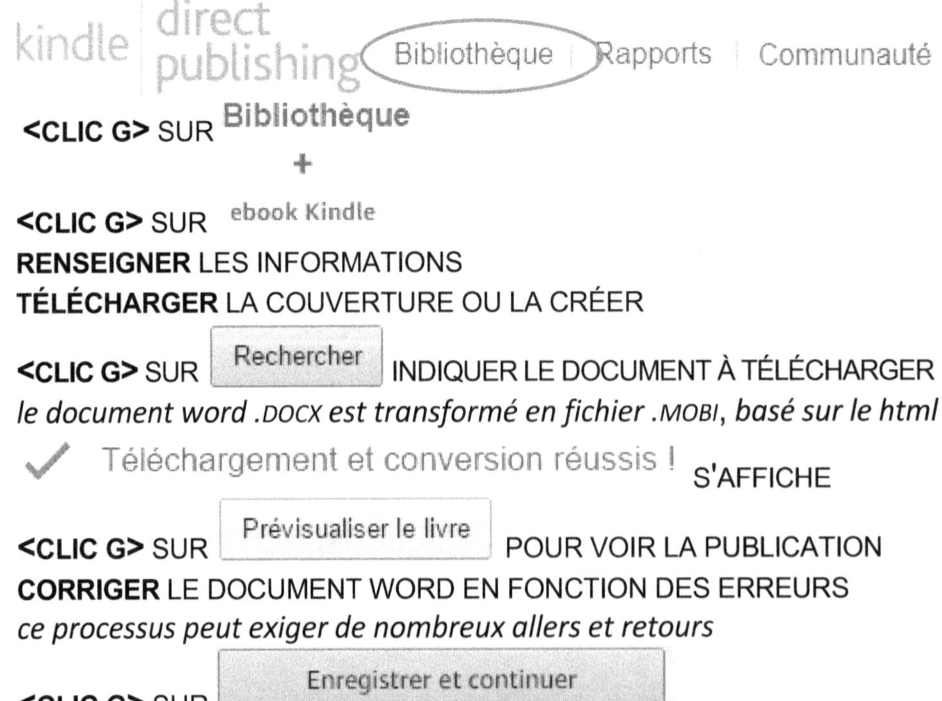

kindle direct publishing ⬭Bibliothèque⬭ | Rapports | Communauté

<CLIC G> SUR Bibliothèque

✦

<CLIC G> SUR ebook Kindle

RENSEIGNER LES INFORMATIONS

TÉLÉCHARGER LA COUVERTURE OU LA CRÉER

<CLIC G> SUR | Rechercher | INDIQUER LE DOCUMENT À TÉLÉCHARGER

le document word .DOCX est transformé en fichier .MOBI, basé sur le html

✓ Téléchargement et conversion réussis ! S'AFFICHE

<CLIC G> SUR | Prévisualiser le livre | POUR VOIR LA PUBLICATION

CORRIGER LE DOCUMENT WORD EN FONCTION DES ERREURS
ce processus peut exiger de nombreux allers et retours

<CLIC G> SUR | Enregistrer et continuer |

Langue

Sélectionnez la langue principale de votre ebook (la langue dans laquelle le livre a été écrit). Langues non encore disponibles pour les ebooks Kindle ⌄

Français ⌄   À RENSEIGNER

Titre du livre

Indiquez le titre tel qu'il figure sur la couverture de votre livre.

Titre du livre

TITRE DE MON LIVRE   À RENSEIGNER

Sous-titre (Facultatif)

Auteur

Auteur ou contributeur principal

mom prénom   À RENSEIGNER on nom

Auteur

Auteur ou contributeur principal

mom prénom   mon nom

Description

Ce texte figurera sur la page produit de votre livre sur Amazon.
Pourquoi la description du livre est-elle importante ? ⌄

C'est ici que je décris mon livre de manière synthétique et en reprenant les mots clés cités plus bas

À RENSEIGNER

Droits de publication
À RENSEIGNER

◉ Je détiens les droits d'auteur et possède les droits de publication requis.
Que sont les droits de publication ? ⌄
◯ Il s'agit d'une une œuvre du domaine public.
Qu'est-ce qu'une œuvre du domaine public ? ⌄

Mots-clés

Choisissez jusqu'à 7 mots-clés décrivant votre livre. Comment choisir les mots-clés ? ⌄

Vos mots-clés (Facultatif)

ILS PERMETTRONT DE TROUVER
VOTRE LIVRE LORS DE RECHERCHES

Rubriques

Sélectionnez deux rubriques de recherche au maximum.
Pourquoi le choix des rubriques est-il important ? ⌄

Définir des rubriq   À RENSEIGNER

⊞ Fiction
⊞ Non-fiction
⊞ Fiction jeunesse
⊞ Non-fiction jeunesse
⊞ Bandes dessinées et romans illustrés
⊞ Scolaire et Ouvrages de référence
⊞ Recueils de textes littéraires
☐ Sans classification

Option de publication

⦿ Je souhaite que mon livre paraisse maintenant

[Enregistrer et continuer]

Manuscrit

Technologie de gestion des droits numériques (DRM)

Activez la technologie DRM pour cet ebook Kindle. En quoi mon ebook Kindle est-il concerné par la technologie « DRM » de gestion des droits numériques ? ⌄

○ Oui

⦿ Non

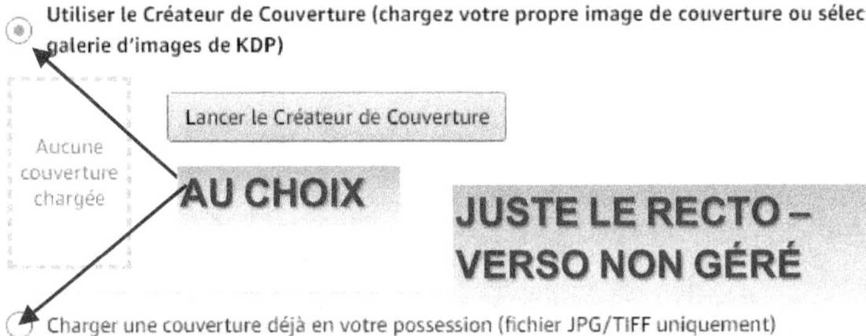

Formats recommandés pour les ebooks Kindle : docx, EPUB et KPF. Consultez la liste complète ici.

[Charger le manuscrit de l'ebook]

Couverture de l'ebook Kindle

⦿ Utiliser le Créateur de Couverture (chargez votre propre image de couverture ou sélectionnez-en une dans la galerie d'images de KDP)

Aucune couverture chargée

[Lancer le Créateur de Couverture]

○ Charger une couverture déjà en votre possession (fichier JPG/TIFF uniquement)

Aperçu de l'ebook Kindle

[Lancer l'outil de prévisualisation]

Options d'aperçu hors ligne

Si vous souhaitez voir l'aperçu de votre livr[...]nce l'outil de prévisualisation téléchargeable.

⌃ Prévisualiser sur votre ordinateur

Si vous souhaitez voir l'aperçu de votre livre sur d'anciens modèles de Kindle, tels que le Kindle Touch ou le Kindle DX, utilisez l'outil de prévisualisation téléchargeable.

Étape 1 : Téléchargez et installez l'outil de prévisualisaiton pour Mac ou Windows

Étape 2 : Téléchargez et ouvrez le fichier du livre converti : HTML ou MOBI

⌄ Prévisualiser sur votre appareil Kindle

⚙ Conversion du livre au format Kindle...

Merci de patienter quelques instants. Si vous avez rempli tous les champs ci-dessus, cliquez sur « **Enregistrer et continuer** » pour avancer pendant la conversion.

✓ Le chargement du manuscrit « *J'apprends à me servir de Access 2019.docx* » a été effectué.

✓ **Correction orthographique**
Aucune faute d'orthographe relevée.

Code ISBN de l'ebook Kindle

ISBN (Facultatif)

Les ebooks Kindle n'ont pas besoin d'ISBN. Qu'est-ce qu'un code ISBN ? ⌄

[   ]

Enregistrer en tant que brouillon   Enregistrer et continuer

<CLIC G> POUR CONTINUER

L'ISBN est un numéro attribué par éditeur qui identifie un ouvrage papier. Il existe aussi des ISBN numériques mais Amazon permet de publier sans ISBN en créant une identification spécifique

✓ Le chargement du manuscrit « *J'apprends à me servir de Access 2019.docx* » a été effectué.

✓ Correction orthographique
Aucune faute d'orthographe relevée.

kindle direct publishing   Bibliothèque   Rapports   Communauté

COCHER LES DROITS INTERNATIONAUX
ou indiquer les pays concernés
COCHER LA REDEVANCE À 70%
c'est la part de la vente que vous toucherez
INDIQUER LE "MARCHÉ" AMAZON.FR ET LE PRIX EN EUROS

Enregistrer et continuer

<CLIC G> SUR

Sélectionnez les territoires pour lesquels vous détenez les droits de distribution. En savoir plus sur les droits de distribution.

SÉLECTIONNER

⦿ **Tous les territoires (droits internationaux)** À quoi correspondent les droits internationaux ? ⌄

Sélectionnez une formule de redevance et définissez les prix catalogue de votre ebook Kindle ci-dessous

○ 35 %

VOUS TOUCHEREZ 70%
DU PRIX DU LIVRE

⦿ 70 %

ℹ La taille du fichier de votre livre après sa conversion est 7.96 MB.

Marché principal	Prix catalogue		Taux	Livraison	Redevance
Amazon.fr ⌄	€ 8,73	EUR €8,27 sans TVA FR	70%	€0,96	€5,12

Doit être
€9,99 ⌄   **PRIX EN €**

Prêt de livres   **Autoriser le prêt du livre Kindle** (Facultatif)

Autorisez les clients qui ont acheté votre ebook Kindle à le prêter à leurs proches et amis pendant une durée de 14 jours. En savoir plus sur le prêt de livre Kindle.

☑ Autoriser le prêt du livre Pourquoi cette option n'est-elle pas modifiable ? ⌄

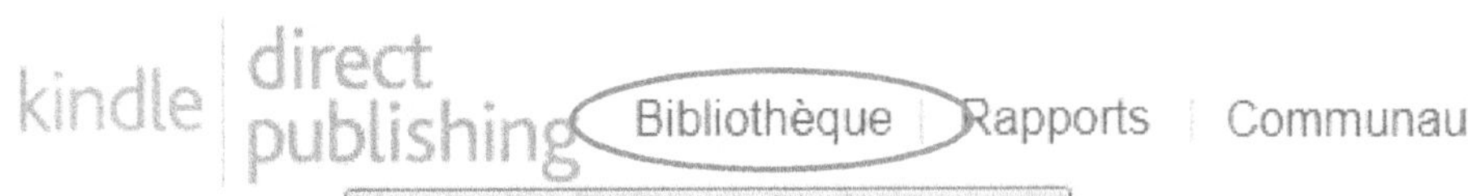

<CLIC G> SUR [Publier votre ebook Kindle]

le livre sera en ligne sous les 24 heures

En cliquant sur le bouton Publier ci-dessous, je confirme que je possède tous les droits nécessaires pour assurer la promotion, la distribution et la vente du contenu chargé dans chac **PUBLIER** s indiqués ci-dessus, et que je respecte les Conditions générales de KDP.

[Enregistrer en tant que brouillon]   [Publier votre ebook Kindle]

Cliquer en bas et à droite sur ˅ Prévisualiser sur votre ordinateur puis
Étape 2 : Téléchargez et ouvrez le fichier du livre converti : HTML ou MOBI
pour récupérer le fichier .MOBI créé

Le html ne connait que les valeurs relatives donc éviter les élément fixes, les tableaux, les tabulations, et utiliser les styles (qui seront convertis dans une feuille CSS)

6. PUBLIER LE LIVRE IMPRIMÉ

Amazon permet de faire imprimer ses livres de manière très simple, à un coût raisonnable et sans aucune avance de frais. Tout est automatique et les livres sont imprimés en fonction de la demande des clients.

<CLIC G> SUR **Bibliothèque**
EN FACE DE L'EBOOK DÉSIRÉ

+ Créer le livre broché

<CLIC G> SUR

LE MIEUX EST DE PARTIR D'UN PDF AVEC LA BONNE TAILLE ET LA PAGINATION EFFECTUÉE ET DE COMPLÉTER LES RUBRIQUES NÉCESSAIRES À L'IMPRESSION DANS AMAZON

**Options
d'impression**

Les options sélectionnées par défaut ci-dessous correspondent à celles utilisées le plus fréquemment.
Comment le coût d'impression est-il calculé ? ⌄

Intérieur et type de papier
Quels sont les types d'encre et de papier pris en charge par KDP ? ⌄

Intérieur noir et blanc avec papier crème	**Intérieur noir et blanc** **avec papier blanc**
Intérieur couleur premium avec papier blanc	

Taille de coupe
Qu'est-ce qu'une taille de coupe ? ⌄

SÉLECTIONNER LA TAILLE DU LIVRE

15,24 x 22,86 cm 6 x 9 po	Sélectionner une autre taille

Paramètres relatifs au fond perdu
Que sont les paramètres relatifs au fond perdu ? ⌄

Absence de fond perdu	Fond perdu (PDF uniquement)

Finition de la couverture du livre broché
En quoi consiste la finition de la couverture ? ⌄

Mat	Brillant

*les boutons encadrés correspondent à des choix standards valables dans la
plupart des cas.*

7. VOIR LES VENTES DE LIVRE

Sous 24 heures, le livre sera en ligne sur Amazon et vous pourrez voir
vos ventes.

<CLIC G> SUR Rapports
le graphe affiche les ventes en temps réel

Exemplaires commandés (Qu'est-ce que c'est?) ⌄

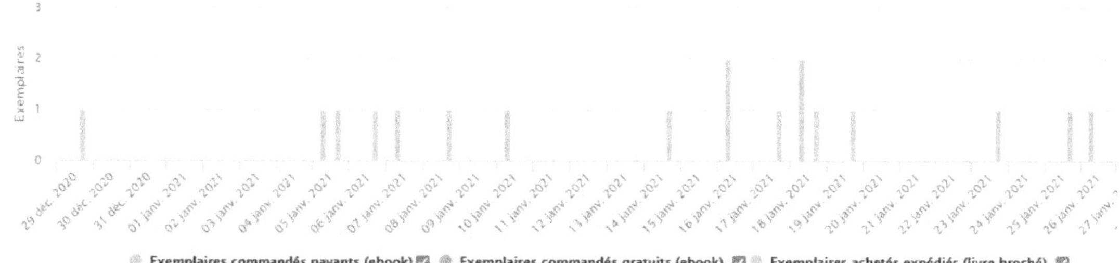

C. KOBO / FNAC

L'audience est plus réduite que celle d'Amazon et le format est différent, puisqu'il s'agit ici du format .EPUB, le format e'book normalisé, lui aussi à base de HTML.

1. ACCÉDER À KOBO/FNAC

Le chemin d'accès est le suivant : https://fr.kobo.com/writinglife

2. CRÉER UN COMPTE

Procédure standard.

<CLIC G> SUR  Lancez-vous

<CLIC G> SUR Créer un compte Kobo

RENSEIGNER ADRESSE MAIL ET MOT DE PASSE

COMPLÉTER LE FORMULAIRE

<CLIC G> SUR  Continuer

Créer un compte

Adresse e-mail

Confirmez votre adresse e-mail

Mot de passe

En continuant, vous confirmez que vous acceptez les Conditions d'utilisation et que vous avez pris connaissance de la Politique de confidentialité

Continuer

3.   COMPLÉTER OU MODIFIER

Saisir les informations complémentaires

Mon compte ▼   Français ▼   Kobo Store   Blog Writing Life   Se déconnecter

<CLIC G> LA LANGUE ET CHOISIR Français ▼

SAISIR NOM, ADRESSE, MAIL…

RENSEIGNER LES INFORMATIONS

<CLIC G> SUR   Enregistrer et continuer

Devenez un auteur Kobo

Votre contact principal

Prénom   Nom

Obligatoire.   Obligatoire.

Nom de l'éditeur   Adresse e-mail

                                                            infos@ios.fr

Facultatif.   Obligatoire.

Votre localisation

Pays   Adresse   Adresse ligne 2

  Sélectionnez le pays   ∨

Obligatoire.   Obligatoire   Facultatif.

Province / État   Ville   Code postal

Obligatoire.   Obligatoire   Obligatoire.

4.   SE CONNECTER

ALLER SUR https://fr.kobo.com/writinglife

<CLIC G> SUR   Connectez-vous

SAISIR LES IDENTIFIANTS CRÉÉS PRÉCÉDEMMENT

Rakuten kobo

Créer un compte Kobo

Connexion

Adresse e-mail

Mot de passe   

En continuant, vous confirmez que vous
acceptez les **Conditions d'utilisation** et que
vous avez pris connaissance de la **Politique
de confidentialité**

Connexion

5. ENREGISTRER AU FORMAT E'PUB

Le site accepte de télécharger des fichiers au format, DOCX, MOBI ou E'PUB. La conversion n'est pas toujours satisfaisante. Il est donc conseillé de passer par le logiciel Calibre décrit plus loin.

6. CRÉER LA FICHE DU LIVRE

Là encore, il faut renseigner les ouvrages à diffuser.

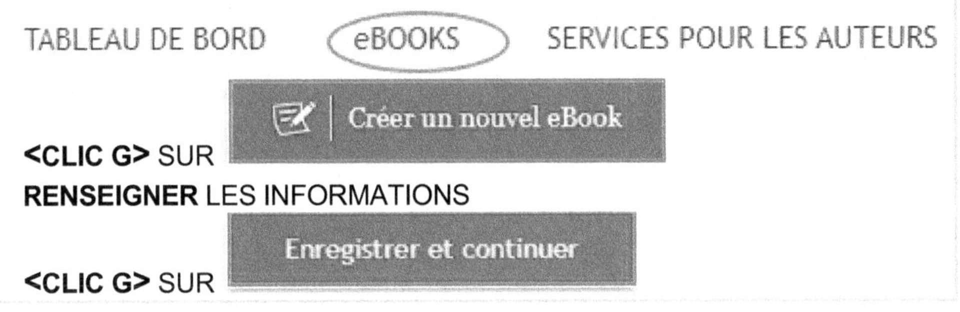

<CLIC G> SUR

RENSEIGNER LES INFORMATIONS

<CLIC G> SUR

NOUVEL eBOOK

DÉCRIRE CET eBOOK

Titre de l'eBook

À RENSEIGNER

Sous-titre de l'eBook

facultatif

Nom de la collection

facultatif

Auteur(s)

À RENSEIGNER

Ajouter un autre auteur

Nom de l'éditeur

Marque éditoriale

facultatif

Téléchargez la couverture de votre livre

<CLIC G> POUR AJOUTER UNE COUVERTURE

Est-ce la première fois que vous publiez votre livre ?

 Oui    Non

eISBN   Catégories

facultatif

ISBN de la version papier   Modifier les catégories

facultatif   ► Ados et **<CLIC G> POUR AJOUTER UNE CATÉGORIE**

Langue de l'eBook   ► Bandes Dessinées   ► Littérature et fiction

Français   ► Biographies   ► Littérature sentimentale

Ce contenu fait-il partie du dom   ► Commerce et finance   ► Policier et thriller

◯ Oui   ◉ Non   ► Essais et documents   ► SF et Fantasy

Résumé

C'est là que vous attirez et informez vos lecteurs potentiels. Le résumé est affiché en évidence sur le site
Kobo-FNAC et sur les sites des magasins de vente de nos partenaires.

Dans l'éditeur, appuyez sur `Alt + 0` pour afficher les instructions d'accessibilité

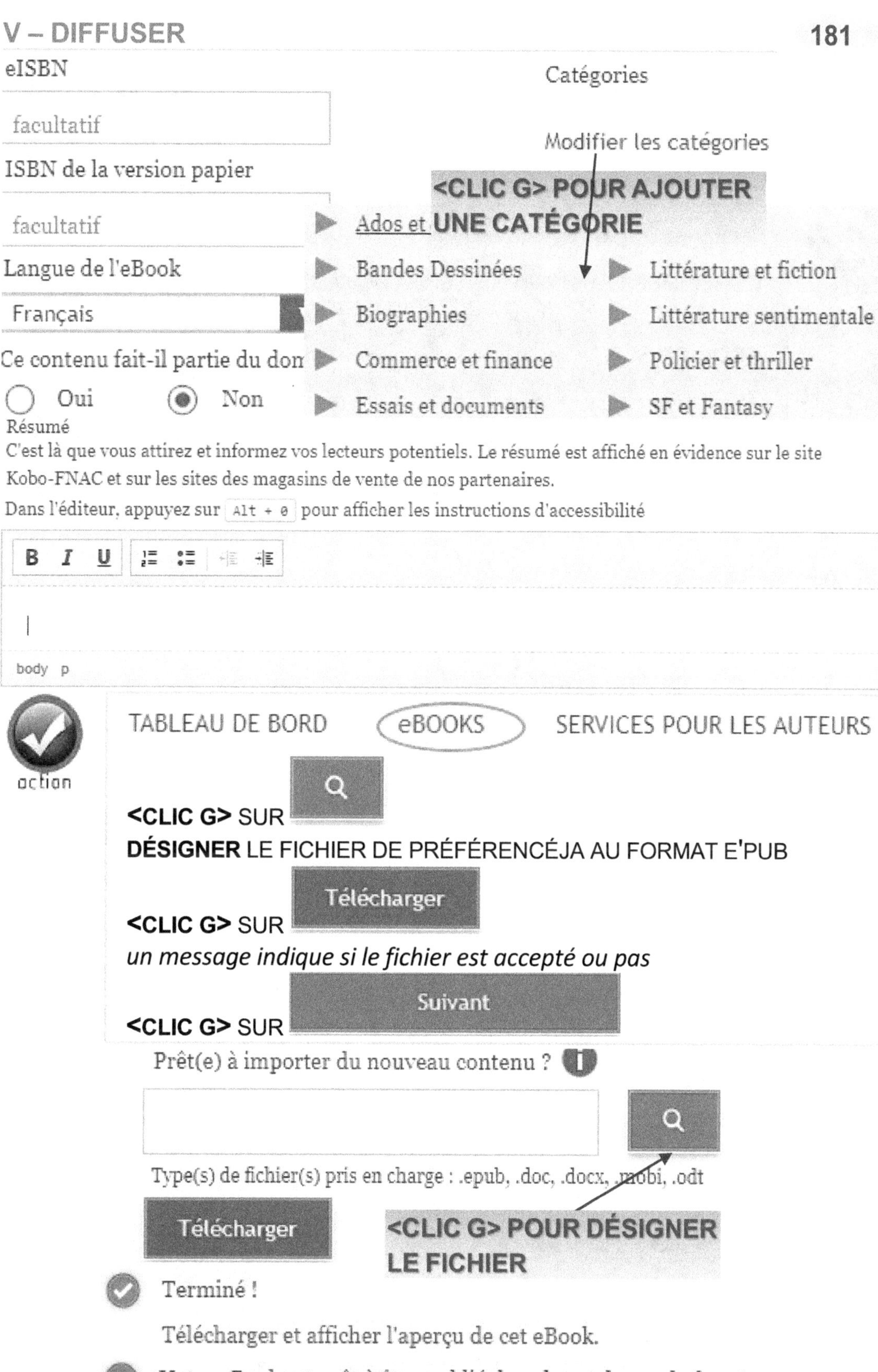

182

conseil

Après le téléchargement, **<clic g>** sur
Télécharger et afficher l'aperçu de cet eBook. pour visualiser et
conserver le fichier

action

TABLEAU DE BORD   eBOOKS   SERVICES POUR LES AUTEURS

CONFIRMER LES DROITS INTERNATIONAUX

<CLIC G> SUR   Enregistrer et continuer

Appliquer la gestion des droits numériques

Droits de distribution géographiques
Vous détenez les droits dans tous les territoires géographiques.

action

TABLEAU DE BORD   eBOOKS   SERVICES POUR LES AUTEURS

INDIQUER LE PRIX

<CLIC G> SUR   Enregistrer et continuer

<CLIC G> SUR   Publier l'eBook

Toutes les étapes de la création sont maintenant effectuées.

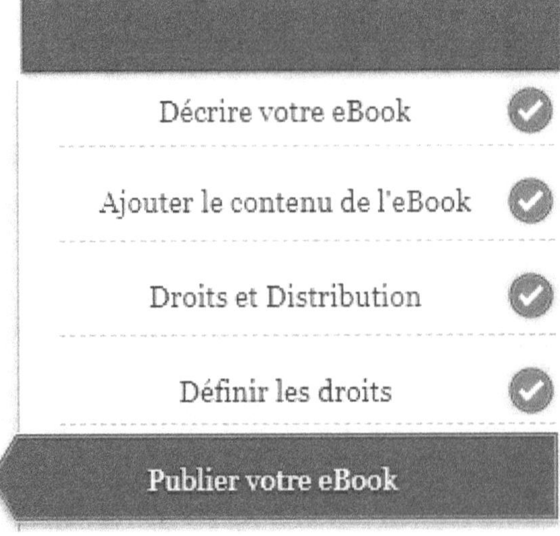

7. VOIR LES VENTES DU LIVRE

Le livre sera visible sur le site d'ici 24 heures. Le tableau de bord
indique les ventes.

TABLEAU DE BORD   eBOOKS   SERVICES POUR LES AUTEURS

<CLIC G> SUR TABLEAU DE BORD
les ventes s'affichent

TABLEAU DE BORD   janvier 2021 | Ce mois-ci ▼

APERÇU DES VENTES   VENTES PAR LIVRE   VENTES PAR RÉGION

STATISTIQUES JANVIER 2021	TOTAL
5 eBooks vendus	5 eBooks vendus
€27,⁹⁸ Gains estimés	€27,⁹⁸ Gains estimés

D. GOOGLE BOOKS

Google books accepte les formats E'PUB ou PDF. Il existe 2 niveaux :
GOOGLE BOOKS pour la publication et GOOGLE PLAY pour la monétisation.

Google books permet aussi d'afficher les extraits du livre indiqué
avec un script de ce type :

```
<script type="text/javascript"
src="//books.google.com/books/previewlib.js"></script>
<script type="text/javascript">
GBS_setLanguage('fr');
GBS_insertPreviewButtonPopup('ISBN:9782491902049',680,800);
</script>
```

INDIQUER ICI L'ISBN DU LIVRE

1. ACCEDER À GOOGLE BOOKS

Le chemin d'accès est le suivant :
https://play.google.com/books/publish

Touchez de nouveaux lecteurs,
vendez plus de livres !

Publiez vos livres sur Google Play Livres et touchez
vos lecteurs sur leur plate-forme préférée

Premiers pas

2. SE CONNECTER

Il faut se connecter avec son compte GOOGLE.

Centre des partenaires Livres   Se connecter

<CLIC G> SUR Se connecter

3. COMPLÉTER OU MODIFIER

Saisir les informations complémentaires

Centre des partenaires Livres

<CLIC G> SUR ⚙ Paramètres de compte   (À GAUCHE)

COMPLÉTER LES INFORMATIONS

<CLIC G> SUR Enregistrer

<CLIC G> SUR Centre de paiement

<CLIC G> SUR ➕ Ajouter un profil de paiement   POUR CRÉER UN

PROFIL DE PAIEMENT

<CLIC G> SUR Envoyer

la création du profil peut ne pas être immédiate

4. CRÉER LA FICHE DU LIVRE

Là encore, il faut créer la fiche du livre.

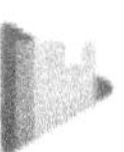

Centre des partenaires Livres

À propos du livre   Genres

<CLIC G> SUR 📖 Catalogue des livres

<CLIC G> SUR ➕ Ajouter un livre

CHOISIR Vendre un e-book sur Google Play **ET**

Obtenir un ID de livre Google (GGKEY)

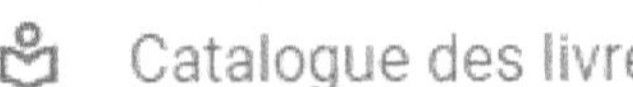

<CLIC G> SUR Enregistrer et continuer

SAISIR LES INFORMATIONS DEMANDÉES

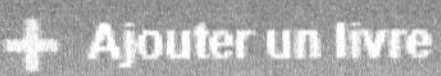

<CLIC G> SUR Enregistrer et continuer

À propos du livre   Genres   Contributeurs   Paramètres

À propos du livre

Titre

mon livre   **À RENSEIGNER**   + Ajouter un sous-titre

Description

B *I* U̲ X̶   **À RENSEIGNER**

je décris ici mon livre, son sujet, son public...

Identifiant du livre   Langue

GGKEY:96DCHCHJZB7   français   **À RENSEIGNER**

Âge minimal   Âge maximal   Pour un public adulte ? ⑦

                                                      Oui   Non

                                        Enregistrer   **Enregistrer et continuer**

Centre des partenaires Livres

Genres   Contributeurs

DÉSIGNER LA CATÉGORIE "BISAC"
AJOUTER LA CATÉGORIE "CLIC"

<CLIC G> SUR   **Enregistrer et continuer**

À propos du livre   Genres   Contributeurs   Paramètres

Genres

Facilitez la découverte de votre livre par les lecteurs en lui attribuant des genres
standards dans l'industrie

BISAC (Amérique du Nord) **À RENSEIGNER** Business & Economics / Ec **À RENSEIGNER** ×

CLIL (France)   **AJOUTER**   (3163) SCIENCES HUMAINE **À RENSEIGNER** ×

+ Ajouter un genre   Enregistrer   **Enregistrer et continuer**

action

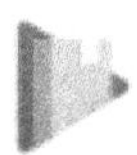 Centre des partenaires Livres

Contributeurs   Paramètres

INDIQUER L'AUTEUR
AJOUTER UN ÉVENTUEL CO-AUTEUR

<CLIC G> SUR Enregistrer et continuer

À propos du livre   Genres   Contributeurs   Paramètres

Contributeurs

Indiquez aux lecteurs les personnes qui ont créé le livre

Mon nom d'auteur   À RENSEIGNER   Auteur   ▾   ✕

B *I* U̲ X̶   À RENSEIGNER

Qui suis-je ?

+ Ajouter un contributeur   Enregistrer   Enregistrer et continuer

action

 Centre des partenaires Livres

Contributeurs   Paramètres

INDIQUER SI VOUS SOUHAITEZ DES DRM (*limitation de droits d'usage lourde pour le lecteur*)
INDIQUER LA PROPORTION DU LIVRE CONSULTABLE AVANT ACHAT
INDIQUER SI VOUS PERMETTEZ UN COPIER/COLLER D'EXTRAITS

<CLIC G> SUR Enregistrer et continuer

À propos du livre   Genres   Contributeurs   Paramètres

Déterminez la façon dont votre livre s'affiche dans la recherche
Paramètres
Google Play et Google Livres

Utiliser le chiffrement DRM ? ⑦   Limite applicable à l'aperçu ⑦   Limite applicable au copier/coller ⑦

Non (recommandé)   ▾   40 %   À RENSEIGNER   0 %   ▾

Afficher les paramètres avancés ⌄

Enregistrer   Enregistrer et continuer

 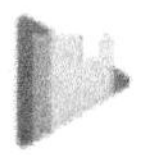

Centre des partenaires Livres

<CLIC G> SUR ↑ Importer un fichier   *préférer un fichier "epub"*

<CLIC G> SUR Fermer

<CLIC G> SUR Continuer

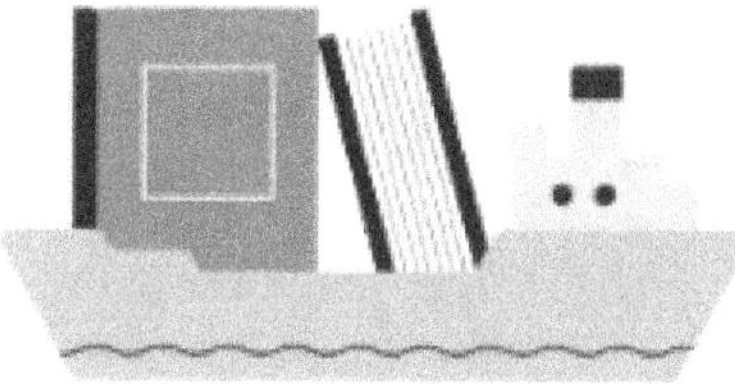

Contenu et couverture

**<CLIC G> POUR DÉSIGNER
LE FICHIER**

Vérifiez les fichiers de votre livre

En savoir plus

↑ Importer un fichier

Continuer

Centre des partenaires Livres

SAISIR LE PRIX DU LIVRE

<CLIC G> SUR Enregistrer et continuer

Prix du livre

Définissez les prix de vente de votre livre sur Google Play

| EUR ▾ | € 9,5 | WORLD ▾ ✕ |

Afficher plus de paramètres ⌄

Enregistrer   Enregistrer et continuer

action

 # Centre des partenaires Livres

VÉRIFIER LES INFORMATIONS

<CLIC G> SUR Publier

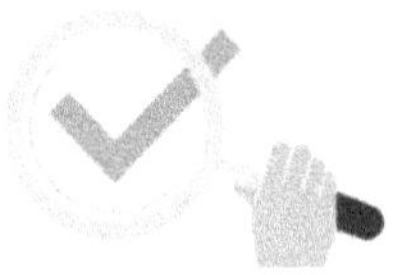

Examiner et publier

Confirmez que toutes les informations sont correctes avant de publier le livre

Détails du livre

Identifiant	GGKEY:96DCHCHJZB7	Description	je décris ici mon livre, son sujet, son public...
Titre	mon livre	Genres	Business & Economics / Economics / General et 1 autre
Auteur	Mon nom d'auteur	Éditeur	www.informatique-bureautique.com

Contenu et couverture

 Contenu
GGKEY:96DCHCHJZB7.pdf

 Couverture

Prix du livre

 EUR €9,50
Monde entier (660 pays)

Publier

avancé

Google books permet aussi d'afficher les extraits du livre indiqué avec un script de ce type :

```
<script type="text/javascript"
src="//books.google.com/books/previewlib.js"></script>
<script type="text/javascript">
GBS_setLanguage('fr');
GBS_insertPreviewButtonPopup('ISBN:9782491902049',680,800);
</script>
```

INDIQUER ICI L'ISBN DU LIVRE

notes

5. VOIR LES VENTES DU LIVRE

Les rapports de consultation et de ventes sont disponibles.

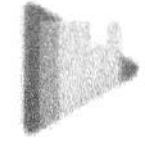 Centre des partenaires Livres

<CLIC G> SUR ⌂ Accueil

OU SUR **SÉLECTIONNER** LE TYPE DE RAPPORT ET LA PÉRIODE
le rapport est téléchargé et lu dans Excel

Statistiques clés

Bénéfices	Unités vendues	En ligne sur Google Play
76 €	17	17
⬈ +27 % par rapport aux 12 mois précédents	⬈ +21 % par rapport aux 12 mois précédents	

Pour des statistiques plus détaillées, vous pouvez choisir

Analyses et rapports et sélectionner le type de rapport et la période ; le rapport est téléchargé et lu dans Excel

E. CALIBRE

Calibre est un logiciel libre et gratuit qui permet de gérer des livres numériques de tout format. Il permet de gérer les métadonnées (*titre, auteur, éditeur…*), les DRM et de modifier le code et les feuilles de style des fichiers E'PUB ou KINDLE. Il convertit et vérifie un fichier.

1. INSTALLER CALIBRE

Il faut d'abord le télécharger puis l'installer sur l'ordinateur.

NAVIGATEUR

SE RENDRE À L'ADRESSE : https://calibre-ebook.com/

<CLIC G> SUR DOWNLOAD CALIBRE ▶

<CLIC G> SUR Windows PUIS SUR Download calibre

<DOUBLE CLIC> SUR LE FICHIER TÉLÉCHARGÉ

ACCEPTER LA "LICENCE AGREEMENT" PUIS **<CLIC G>** 🛡Install

AUTORISER L'APPLICATION ET **SUIVRE** LES INSTRUCTIONS POUR

INSTALLER L'APPLICATION PUIS **<CLIC G>** SUR Finish

Please wait while the Setup Wizard installs calibre.

Status: Copying new files

2.   LANCER CALIBRE

Calibre se lance à partir du menu démarrer, du bureau, de la barre des tâches…

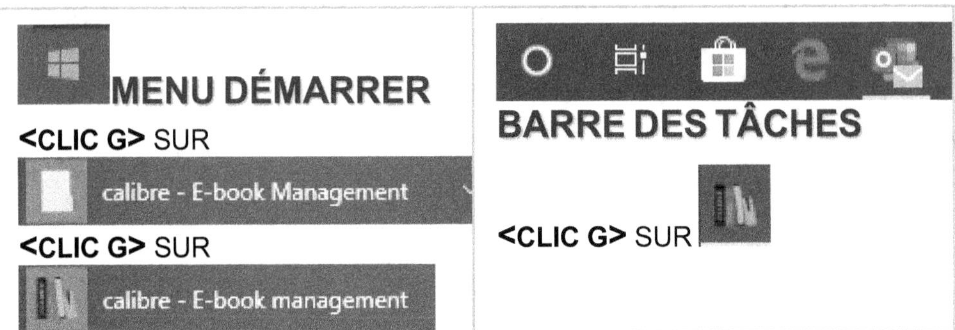

3. AJOUTER UN LIVRE

L'ajout du livre est l'ajout d'un fichier. Si plusieurs formats existent pour un livre, il est possible de les ajouter : Calibre les reconnaît.

CALIBRE

<CLIC G> SUR Ajouter des livres

DÉSIGNER LE FICHIER

<CLIC G> SUR Ouvrir

4. CONVERTIR UN LIVRE

Calibre permet la conversion entre différents formats, notamment de fichiers Adobe (.pdf) ou Word (.docx) vers des fichiers Ebook (.epub).

CALIBRE

<CLIC G> SUR LE LIVRE AJOUTÉ AU FORMAT À CONVERTIR

<CLIC G> SUR Convertir des livres

VÉRIFIER LE FORMAT D'ORIGINE EN HAUT ET À GAUCHE ET LE FORMAT DE SORTIE À DROITE

METTRE À JOUR ÉVENTUELLEMENT LES INFORMATIONS DE CONVERSION

✓ OK POUR VALIDER

la tâche de conversion apparaît en bas et à droite de calibe :

  •   **Tâches : 1**

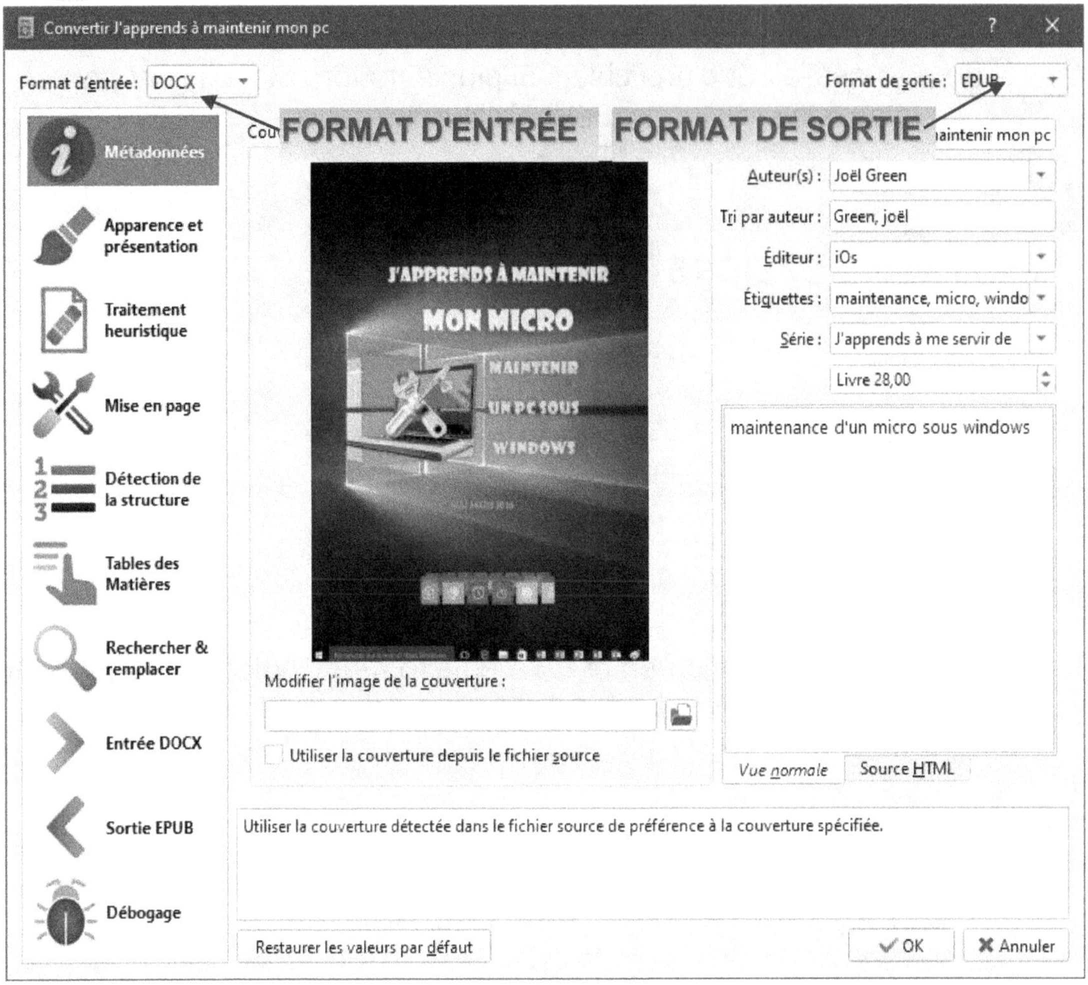
Convertir J'apprends à maintenir mon pc
Format d'entrée : DOCX
Format de sortie : EPUB
FORMAT D'ENTRÉE
FORMAT DE SORTIE
Métadonnées
Apparence et présentation
Traitement heuristique
Mise en page
Détection de la structure
Tables des Matières
Rechercher & remplacer
Entrée DOCX
Sortie EPUB
Débogage
J'APPRENDS À MAINTENIR
MON MICRO
Auteur(s) : Joël Green
Tri par auteur : Green, joël
Éditeur : iOs
Étiquettes : maintenance, micro, windo
Série : J'apprends à me servir de
Livre 28,00
maintenance d'un micro sous windows
Modifier l'image de la couverture :
Utiliser la couverture depuis le fichier source
Vue normale
Source HTML
Utiliser la couverture détectée dans le fichier source de préférence à la couverture spécifiée.
Restaurer les valeurs par défaut
OK
Annuler

calibre - Tâches
Chercher une tâche par son nom
Rechercher
Tâche
Statut
Progression
Temps d'exécution
Heure de début
1 Convers... Exécution de ... 67% 1m 15s 11:35 -- 29 janv.
Arrêter les tâches sélectionnées
Masquer les tâches sélectionnées
Afficher le détail de la tâche
Afficher toutes les tâches
Arrêter toutes les tâches ne concernant pas les périphériques
Masquer toutes les tâches

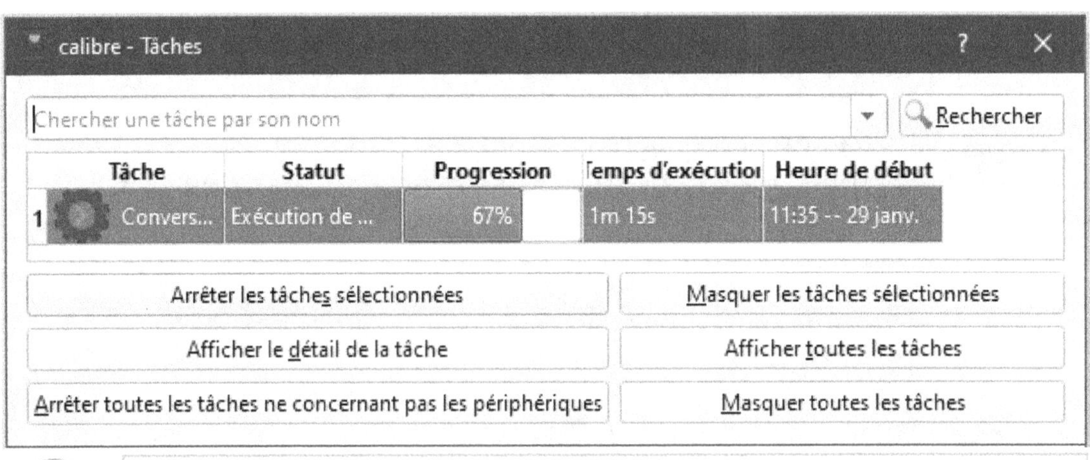

notes

5. METTRE À JOUR LES MÉTADONNÈES

Les métadonnées sont toutes les informations concernant le livre
(auteur, description, isbn…) Cette opération s'effectue sans ouvrir le
livre.

CALIBRE

<CLIC G> SUR LE LIVRE DANS LA LISTE POUR LE SÉLECTIONNER

<CLIC G> SUR   Editer les métadonnées

METTRE À JOUR LES DONNÉES

<CLIC G> SUR   ✓ OK

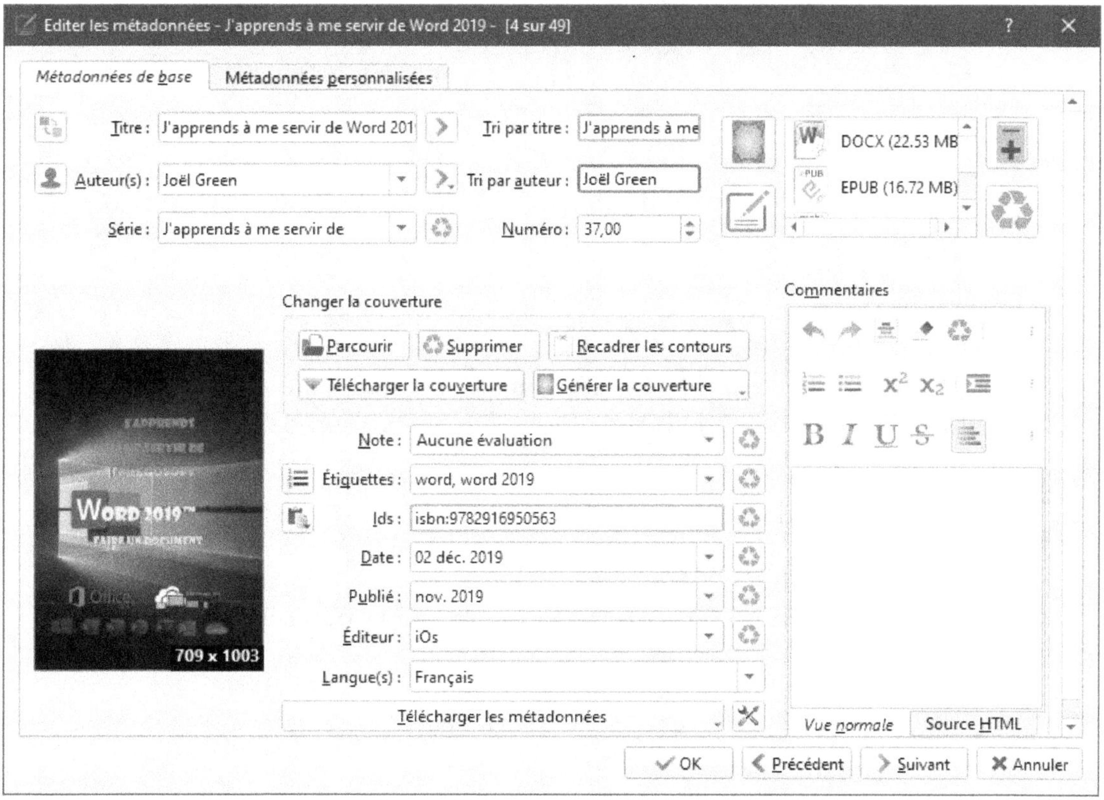

6. VISUALISER LE LIVRE

Calibre permet d'afficher le contenu du livre.

  **CALIBRE**

<CLIC G> SUR LE LIVRE DANS LA LISTE POUR LE SÉLECTIONNER
<DOUBLE CLIC> SUR LE LIVRE

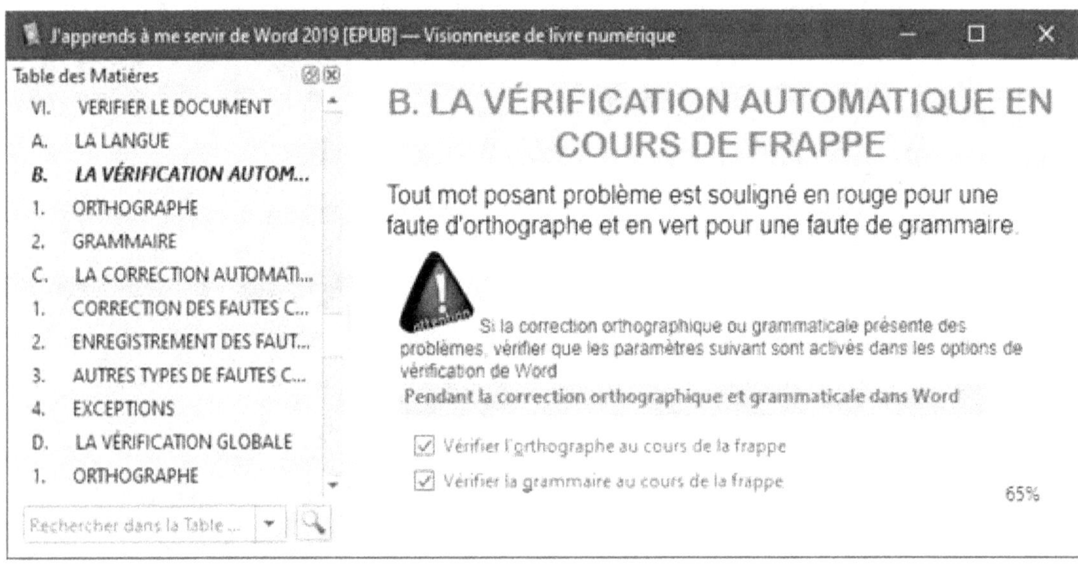

7. MODIFIER UN FICHIER E'PUB

Un fichier E'pub contient des fichiers html et une feuille de style.
Calibre peut modifier ces fichiers "inclus" (*connaissances de html conseillée*).

  **CALIBRE**

<CLIC G> SUR LE LIVRE DANS LA LISTE POUR LE SÉLECTIONNER

<CLIC G> SUR Editer le livre

VOLET GAUCHE : <DOUBLE CLIC> SUR LE FICHIER À OUVRIR
son code s'affiche dans le volet du milieu

VOLET DU MILIEU : MODIFIER LE CODE
le volet droit affiche aussitôt les modifications

VOLET DROIT : AFFICHER UN APERÇU DU FICHIER

<CLIC G> SUR  POUR SAUVEGARDER LES MODIFICATIONS

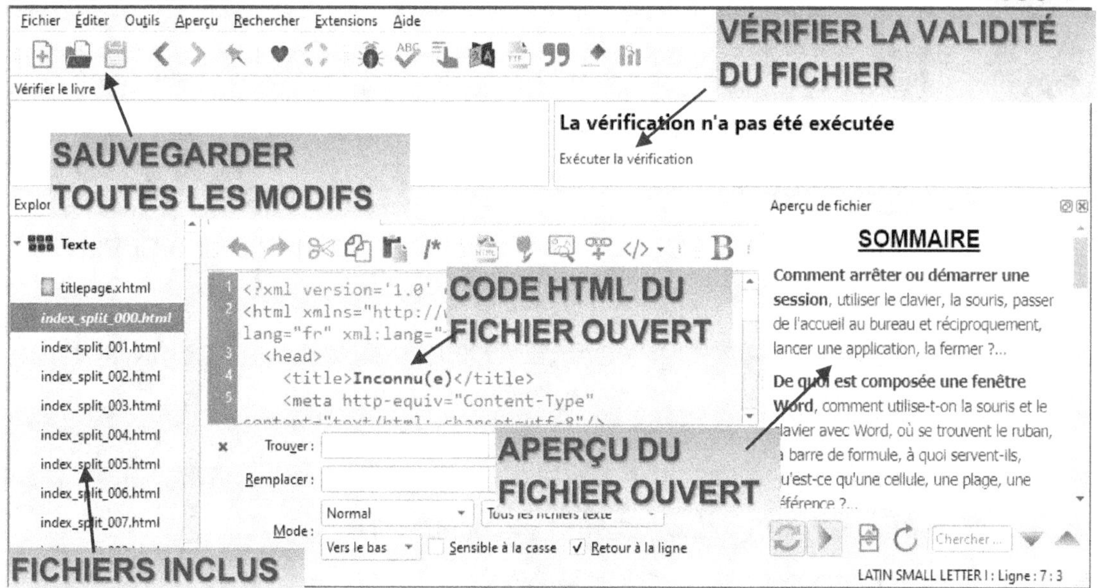

Lors de la validation du fichier E'pub par http://validator.idpf.org/ ou ici par , une liste d'erreurs à corriger apparaît

Modifications éventuelles à effectuer :

Dans le fichier epub "stylesheet.css" :
Titres : enlever les balises de type <ol class="list_1"> et inclure la lettre de liste dans le titre et mettre <p></<p> à la place de <li> </li> pour I, II, III"
Liste : Remplacer "list-item" par "list"
Marges : margin-left: 0pt... réduire les marges au maximum

8. DÉCOMPRESSER UN FICHIER MOBI

Les fichiers .mobi utilisés par Kindle sont eux aussi des fichiers html compressés. Une extension Calibre permet de les décompresser.

Nom	Modifié le	Type	Taille
HDImages	29/01/2021 11:25	Dossier de fichiers	
mobi7	29/01/2021 11:25	Dossier de fichiers	
mobi8	29/01/2021 11:25	Dossier de fichiers	
cover.jpg	04/06/2020 10:10	Fichier JPG	84 Ko
kindlegenbuild.log	29/01/2021 11:25	Document texte	4 Ko
kindlegensrc.zip	29/01/2021 11:25	Fichier WinZip	17 209 Ko
metadata.opf	04/06/2020 10:10	Document OPF	3 Ko

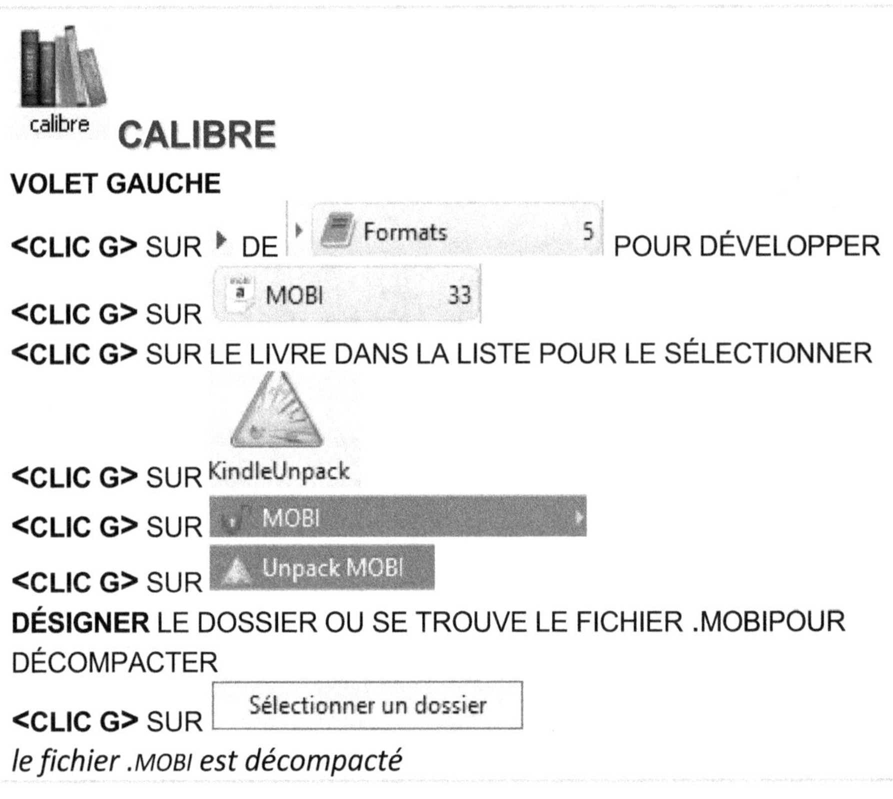

CALIBRE

VOLET GAUCHE

<CLIC G> SUR ▶ DE Formats 5 POUR DÉVELOPPER

<CLIC G> SUR MOBI 33

<CLIC G> SUR LE LIVRE DANS LA LISTE POUR LE SÉLECTIONNER

<CLIC G> SUR KindleUnpack

<CLIC G> SUR MOBI

<CLIC G> SUR Unpack MOBI

DÉSIGNER LE DOSSIER OU SE TROUVE LE FICHIER .MOBIPOUR DÉCOMPACTER

<CLIC G> SUR Sélectionner un dossier

le fichier .MOBI est décompacté

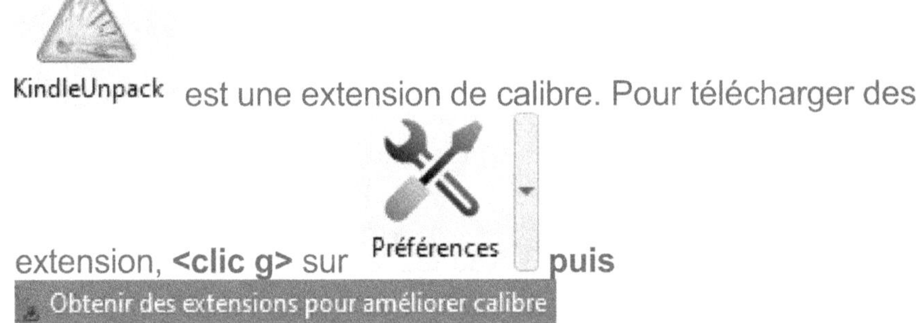

KindleUnpack est une extension de calibre. Pour télécharger des extension, **<clic g>** sur Préférences puis Obtenir des extensions pour améliorer calibre

VI.   EXERCICES

A. EXERCICE LONG
DOCUMENT

LA STRUCTURE DE L'ENTREPRISE
Une entreprise n'est pas un rassemblement d'hommes travaillant ensemble. Elle est un ensemble organisé, avec une structure et un objectif. L'objectif fondamental, en principe, doit rarement varier au cours de la vie de l'entreprise. Par contre, l'ensemble des sous-objectifs peut varier en fonction de l'environnement et de la structure : ce sont en effet des moyens d'atteindre l'objectif fondmental.
STRUCTURE ET ORGANIGRAMME
La structure d'une entreprise performante n'est pas son organigramme. L'organigramme est un schéma sur le papier de ce que devrait être l'organisation des hommes dans l'entreprise. L'organigramme représente donc l'organisation idéale voulue par l'entreprise à une période donnée. Deux remarques s'imposent donc. Premièrement l'organigramme n'est pas forcément l'organisation idéale dans l'absolu pour l'entreprise, son objectif et son environnement. Deuxièmement, l'organigramme n'est pas toujours respecté dans la pratique pour un ensemble de raisons : par exemple les affinités personnelles ou les conditions réelles de la vie de l'entreprise. Par conséquent, l'organigramme est susceptible d'être modifié, ce qui ne signifie pas qu'il ne doit pas être respecté.

L'organigramme est un élément de la structure : il permet de déterminer la responsabilité de chacun des menbres de l'entreprise. La liberté d'agir dans cette responsabilité (champs d'action) de chacun de ses membres est le deuxième élément. C'est ce que chacum a le pouvoir de faire. On ne peut pas parler de responsabilité s'il n'existe pas de pouvoir associé. Un équilibre entre la responsabilité et la liberté d'agir est la base d'une struture eficace.
COMMENT DEFINIR UNE STRUCTURE
La définition d'une structure comprend deux étapes. D'abord, il faut déléguer les responsabilités pour aboutir à la définition des centres de responsabilité grâce à l'organigramme. Déléguer une responsabilité à un individu, c'est le rendre responsable de la réalisation d'un sous-objectif précis. Un individu n'est pas responsable d'une machine : il répond par exemple de la qualité de production de cette machine, ou il répond de son parfait état de marche dans certaines conditions d'emploi.
LES DIFFERENTES FONCTIONS
Direction
La direction prend les décisions strataigique
Financiere
Le service financier effectue toutes les opérations de compabilisation ainsi que la gestion prévisionnelle des comptes
Personnel
Le service du personel gére la totalité du personnel des exploitations et établit la paie de la totalité des salariés.
Exploitation
Le service exploitaton vient en renfort des chefs d'agence, assure la liaison entre les agences et l'homogénéité des procédures d'exploitation.
Commercial
Le service comercial centralise au siége les relations commerciales avec les gros clients ainsi que l'ensemble des relations commerciales internationales.

Ouvrir le document "exercice long document" et en utilisant éventuellement "exercice long document ok" comme modèle :

Corriger éventuellement les fautes d'orthographe avec le clic droit

Modifier le style "TITRE1" selon les caractéristiques suivantes :
<u>caractères</u>

Mise en forme

| Verdana | 16 | **G** | *I* | <u>S</u> | |

Retrait :
Gauche : 1,5 cm
Première ligne : 0 cm
<u>Paragraphe</u>   Droite : 1,5 cm, Centré, Espace
Droite : 1,5 cm, Centré, Espace
Avant : 12 pt
Après : 6 pt, Paragraphes solidaires, Niveau 1, Bordure :
Encadrement : (Traits pleins doubles, Texte 2, 0,5 pt Épaisseur du trait)

Créer une section pour chacune des parties avec le début de la section sur la page suivante

Créer les entêtes (titre du chapitre) et pieds de page suivants sur la première page en reprenant le titre de chaque chapitre :

SOMMAIRE   exercice long document ok.docx   21/01/2021

Reproduction réservée   dernière impression 25-janv.-16

Définir les appels de note et notes suivantes en bas de page :
1 -"entreprise" dans "une entreprise n'est pas un rassemblement d'hommes...."
mettre la note : "au sens économique du terme"
2 -"structure" dans "la structure d'une entreprise..."
mettre la note : "c'est ici le squelette de l'entreprise "
3 - ""service financier

Mettre un signet désignant le paragraphe suivant :

L'organigramme est un élément de la structure : il permet de déterminer la responsab
de chacun des membres de l'entreprise. La liberté d'agir dans cette responsabilité (cham
d'action) de chacun de ses membres est le deuxième élément. C'est ce que chacun a le
pouvoir de faire. On ne peut pas parler de responsabilité s'il n'existe pas de pouvoir asso
Un équilibre entre la responsabilité et la liberté d'agir est la base d'une structure efficace.

Insérer un renvoi de page désignant le signet ainsi défini à coté de "organigramme" dans

La définition d'une structure comprend deux étapes. D'abord, il faut déléguer les responsabilités pour aboutir à la définition des centres de responsabilité grâce à l'organigramme. Déléguer une responsabilité à un individu, c'est le rendre responsable de

du type (voir page xxx pour une définition plus complète de l'organigramme)" dans "liste des différentes fonctions"

Insérer une citation relative à la page 26 de la source suivante

KHEMAKHEM, A. (1977). *LA DYNAMIQUE DU CONTROLE DE GESTION*. DUNOD.

Créer une nouvelle section en fin de document
Indiquer comme entête de cette section "bibliographie"
Insérer la bibliographie

Créer des légendes pour tous les tableaux, illustrations et autres
Insérer en fin de document, dans sa propre section et avec son propre entête, une table des illustrations

Marquer les entrées d'index de votre choix
Insérer un index à la fin du document sur sa propre page sans numérotation
(2 ou 3 colonnes, points de suite...)

Mettre la 2éme partie "structure et organigramme" sur deux colonnes de tailles égales tout en conservant un titre centré par rapport à la page (COMME CI-DESSUS)

Afficher le plan du document
Développer et réduire les niveaux

Faire un sommaire (TABLE DES MATIÈRES) au début du document dans une section à part
Personnaliser la présentation avec les styles "tm"

Insérer un commentaire pour "organigramme"
Mettre le commentaire suivant : "la structure ?"
Afficher le document original avec et sans les marques puis le document final
Afficher le volet de vérification
Activer le suivi s'il ne l'est pas
Effectuer quelques modifications de texte et de mise en forme (*une ou deux*)
Les accepter ou les refuser dans le volet de vérification
Sur la deuxième page, créer la zone de texte suivante

Insérer l'image "entreprise.jpg" des exercices en dessous du sommaire
Diminuer le contraste de l'image et la recolorier selon une variation légère
Choisir le style "ellipse à contour adouci" et les effets suivants :
Ombre "décalage diagonal bas gauche", "lumière de couleur accentuation 6" et "bordures arrondies 5 points"
La mettre en arrière-plan

Sur la page "la structure de l'entreprise"
insérer une image "CLIPART" sur le thème de l'entreprise
Rendre l'image "CLIPART" indépendante, la redimensionner et la positionner
Sur la page "structure et organigramme"
Relier les deux colonnes par la forme
Modifier cette forme (DIMENSIONS, ORIENTATION, OMBRE, DÉGRADÉ...)
Sur la 1ère page
Insérer une image "WordArt" avec le texte "sommaire
Sur la page "les différentes fonctions"
Créer un tableau de 6 lignes et 3 colonnes

	Couleur	Forme
Direction	1	
Financière	2	
Personnel	3	
Exploitation	4	
Commercial	5	

Affecter une bordure de type "toutes les bordures" à tout le tableau
avec les caractéristiques suivantes : "ligne pleine, 1 point, bleu"
Dans le document "exercice long document" page "les différentes fonctions"
Insérer un graphique et saisir les données suivantes à la place de celles existantes

	A	B
1		budget
2	Direction	250
3	Financière	205
4	Personnel	195
5	Exploitation	200
6	Commercial	175

Définir la zone affichée puis fermer la feuille de données
Modifier le style de la mise en forme du graphique pour un fond blanc
Ajouter comme titre de graphique "budget"
Ajouter comme titre de l'axe vertical "en M€"
Réduire la taille de police et présenter comme ci-après

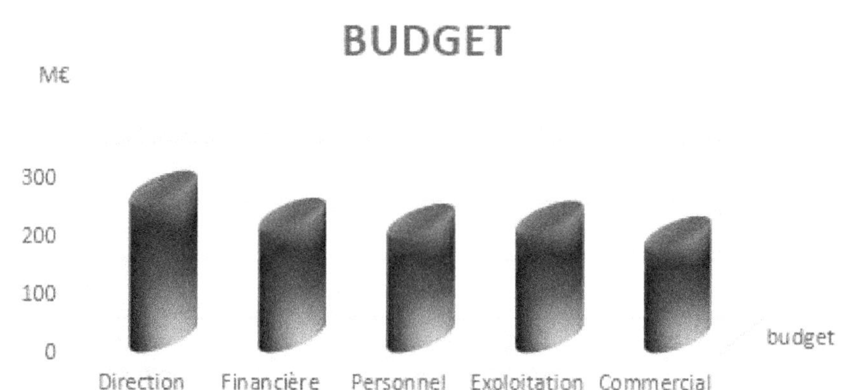

Figure 5

Sur la page "Comment définir une structure"
insérer un objet diagramme au milieu de la page
Renseigner le texte et insérer les images (*direction, financier et personnel du dossier* EXOSWRDLD *des exercices*)

Sur la page "Les différentes fonctions"
Insérer une équation comme ci-dessous à la suite du graphique.
$$Si \sum^{1} \sqrt[3]{3\alpha^{2i}} \leq \lceil\lceil ax2 + 3x - 6\rceil \Rightarrow \alpha = \infty$$

Sur la page "structure et organigramme"
Créer un signet sur la référence bibliographique appropriée par "bibliographie"
KHEMAKHEM, A. (1977). *LA DYNAMIQUE DU CONTROLE DE GESTION.* DUNOD.

Sélectionner la référence bibliographique du 1er paragraphe et
Insérer un lien vers le signet de "bibliographie". Le tester

L'organigramme (KHEMAKHEM, 1977,
p. 26) (KHEMAKHEM, 1977, p. 26) n'est

Reprendre les différents objets et leur affecter selon les besoins des bordures, trames et couleurs de fond et effets de manière homogène

Utiliser "exercice long document ok" comme modèle

202

B. DOCUMENT OK

Sommaire

I. LA STRUCTURE DE L'ENTREPRISE — 2
II. STRUCTURE ET ORGANIGRAMME — 3
III. COMMENT DÉFINIR UNE STRUCTURE — 4
IV. LES DIFFERENTES FONCTIONS — 5
V. BIBLIOGRAPHIE — 6
VI. ILLUSTRATIONS — 7
VII. INDEX — 8

I. LA STRUCTURE DE L'ENTREPRISE

Une entreprise[1] **n'est pas un rassemblement d'hommes travaillant ensemble.** Elle est un ensemble organisé, avec une structure et un objectif. L'objectif fondamental, le plus souvent, doit rarement varier pendant la vie de l'entreprise. Par contre, l'ensemble des sous-objectifs peut varier en fonction de l'environnement et de la structure[2] : ce sont en effet des moyens d'atteindre l'objectif fondamental.

[1] Au sens économique du terme
[2] C'est ici le squelette de l'entreprise

II. STRUCTURE ET ORGANIGRAMME

La structure d'une entreprise performante n'est pas son organigramme. L'organigramme est un schéma sur le papier de ce que devrait être l'organisation des hommes dans l'entreprise. L'organigramme (KHEMAKHEM, 1977, p. 26) (KHEMAKHEM, 1977, p. 26) n'est pas forcément l'organisation idéale dans l'absolu pour l'entreprise, son objectif et son environnement. Deuxièmement, l'organigramme n'est pas toujours respecté dans la pratique pour un ensemble de raisons :

Par exemple les affinités personnelles ou les conditions réelles de la vie de l'entreprise. Par conséquent, l'organigramme est susceptible d'être modifié, ce qui ne signifie pas qu'il ne doit pas être respecté.

L'organigramme est un élément de la structure : il permet de déterminer la responsabilité de chacun des membres de l'entreprise. La liberté d'agir dans cette responsabilité (champs d'action) de chacun de ses membres est le deuxième élément. C'est ce que chacun a le pouvoir de faire. On ne peut pas parler de responsabilité s'il n'existe pas de pouvoir associé. Un équilibre entre la responsabilité et la liberté d'agir est la base d'une structure efficace.

Figure 1

III. COMMENT DÉFINIR UNE STRUCTURE

La définition d'une structure comprend deux étapes (Green, 2021). D'abord, il faut déléguer les responsabilités pour aboutir à la définition des centres de responsabilité grâce à l'organigramme (voir page 3 pour une définition plus complète de l'organigramme). Déléguer une responsabilité à un individu, c'est le rendre responsable de la réalisation d'un sous-objectif précis. Un individu n'est pas responsable d'une machine : il répond par exemple de la qualité de production de cette machine, ou il répond de son parfait état de marche dans certaines conditions d'emploi.

Figure 2

Figure 3

VI –EXERCICES

IV. LES DIFFÉRENTES FONCTIONS

Direction
La direction prend les décisions stratégiques
Financière
Le service financier[1] effectue toutes les opérations de comptabilisation ainsi que la gestion prévisionnelle des comptes
Personnel
Le service du personnel gère la totalité du personnel des exploitations et établit la paie de la totalité des salariés
Exploitation
Le service exploitation vient en renfort des chefs d'agence, assure la liaison entre les agences et l'homogénéité des procédures d'exploitation.
Commercial
Le service client centralise au siège les relations commerciales avec les gros clients ainsi que l'ensemble des relations commerciales internationales.

	COULEUR	FORME
Direction	1	
Financière	2	
Personnel	3	
Exploitation	4	
Commercial	5	

Figure 4

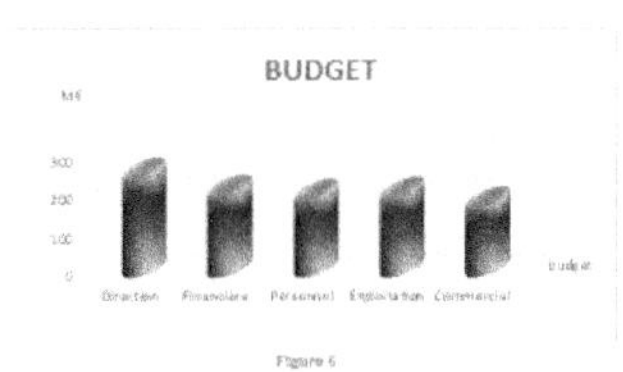

BUDGET

Figure 6

$$5\int \sqrt{3a} \le |ax2+3x-6| = \alpha = \infty$$

Figure 6

---

[1] Il inclut le plus souvent un service de gestion de valeurs boursières

V. BIBLIOGRAPHIE

Green, J. (2008) *J'apprends à me servir de Word 2007*. Saint Aubin sur mer: IOS.
KHEMAKHEM, A. (1977). *LA DYNAMIQUE DU CONTROLE DE GESTION*. DUNOD.

VI. ILLUSTRATIONS

Figure 1 3
Figure 2 4
Figure 3 4
Figure 4 5
Figure 5 5
Figure 6 5

VII. INDEX

centres, 5
chefs d'agence, 6
clients, 6
Commercial, 6
commerciales, 6
conditions, 5
définition, 6
déléguer, 5
Direction, 6
élément, 4
emploi, 5
entreprise, 2
équilibre, 4
étapes, 5
Exploitation, 6

Financière, 6
fonction, 2
individu, 5
liberté, 4
machine, 5
organigramme, 3
Personnel, 6
procédures, 6
production, 5
qualité, 5
relations, 6
responsabilité, 4
responsable, 5
siège, 6
structure, 2

notes

C. LONG DOCUMENT BRUT
exercice de synthèse

PRESENTATION

QU'EST-CE QU'UN SALON ?

Un salon est une manifestation qui regroupe plusieurs entreprises d'un même secteur d'activité. Celles-ci présentent alors au public leurs produits et services. Ce genre de manifestation a lieu régulièrement à une période donnée. Il existe ainsi de nombreux salons dont "le salon nautique". Cette manifestation où s'expose l'ensemble de la profession a lieu chaque année, au mois de décembre, à la Porte de Versailles.

Un salon regroupe, généralement, trois catégories de personnes : les organisateurs, les exposants et les visiteurs.

LES ORGANISATEURS :

Ils mettent en place ce type de manifestation (salon, exposition) afin que vendeurs et acheteurs d'un même secteur d'activité puissent se rencontrer et être au fait du progrès. Pourtant ils n'appartiennent en rien au secteur concerné. Ils apportent juste leur savoir faire, c'est à dire la logistique afin de mettre en place une telle manifestation.

LES EXPOSANTS :

Ils exposent au salon leur savoir faire, leur matériel. Ils présentent au public leur société et les produits qu'ils fabriquent. Ainsi, ils peuvent promouvoir leur secteur d'activité, séduire de nouveaux clients et trouver de nouveaux marchés.

LES VISITEURS :

Ce sont des acheteurs réels et potentiels. Ils s'informent sur les nouvelles techniques, les nouveaux produits, dans le secteur d'activité qui les concerne, à savoir celui qui est exposé. La définition de ces trois catégories de personnes, permet de faire la remarque suivante: actuellement un salon dépend essentiellement de la bonne entente des personnes qui le compose, ce qui s'avère parfois difficile. La raison en est simple : les organisateurs, malgré leur savoir faire, n'ont pas les mêmes objectifs que les exposants et les visiteurs car ils n'appartiennent pas au même secteur d'activité. Ne faisant pas partie de la profession, pour laquelle ils mettent sur pied cette manifestation, ils ne considèrent pas les choses de la même manière.

Ouvrir le document "long document brut"

1 Affecter les styles "titre 1", "titre 2", "titre 3" aux différents paragraphe de titres

les différents niveaux sont repérés par des couleurs pour vous faciliter le travail :

PRESENTATION :	titre 1
QU'EST-CE·QU'UN·SALON :	titre 2
LES·ORGANISATEURS·: :	titre 3

affecter la mise en forme de votre choix au premier paragraphe de titre et modifier le style "titre1" pour qu'il prenne en compte ces nouvelles caractéristiques

Faire la même chose pour "titre 2" et "titre 3"

2 Créer une section pour chacune des parties avec une mise en page verticale et le début de la section sur une nouvelle page mettre la partie II "identification du problème administratif sur 2 colonnes mais en gardant le titre centré

3 Créer un entête et un pied de page spécifique pour chacune des sections
reprendre le nom de la partie concernée en entête
Indiquer "reproduction interdite" à gauche et le N° de page à droite en pied de page
parcourir les sections avec l'ascenseur

4 Définir les appel de notes et notes suivantes avec numérotation en continu:
- fin du 1er paragraphe de texte 1ére page : *Porte de Versailles[1]"*,
mettre la note :

[1] Pour la porte de Versailles, prendre le périphérique Sud à la porte deSt Cloud

- dans "analyse l'existant" - "dates lieux" - fin 2éme paragraphe
avec 4 autres manifestations[2] , mettre la note :

[2] Possibilité d'acquérir un ticket global d'entrée à prix compétitif pour l'ensemble des 4 prestations
- dans "mise en place structure" "numérotation dossiers"

La numérotation[3] s'est effectuée
mettre la note :

[3] Elle était indispensable pour retrouver facilement les dossiers
parcourir les notes avec l'Ascenseur

5 Insérer un commentaire a l'attention de tous les relecteurs
- dernier paragraphe de " mise en place structure" :

56 champs ont été établis[ios1]
mettre le commentaire suivant :

[ios1]**Voir s'il n'y a pas possiblité de diminuer le nombre de champs nécessaire en les ra**
se déplacer au début du document et revenir au commentaire
par l'ascenseur

6 Début de document
mettre un signet désignant le paragraphe suivant - le nommer "acfi" :

a) Le salon ACFI

Le domaine du laboratoire est très vaste et certains secteurs n'ont pas de salon propre à leur activité. Ainsi, pour les entreprises du secteur Agro-alimentaire il existe un salon, mais essentiellement orienté sur les techniques et le matériel. En revanche, tout ce qui concerne le contrôle qualité n'est absolument pas traité. C'est un marché très intéressant et porteur car les entreprises doivent tenir compte de norme, de plus en plus rigoureuses, en matière d'hygiène et de sécurité. L'entreprise a alors décidé de créer un salon professionnel afin de pourvoir ce secteur. Ce salon qui a pour nom ACFI (Analytical Control for Food Industry) traite du contrôle qualité dans les entreprises Agro-alimentaires.

insérer des renvois de page désignant le signet ainsi défini pour toutes les occurrences de "salon acfi" à partir de ce point

7 Afficher le plan du document
numéroter le plan du document - modifier les styles pour qu'ils prennent en compte la numérotation

8 Faire un sommaire (table des matières) au début du document sur une page à part
faire en sorte que la numérotation du document n'inclue pas la table des matières

9 Marquer les entrées d'index de votre choix
compiler un index à la fin du document sur sa propre page sans continuité de la numérotation (2 ou 3 colonnes, points de suite...)

10 Refaire les tableaux en mode tableau de Word avec une présentation adéquate
(*il suffit de les sélectionner et de les convertir en tableau*)

11 insérer les commentaires suivants :

de Versailles[1].

Un salon regroupe, généralement, trois catégories de personnes : les organisateurs, les exposants et les visiteurs

salon qui existe depuis 43 ans et qui concerne tout le secteur scientifique. Or toutes les découvertes et techniques qui y sont exposées ne parviennent au continent

Notre rôle a donc

12 Afficher le document avec et sans les commentaires

Se baser sur le document "long document brut ok"

D. LONG DOCUMENT OK corrigé

SOMMAIRE

I. PRÉSENTATION 1
    A. QU'EST-CE QU'UN SALON ? 1
       1 LES ORGANISATEURS 1
       2 LES EXPOSANTS 1
       3 LES VISITEURS 1
    B. OBJECTIFS DE L'ENTREPRISE 1
       1 UNE NOUVELLE FORME DE SALON 2
       2 DEUX NOUVEAUX SALONS 2
II. IDENTIFICATION DU PROBLÈME ADMINISTRATIF 3
III. ANALYSE DE L'EXISTANT 4
    A. LE SALON ACFI 4
       1 SECTEUR D'ACTIVITÉ 4
       2 DATES ET LIEUX 4
       3 FORME DE L'EXPOSITION 5
       4 DOCUMENTS DE PROMOTION 5
    B. LES CLIENTS 6
       1 LES CLIENTS DE WIRO & C.R.I. ASSOCIÉS 6
       2 LES CLIENTS D'ACFI 6
IV. CRITIQUE DE L'EXISTANT 8
V. LE PROJET 9
VI. MISE EN PLACE DE LA STRUCTURE ADMINISTRATIVE 11
    A. NUMÉROTATION DES DOSSIERS 11
    B. FACTURATION 11
       1 EXPLICATIONS DE LA FACTURE TYPE 13
       2 LA FACTURE D'ACOMPTE 13
       3 LA FACTURE DE SOLDE 13
       4 LA FACTURE D'AVOIR 14
       5 LA FACTURE TECHNIQUE 14
    C. FICHIER EXPOSANTS / ACFI 15
VII. APPLICATIONS 16
VIII. CONCLUSION 17

I. PRÉSENTATION

A. QU'EST-CE QU'UN SALON ?

Un salon est une manifestation qui regroupe plusieurs entreprises d'un même secteur d'activité. Celles-ci présentent alors au public leurs produits et services. Ce genre de manifestation a lieu régulièrement à une période donnée. Il existe ainsi de nombreux salons dont "le salon nautique". Cette manifestation où s'expose l'ensemble de la profession a lieu chaque année, au mois de décembre, à la Porte de Versailles[1].

Un salon regroupe, généralement, trois catégories de personnes : les organisateurs, les exposants et les visiteurs.

1 LES ORGANISATEURS

Ils mettent en place ce type de manifestation (salon, exposition) afin que vendeurs et acheteurs d'un même secteur d'activité puissent se rencontrer et être au fait du progrès. Pourtant ils n'appartiennent en rien au secteur concerné. Ils apportent juste leur savoir-faire, c'est à dire la logistique afin de mettre en place une telle manifestation.

2 LES EXPOSANTS

Ils exposent au salon leur savoir-faire, leur matériel. Ils présentent au public leur société et les produits qu'ils fabriquent. Ainsi, ils peuvent promouvoir leur secteur d'activité, séduire de nouveaux clients et trouver de nouveaux marchés.

3 LES VISITEURS

Ce sont des acheteurs réels et potentiels. Ils s'informent sur les nouvelles techniques, les nouveaux produits, dans le secteur d'activité qui les concerne, à savoir celui qui est exposé. La définition de ces trois catégories de personnes, permet de faire la remarque suivante : actuellement un salon dépend essentiellement de la bonne entente des personnes qui le compose, ce qui s'avère parfois difficile. La raison en est simple : les organisateurs, malgré leur savoir-faire, n'ont pas les mêmes objectifs que les exposants et les visiteurs car ils n'appartiennent pas au même secteur d'activité. Ne faisant pas partie de la profession, pour laquelle ils mettent sur pied cette manifestation, ils ne considèrent pas les choses de la même manière.

B. OBJECTIFS DE L'ENTREPRISE

L'entreprise WIRO & C.R.I. Associés a pour but la réalisation de salons professionnels et plus spécifiquement, la mise en place d'une nouvelle forme de salon. En effet, après avoir identifié l'actuelle difficulté de ce genre de manifestation,

[1] Pour la porte de Versailles, prendre le périphérique Sud à la porte de St Cloud

---

Madame M.O. WIRO décide de créer une entreprise d'organisation particulière de salons professionnels, intégrée à sa profession.

1 UNE NOUVELLE FORME DE SALON

Pour mettre en place une nouvelle forme de salon, il fallait que les organisateurs et exposants aient les mêmes objectifs, c'est à dire promouvoir leur secteur d'activité et le faire évoluer. Dans cette optique, l'entreprise a créé deux nouveaux salons, le salon ACFI et le salon SAS.

2 DEUX NOUVEAUX SALONS

a) Le salon ACFI

Le domaine du laboratoire est très vaste et certains secteurs n'ont pas de salon propre à leur activité. Ainsi, pour les entreprises du secteur Agro-alimentaire il existe un salon, mais essentiellement orienté sur les techniques et le matériel. En revanche, tout ce qui concerne le contrôle qualité n'est absolument pas traité. C'est un marché très intéressant et porteur car les entreprises doivent tenir compte de norme, de plus en plus rigoureuses, en matière d'hygiène et de sécurité. L'entreprise a alors décidé de créer un salon professionnel afin de pourvoir ce secteur. Ce salon qui a pour nom ACFI (Analytical Control for Food Industry) traite du contrôle qualité dans les entreprises Agro-alimentaires.

Sa première édition a eu lieu les 27, 28 et 29 Octobre 1999 à l'Aquaboulevard de Paris, Porte de Sèvres.

a) Le salon SAS

Le salon SAS (Symposium of Analytical Sciences) est un salon de plus grande envergure. Le projet est de créer, en France et pour l'Europe, un salon identique à celui de la Pittsburg aux États-Unis. La Pittsburg Conférence est un salon qui existe depuis 43 ans et qui concerne tout le secteur scientifique. Or toutes les découvertes et techniques qui y sont exposées ne parviennent au continent Européen qu'environ 8 mois plus tard. Ce décalage est non négligeable, surtout dans le domaine scientifique ou tout évolue très rapidement.

Afin de réduire cet écart, qui sépare l'Europe des découvertes exposées à la Pittsburg, WIRO & C.R.I. Associés a décidé de mettre sur pied, en France, un salon identique. La première édition de ce salon a lieu les 4,5 et 6 mai 2000 à Deauville.

II. IDENTIFICATION DU PROBLÈME ADMINISTRATIF

Etant donné sa récente création, WIRO & C.R.I. Associés ne possède pas encore de structure administrative réellement établie. Bien que son activité soit clairement définie et que sa première manifestation ACFI (voir page 2 pour plus d'infos) soit déjà lancée, les supports administratifs relatifs à la gestion de son activité sont encore insuffisants et peu structurés. Ce premier salon illustre parfaitement le manque qui se fait ressentir à différents niveaux :

1. Les dossiers clients ne sont ni numérotés, ni classés.

2. Il n'existe pas de factures types, pourtant nécessaires.

3. Il n'existe pas de fichier informatique "exposants".

Notre rôle a donc essentiellement été orienté sur la mise en place de cette structure administrative nécessaire à la gestion de l'activité de l'entreprise, et plus particulièrement pour le salon ACFI (voir page 2 pour plus d'infos). Tous les documents et procédures que nous avons été amenés à créer, en collaboration avec notre responsable, constituent notre analyse administrative.

Tâches effectuées lors de notre analyse :

4. Numérotation, organisation et classement des dossiers des exposants.

5. Réalisation et gestion des différentes factures, relatives à chaque type de prestation : Acompte, Solde, Avoir.

6. Etablissement du masque de saisie, pour la constitution du fichier informatique "exposants".

7. Divers documents attachés à la gestion quotidienne de l'entreprise.

III. ANALYSE DE L'EXISTANT

Comme nous l'avons vu précédemment, WIRO & C.R.I. Associés organise des salons professionnels dans le domaine scientifique. Mais mettre en place un salon suppose la définition de certains choix.

Ainsi, il faut définir :

◊ Le secteur d'activité
◊ La date et le lieu
◊ La forme de l'exposition
◊ Le type de promotion

Il semble intéressant de bien comprendre l'application de ces choix pour le salon ACFI.

A. LE SALON ACFI

1 SECTEUR D'ACTIVITÉ

ACFI (Analytical Control for Food Industry - (voir page 2 pour plus d'infos)) signifie en français le contrôle qualité pour les entreprises Agro-alimentaires. Si Madame WIRO a choisi ce secteur d'activité, c'est qu'elle le connaît tout particulièrement pour y avoir travaillé. De plus, comme c'est un marché qui n'a pas été exploité jusqu'à maintenant, il se révèle être particulièrement porteur. Enfin, le contrôle qualité pour les entreprises Agro-alimentaires ne possèdent pas de salon spécifique pour le moment.

2 DATES ET LIEUX

Cette manifestation a lieu du 27 au 29 Octobre 1999, à l'Aquaboulevard de Paris, Porte de Sèvres.

Ces dates et ce lieu ont été choisi, car pendant cette période, Paris se trouve être la capitale de l'Agroalimentaire avec 4 autres manifestations[1] :

◊ le SIAL (Salon International de l'Alimentaire.)
Ce salon a lieu du 25 au 29 Octobre 1999 et réunit toute la production internationale de produits alimentaires, à Paris Nord Villepinte.
◊ Le GIA (Salon du Génie Industriel Alimentaire.)
Du 27 au 30 Octobre 1999, c'est le rendez-vous du génie industriel de l'industrie Agro-alimentaire, des outils et de l'hygiène de la production, à la porte de Versailles
◊ Le SIEL (Salon de l'industrie de l'Equipement Laitier.)
Ce salon est celui de l'équipement laitier. Il est présenté à Paris, Porte de Versailles, du 27 au 30 Octobre 1999.
◊ Le MATIC (Salon du Matériel et des Techniques.)
C'est l'exposition du matériel et des techniques de la filière viande, du 27 au 30 Octobre 1999, également à la Porte de Versailles. Ainsi en exposant aux mêmes dates, ACFI bénéficie d'une clientèle potentiellement élevée.

[1] Possibilité d'acquérir un ticket global d'entrée à prix compétitif pour l'ensemble des 4 prestations

3 FORME DE L'EXPOSITION

Le salon se présente sous forme de stands. WIRO & C.R.I. Associés a réservé une salle d'exposition à l'Aquaboulevard de Paris, Porte de Sèvres. Elle propose à ses clients de leur louer un espace d'une surface de leur choix pour exposer. Les stands ont une surface minimum de 6 m² et chacun d'eux est ouvert sur une allée. Les exposants, s'ils le désirent, peuvent bénéficier d'ouvertures supplémentaires moyennant un complément. Ils peuvent ainsi obtenir un stand avec 2, 3 ou 4 allées.

On distingue en outre, différents types de stands.

Tableau 1

TYPES DE STANDS	DESCRIPTION
Stand NU	Stand uniquement constitué de l'espace réservé par l'exposant, délimité par les cloisons et couvert de moquette.
Stand CLE	Stand clé en main, meublé par l'entreprise avec un lot de meubles selon le nombre de mètres carrés du stand : • 6/9 m² : 1 table, 2 chaises, 1 présentoir, 1 bloc de rangement • 12/15 m² : 1 bureau, 2 chaises, 1 rayonnage, 1 armoire de rangement • 18/21 m² : 1 comptoir, 1 tabouret, 1 table basse, 2 chauffeuses, 1 présentoir
Stand GRATUIT	Stand réservé à la presse. Les mètres carrés ne sont pas facturés mais l'inscription et l'assurance le sont. L'entreprise leur "offre" l'espace en échange de publicité gratuite dans leur magazine.
Stand de RAPPEL	Stand dépourvu d'espace privé. Sur le même emplacement, plusieurs sociétés différentes exposent appartenant le plus souvent au même organisme.
Stand SPECIAUX	Stand ayant bénéficié d'une remise sur la facturation du nombre de mètres carrés, après avoir passé un accord particulier avec l'entreprise WIRO & C.R.I. Associés.

4 DOCUMENTS DE PROMOTION

Pour promouvoir le salon ACFI (voir page 2 pour plus d'infos), la société a réalisé et envoyé différents documents aux clients potentiels. Ainsi, des publicités sont passées dans les journaux spécialisés et des mailings ont été envoyés aux entreprises travaillant dans ce secteur. Mais tous ces documents n'ont pas été réalisés et envoyés au même moment. Leur élaboration a suivi un parcours précis en fonction de la date d'échéance du salon :

Tableau 2

ORDRE DES ENVOIS	DOCUMENTS
1	Demande d'inscription
2	New 1
3	Enquête sur les ateliers thématiques
4	Analyse de l'enquête
5	Compte rendu de la réunion du comité technique et scientifique
6	Résultat de l'enquête
7	New 2
8	Calendrier des ateliers ACFI
9	Liste des exposants
10	Dossier technique

B. LES CLIENTS

1 LES CLIENTS DE WIRO & C.R.I. ASSOCIES

Ils proviennent principalement du fichier situé dans le département "Conseil Labo" de l'Entreprise Colunga Relations Internationales, spécialisée dans le domaine du laboratoire. Ces clients sont soit fabricants, soit distributeurs, soit utilisateurs de matériels scientifiques. Ils participent à des manifestations professionnelles dans le but de trouver de nouveaux débouchés et tentent aussi de promouvoir :

◊ Leur savoir-faire et leurs techniques,
◊ Leurs produits et leurs matériels,
◊ Leur image de marque.

2 LES CLIENTS D'ACFI

Les clients d'ACFI (voir page 2 pour plus d'infos) désirent faire évoluer et progresser leur domaine d'activité. Ils appartiennent aussi bien au secteur Agro-alimentaire qu'à des secteurs voisins confrontés, de près ou de loin, à ce domaine. Sont également présents au salon, des représentants de la presse spécialisée, des industries, des scientifiques et des chercheurs.

Au sein d'ACFI (voir page 2 pour plus d'infos), il est important de faire une distinction entre les exposants et les conférenciers.

◊ Les exposants : exposent leurs produits et leurs matériels pour trouver de nouveaux marchés et de nouveaux clients.
◊ Les conférenciers : communiquent leurs connaissances sur des sujets précis, au cours de conférences, qui ont lieu lors de l'exposition. Ils font part de leur récentes découvertes dans des domaines extrêmement pointus.

ANALYSE DES CLIENTS D'ACFI

Tableau 3

Qui sont-ils ?	Ceux sont des fabricants, des distributeurs, des fournisseurs d'instrumentation et de réactifs de laboratoire. Mais aussi des chercheurs, des scientifiques qui appartiennent, de près ou de loin, au secteur agro-alimentaire.
D'où viennent-ils ?	Ils viennent du secteur agro-alimentaire, ou des professions périphériques concernées par ce secteur d'activité.
Que font-ils ?	Ils fabriquent, améliorent, vendent, et achètent du matériel scientifique.
Que cherchent-ils ?	Ils cherchent, par le biais de cette exposition, à trouver de nouveaux marchés et des clients. Ils s'instruisent des découvertes récentes afin de pouvoir en profiter.
Combien sont-ils ?	L'Agro-alimentaire est un secteur très vaste qui touche, de près ou de loin, une grande partie des entreprises. Mais en ce qui concerne le salon ACFI le nombre d'exposants est de 53

IV. CRITIQUE DE L'EXISTANT

A notre arrivée dans l'entreprise WIRO & C.R.I. Associés, la situation était la suivante :

◊ Le salon ACFI (voir page 2 pour plus d'infos) était lancé et planifié,
◊ La location du site était faite,
◊ La promotion était en partie réalisée par l'envoi de documents promotionnels aux futurs exposants.

Comme nous l'avons vu dans l'identification du problème :

◊ Aucun dossier d'inscription n'était numéroté et classé
◊ Aucun fichier informatique "exposant" n'était constitué pour gérer et dénombrer le nombre d'exposants inscrit au salon ACFI (voir page 2 pour plus d'infos)
◊ Aucune facture n'était encore passée alors que le dossier précisait un acompte de 50% pour valider l'inscription au salon.

De cette façon, la situation se trouvait en partie bloquée. En effet, pour assurer une bonne gestion quotidienne, la numérotation et le classement des dossiers semble indispensable. De même, la comptabilité devenait difficile à assurer car aucune facture n'était passée.
Comment, en effet, renseigner un client sur son dossier ou sur l'état de ses règlements alors qu'aucun dossier n'est classé et que la comptabilité n'est pas tenue ?

V. LE PROJET

Le projet de cette analyse vise à mettre en place une structure administrative qui servira à la gestion du salon ACFI (voir page 2 pour plus d'infos).

Tableau 4

TACHES	PERSONNES	REALISATION
- Réalisation des documents pour la promotion du salon	- l'assistante en lien avec la direction	- sur le logiciel Epict 5
- Réalisation du dossier d'inscription	- l'assistante en lien avec la direction	- sur le logiciel Epict 5
- Conception du dossier technique	- l'assistante en lien avec la direction	- sur le logiciel Epict 5
- Envoi de mailings publicitaires et des dossiers d'inscriptions	- l'assistante en lien avec la direction	- sur le logiciel Epict 5
- Création du masque de saisie du futur fichier exposant	- l'assistante en lien avec la direction	- sur le logiciel dBase IV plus
- Réalisation de facture type : acompte et solde	- l'assistante en lien avec le comptable	- sur le logiciel Lotus 123
- Réalisation des factures d'acompte en 4 exemplaires : - envoi de l'original au client - classement d'une copie dans le dossier du client - envoi d'une copie pour le comptable	- l'assistante	- sur le logiciel Lotus 123
- Classement d'une copie dans le facturier	- le comptable	
- Inscription des clients dans le fichier 'exposant ACR'	- l'assistante	- sur le logiciel dBase IV plus
- Enregistrement des factures d'acompte - Réception et enregistrement des règlements des factures	- le comptable	- dans le facturier
- Envoi d'un accusé de réception au client	- l'assistante	- sur le logiciel Epict 5
- Réalisation de la facture de solde en 4 exemplaires : - l'original pour le client - classement d'une copie dans le dossier du client - envoi d'une copie pour le comptable - Classement d'une copie dans le facturier	- l'assistante	- sur le logiciel Lotus 123
- Réalisation de la liste des exposants d'ACR	- l'assistante en lien avec la direction	- sur le logiciel Epict 5
- Envoi du dossier technique en même temps que l'original de la facture de solde au client	- l'assistante	
- Enregistrement des factures de solde - Réception et enregistrement des règlements dans le facturier	- le comptable	- dans le facturier
- Réception des dossiers techniques	- l'assistante	
- Enregistrement des inscriptions aux ateliers, envoi d'accusé de réceptions des inscriptions	- l'assistante	- sur le logiciel Epict 5
- Réalisation de la facture technique type	- l'assistante	- sur le logiciel Lotus 123
- Etablissement de la liste des partenaires du salon	- l'assistante	- sur le logiciel Epict 5
- Rappel du paiement des factures	- le comptable	
- Réalisation des badges et des enseignes pour les exposants	- l'assistante en lien avec l'imprimeur	

Établir une telle structure administrative est une tâche complexe et surtout très longue.

Les tâches qui viennent d'être étudiées auraient dues être réalisées lors de la mise en place de l'activité de l'entreprise. Or cela n'a pas été le cas et, à notre arrivée, la situation se trouvait en partie bloquée.

Ainsi, la structure administrative que nous avons mise en place lors de ce stage, fut établie en fonction des impératifs déterminés par la direction.

Trois tâches ont ainsi été réalisées :

- Éviter d'avoir des fichiers trop volumineux
- La codification et la classification des dossiers d'inscriptions
- La facturation
- La création du masque de saisie du fichier 'exposant/ACR' sur le logiciel dBase IV plus

---

VI. MISE EN PLACE DE LA STRUCTURE ADMINISTRATIVE

A. NUMÉROTATION DES DOSSIERS

Après avoir pris connaissance des différents dossiers d'inscription, nous les ai recensés et leur ai attribué un numéro en fonction de leur date d'arrivée.

La numérotation s'est effectuée de la manière suivante :

- En première gestion, l'année (92) puisque le salon a lieu en Octobre 1992
- En seconde gestion, le numéro progressent du dossier de l'exposant, composé de trois chiffres (000). Trois chiffres suffisent en effet, car il était peu probable, que pour la première édition du salon ACR (voir page 2 pour plus d'infos), le nombre d'exposant dépasse 999.

Tableau 3

Ordre d'arrivée dossier	Numéro attribué au dossier
132	92.132

B. FACTURATION

Une facture est un document normalisé qui nécessite une grande rigueur d'élaboration. En effet, beaucoup de paramètres rentrent en jeu et il ne s'agit pas d'en oublier. Dans le dossier d'inscription, il est précisé qu'un acompte de 50% doit être versé afin que celui-ci puisse effectivement être enregistré. A partir de ces renseignements i nous restait à constituer cette facture.

---

[1] Elle est indispensable pour retrouver facilement les dossiers

---

1 EXPLICATIONS DE LA FACTURE TYPE

LÉGENDE DE LA FACTURE

Tableau 6

NOM	DÉNOMINATION	POSSIBILITÉ
FACTURE	En fonction des différents paiements, il y a plusieurs légendes qui correspondent à la dénomination de la facture	Facture d'Acompte Facture de Solde Facture Technique Facture d'Avoir
N°	À chaque type de facture correspond une lettre suivie du numéro du dossier de l'exposant.	A92001 S92001 C92001 T92001
OBJET	Il désigne le type de la facture.	Acompte Solde Avoir Technique
N° DOSSIER	Numéro du dossier d'inscription attribué par l'entreprise au client.	
DATE ENREGIST.	Date à laquelle la facture est enregistrée.	
AFFAIRE SUIVIE PAR	Nom de la personne de l'entreprise cliente qui est chargée de l'inscription au salon et de son suivie.	

FACTURATION

Tableau 7

NOM	DÉNOMINATION	POSSIBILITÉ
TOTAL H.T.	Il correspond à la somme de toutes les rubriques de la facture d'inscription - Firmes représentées - Assurances - Stand Nu - Nbre d'allées - Supplément stand équipé). C'est le montant total, hors taxe, pour la location de l'espace.	
ACOMPTE 50%	C'est le premier versement effectué par l'exposant pour valider son inscription au salon ACR. L'acompte correspond à 50% du Total H.T.	
TVA 18,6%	La Taxe sur la Valeur Ajoutée est de 18,6%, elle correspond donc à 18,6% du montant de l'acompte de 50%	
TOTAL T.T.C	Ce montant correspond à la somme de l'acompte de 50% et de la T.V.A.	
ACOMPTE PAYE	C'est le montant payé à la date de l'enregistrement de la facture. Il peut donc être nul si aucun versement n'est réglé à cette date.	
SOLDE A DEVOIR	C'est le montant que le client doit payer.	

2 LA FACTURE D'ACOMPTE

La facture d'acompte est envoyée après réception du dossier d'inscription, son montant représente 50% du montant total de la location du stand. Cette facture est réalisée à partir de la facture type, présentée précédemment. On retrouve donc les rubriques suivantes :

- Total H.T.
- Acompte de 50%
- TVA 18,6%
- Total T.T.C.
- Acompte payé
- Solde à devoir

En ce qui concerne l'enregistrement en comptabilité seules les rubriques suivantes sont prises en compte :

- Acompte de 50%
- TVA 18,6%
- Total T.T.C.

Si l'acompte est réglé au moment de l'inscription alors la mention PAYE est tamponnée sur la facture avant qu'elle soit envoyée au client.

3 LA FACTURE DE SOLDE

La facture de solde est envoyée au client en même temps que le dossier technique. Réalisée, elle aussi, à partir de la facture type, elle est néanmoins très différente de cette dernière.

Tout d'abord, elle est constituée de trois parties :

- Une première partie avec le rappel du calcul de l'acompte.
- Une deuxième partie avec le calcul du solde.
- Une troisième partie récapitulative spécifiant le montant à payer.
- Regrouper plusieurs parties indépendantes en un seul document.

- *La première partie, qui est donc un rappel de la facture d'acompte, comporte les rubriques suivantes :*
  - Total H.T.
  - Acompte 50%
- *La deuxième partie, qui est la facturation effective du solde enregistré en comptabilité, est constituée des rubriques qui suivent :*
  - Solde H.T.
  - TVA 18,6%
  - Solde T.T.C.
- *Enfin, la dernière partie est un récapitulatif de la facturation générale du stand qui est constituée par les rubriques suivantes :*
  - Acompte versé
    (somme versée à la date de l'enregistrement de la facture)
  - le Total à payer

4 LA FACTURE D'AVOIR

La facture d'avoir n'est réalisée que dans certains cas pour des problèmes bien précis.

- Lorsqu'un règlement trop important est effectué par le client.
- Lorsqu'un client annule son inscription au salon ACFI (voir page 2 pour plus d'infos).

Dans le cas de cette exposition elle n'est intervenue que dans deux cas :

- *Dans le premier cas, il s'est trouvé que certains exposants règlent deux fois leur facture d'acompte. En effet, certains l'ont payé une première fois au moment de leur inscription et une deuxième fois à réception de la facture. La société a alors émis une facture d'avoir au bénéfice du client.*
- *Dans le deuxième cas, des clients ont annulé leur inscription. Ce qui a obligé la société WIRO & C.R.I. Associés a ne pas les rembourser dans l'immédiat, afin de faciliter sa comptabilité et sa trésorerie. Elle a donc établi dans un premier temps une facture d'avoir au client, à échéance du salon ACFI (voir page 2 pour plus d'infos).*
- *Les rubriques de cette facture sont les suivantes :*
  - Total H.T.
  - TVA 18,6%
  - Solde T.T.C.

5 LA FACTURE TECHNIQUE

Cette facture n'est établie qu'à la suite du salon ACFI (voir page 2 pour plus d'infos) car elle ne concerne que les aspects logistiques du salon.

Cette facture fait apparaître les dépenses suivantes :

- Les cartes d'invitations supplémentaires,
- L'électricité,
- L'eau,
- Le téléphone,
- Les places de parking.

C.   FICHIER EXPOSANTS / ACFI

Le fichier exposants/ACFI a été réalisé sur le logiciel dBase III plus. Sa constitution est la suivante :

En fonction des renseignements nécessaires à l'entreprise, un nombre de rubriques est établies, puis, pour chacune d'entre elle un champ est créé.

Les champs sont ensuite nommés avec un titre de 10 caractères, longueur maximale des noms de champs sur le logiciel dBase III plus.

De même, on détermine le type du champ. Il existe des champs numérique (surface du stand) et d'autres alphanumériques (l'adresse de l'exposant).

L'étendue du champ est également spécifiée. Il existe des champs d'une certaine longueur (adresses des exposants) et d'autres relativement courts car, grâce à l'élaboration d'un code, une seule lettre suffit (cf : les différents types de stands dans le fichier "exposant/ACFI", page suivante).

---

56 champs ont été établis. Des codes permettent en outre une saisie rapide. La constitution de ce fichier facilite la gestion des stands. Enfin il autorise l'édition de mailings par publipostage.

VII. APPLICATIONS

Actuellement, le système qui a été mis en place lors de cette analyse administrative a été utilisé dans son intégralité pour la gestion du salon ACFI (voir page 2 pour plus d'infos). Bien entendu, certaines modifications ont été apportées : par exemple dans le fichier "exposants", des champs ont été rajoutés pour faciliter la réalisation de mailings. La numérotation n'a subi aucune modification et fut établit de la sorte pour tous les dossiers d'inscription des exposants au salon. De même, toute la facturation a été réalisée selon la présentation donnée dans cette analyse. Mais la constitution des factures pour le salon ACFI 2000 va probablement être l'objet de restructurations.

VIII. CONCLUSION

Cette analyse nous a permis d'effectuer un travail complet et précis. L'envergure de la tâche qui nous a été confiée, nous a fait découvrir un secteur d'activité que nous ne connaissions pas jusqu'alors.

Cette expérience professionnelle nous a apporté une réelle connaissance dans le domaine de l'organisation de salon et de manifestation. Nous avons pu, en outre, profiter du travail qui nous a été confié pour améliorer notre expérience des outils informatiques et de leurs applications à la gestion du fichier clients.

TABLEAU 1 5
TABLEAU 2 6
TABLEAU 3 7
TABLEAU 4 8
TABLEAU 5 10
TABLEAU 6 11
TABLEAU 7 11

INDEX

activité	3	mailings	5
analyse	3	manifestation	1
comptabilité	7	marchés	1
Conférence	2	modification	15
constitution	15	numéro	10
date d'arrivée	10	outils informatiques	15
débouchés	6	paramètres	10
domaine scientifique	4	profession	1
expérience	16	renseignements	10
facture d'acompte	11	restructurations	15
facture d'avoir	12	salon	1
facture type	12	secteur scientifique	2
laboratoire	2	système	15
l'Agroalimentaire	4	type du champ	12

E. DOCUMENT MAITRE BRUT

Ouvrir le document " document maitre brut"
Créer autant de sous documents que de parties
Enregistrer dans un nouveau dossier nommé "exercice document maitre"
Constater la création des sous-documents
Réduire les sous-documents
Modifier un sous-document de votre choix
Enregistrer le sous-document modifié
Revenir au document maitre
L'afficher en mode page et constater les modifications
Insérer le fichier "document à inserer.doc" (dossier exercices)
Fusionner les parties 1 et 2
Supprimer le fichier "document à insérer" du document maitre
Verrouiller la dernière partie
Vérifier que son accès n'est possible qu'en lecture seule
Voir éventuellement corrigé "document maître ok"

- *F:\supports\supports 2019\Word 2019 longs documents\exosWord19n2ld\doc maitre\PRESENTATIO1.docx*
- *F:\supports\supports 2019\Word 2019 longs documents\exosWord19n2ld\doc maitre\IDENTIFICATION DU PROBLEME ADMINISTRATI1.docx*
- *F:\supports\supports 2019\Word 2019 longs documents\exosWord19n2ld\doc maitre\ANALYSE DE 1.docx*
- *F:\supports\supports 2019\Word 2019 longs documents\exosWord19n2ld\doc maitre\CRITIQUE DE 1.docx*
- *F:\supports\supports 2019\Word 2019 longs documents\exosWord19n2ld\doc maitre\LE PROJE1.docx*
- *F:\supports\supports 2019\Word 2019 longs documents\exosWord19n2ld\doc maitre\MISE EN PLACE DE LA STRUCTURE ADMINISTRATIV1.docx*
- *F:\supports\supports 2019\Word 2019 longs documents\exosWord19n2ld\doc maitre\APPLICATION1.docx*
- *F:\supports\supports 2019\Word 2019 longs documents\exosWord19n2ld\doc maitre\CONCLUSIO1.docx*

F. LIAISON

Dans un nouveau document
Insérer le tableau Excel "commande" avec liaison
Effectuer des modifications
S'assurer de la mise à jour dans Word
Enregistrer le document sous le nom "liaison"
Ouvrir le classeur "commande"
Copier avec liaison le graphique
Effectuer des modifications
S'assurer de la mise à jour dans Word
Fermer le classeur "commande"
Dans le document "liaison", ouvrir la source pour les données de "commande"
Effectuer des modifications sur le classeur
Vérifier la mise à jour dans Word du tableau et du graphique
Afficher les codes de champs puis revenir à l'affichage normal
Voir corrigé "liaison ok"

Colonne1	Quantité	Prix	Valeur
Roses	100	5	500
Tulipes	50	4	200
Iris	35	6	210
Narcisses	40	5	200
Marguerites	50	2	100
Pivoines	30	12	360
Somme	305		1570

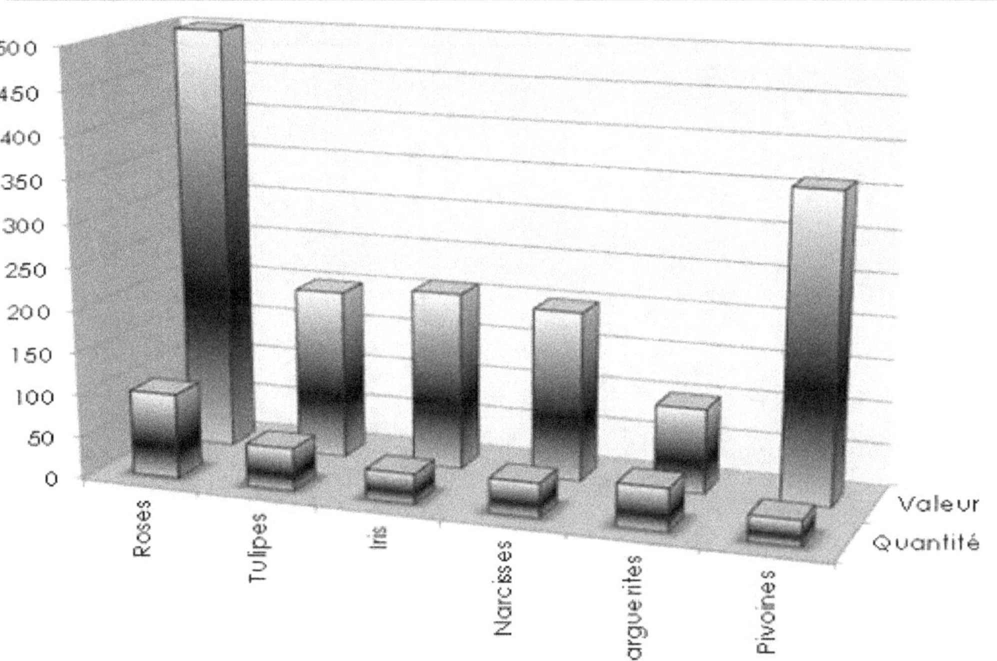

G. INCORPORATION

Dans un nouveau document
Créer le tableau ci-dessus sous forme d'objet Excel :
L'enregistrer sous le nom "incorporation"
Insérer un objet "Microsoft équation"
Créer un tableau et graphique incorporé à partir du classeur "commande"
Modifier le tableau de l'objet incorporé Excel
Voir corrigé "incorporation ok"

RESULTAT 2021

Colonne1	2019	2020	2021
chiffre d'affaires	690 000 €	840 000 €	995 000 €
charges	585 000 €	675 000 €	825 000 €
resultat brut	105 000 €	165 000 €	170 000 €

$$Si \sum_{}^{1} \sqrt[3]{3\alpha^{2z}} \le \int^{i-1} \left[ax2 + 3x - 6 \right] \Rightarrow \alpha = \infty$$

Colonne1	Quantité	Prix	Valeur	
Roses	100	10	1000	
Tulipes	50	4	200	
Iris	35	6	210	
Narcisses	40	5	200	
Marguerites	50	2	100	
Pivoines	30	12	360	
Somme	305		2070	

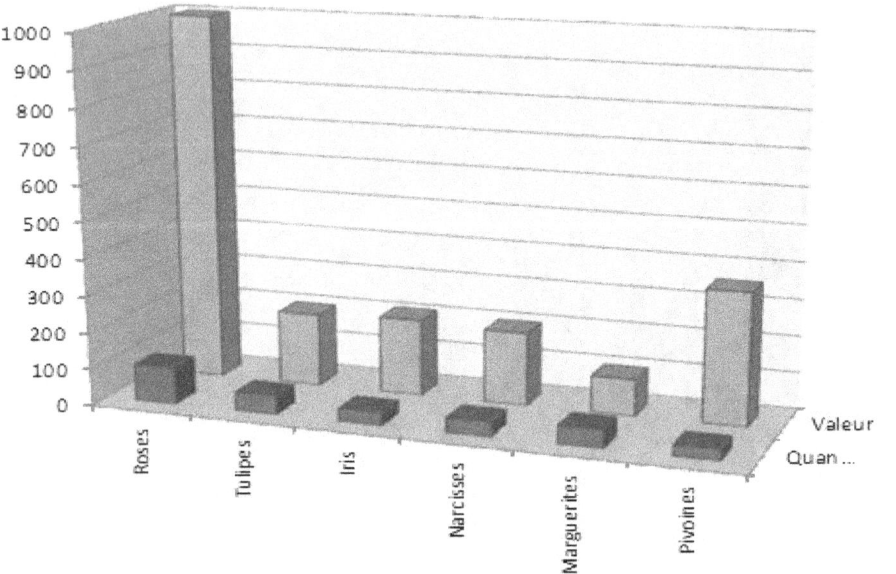

Pour des raisons de lisibilité, il est employé dans cet ouvrage les termes de Windows pour Microsoft ™ Windows ®, Word pour Microsoft ™ Word ®, Excel pour Microsoft ™ Excel ®, Access pour Microsoft ™ Access ®, Powerpoint pour Microsoft ™ Powerpoint ® , Outlook pour Microsoft ™ Outlook ®, Edge pour Microsoft ™ Edge ® .
Par ailleurs, toutes les copies d'écrans, images et icones ont été reproduites avec l'aimable autorisation de Microsoft ™